평균의 종말

한아이를위한학교의탄생

추천의 글

조 희 연

전 서울시교육감

이 책을 읽으며 나는 여러 번 걸음을 멈추게 되었다. 그것은 문장이 난해해서가 아니라, 오히려 너무 또렷해서였다. 우리가 애써 외면해 왔던 교육의 풍경, 익숙하다는 이유로 질문하지 않았던 제도의 균열, 그리고 숫자와 성과의 언어 뒤편에서 조용히 무너져 온 아이들의 마음이 이 책에서는 숨김없이 드러난다.

특히 이 책이 신선하게 다가오는 이유는, 저자가 교육을 사유해 온 위치 자체가 통상적인 궤적에서 벗어나 있기 때문이다. 그는 교실에서만 교육을 바라본 교사도 아니고, 행정의 중심부에서만 정책을 설계해 온 전형적인 교육관료도 아니다. 교육공학을 전공하고 미디어학 박사로서 이론의 깊이를 지녔고, 교육청 대변인으로서 행정의 언어를 시민의 언어로 번역하는 최전선을 경험했으며, 나아가 비리사학의 임시이사로서 교육의 가장 어두운 그늘과도 정면으로 마주해 온 사람이다. 중심과 변방, 제도와 현장, 이상과 현실을 모두 건너온 이 독특한 이력은 이 책의 문장들에 쉽게 흉내 낼 수 없는 결을 부여한다.

그래서 이 책의 비판은 익숙하면서도 낯설다. 저자는 교육의 위기를 단순히 교사의 무능이나 학생 개인의 문제로 환원하지 않는다. 대신 행정 만능주의, 책임은 개인에게 전가하면서 결정권은 위로 집중시켜 온 구조, 그리고 '문제가 발생한 이후'에만 작동하는 사후 대응 중심의 시스템을 차분히 해부한다. 학교폭력이 법과 절차의 문제로만 환원되며 교육적 관계가 사라지는 장면, 지원을 표방하지만 실제로는 학교를 더 많은 행정의 늪으로 밀어 넣는 정책들, 부처와 제도의 칸막이 속에서 아이들이 지원의 사각지대로 떨어져 나가는 현실에 대한 그의 비판은 감정적 고발이 아니라 구조적 성찰에 가깝다.

그러나 이 책은 비판에 머무르지 않는다. 오히려 더 많은 분량과 에너지를 '어떻게 달라질 수 있는가'라는 질문에 할애한다. 저자가 제안하는 대안들은 단순한 정책 나열이 아니라, 교육을 바라보는 관점의 이동을 전제로 한다. '지시하는 교육청'에서 '지원하는 플랫폼'으로의 전환, 교사 개인의 헌신에 기대지 않고 구조적으로 행정 부담을 덜어내는 체계, 학교를 행정의 말단이 아니라 교육과정과 예산의 주체로 세우는 자치의 복원은 그 핵심이다. 이는 급진적 구호라기보다, 오히려 오랫동안 미뤄져 온 상식의 회복에 가깝다.

또 하나 이 책이 던지는 중요한 질문은 '누가 교육의 주체인가'라는 문제다. 저자는 학생 · 교사 · 학부모라는 익숙한 삼각 구도 너머에서, 학교를 실질적으로 떠받치고 있는 또 다른 주체들을 호명한다. 교육공무직과 행정 노동자들, 돌봄과 급식, 학교 운영의 실핏줄을 담당해 온 이들을 주변부가 아닌 교육의 동반자로 바라보는 관점은, 교육을 하나의 공동체적 실천으로 회복시키려는 진지한 시도다. 이는 단지 노동의 문제를 넘어, 학교를 어떻게 하나의 살아 있는 공간으로 재구성할 것인가에 대한 질문이기도 하다.

나는 이 책의 가장 큰 미덕이, 저자가 어느 한 자리에 안주하지 않는다는 점에 있다고 생각한다. 그는 늘 경계에 서 있다. 중심의 언어를 알지만 중심에 도취되지 않고, 변방의 목소리를 듣되 그것을 낭만화하지 않는다. 그래서 그의 사유는 단정적이지 않고, 제안은 독선적이지 않다. 대신 끊임없이 묻는다. 무엇이 작동하고 있는가, 무엇이 배제되고 있는가, 그리고 이 선택은 과연 학생에게 이로운가.

정책을 고민하는 이들에게는 방향을, 현장에서 지쳐 있는 교사들에게는 혼자가 아니라는 신호를, 그리고 교육을 걱정하는 시민들에게는 사유의 토대를 제공하는 책이다. 이것은 단순한 교육 비평서도, 일회성 정책 제안서도 아니다. 중심에 균열을 내고, 변방에서 새로운 가능성을 길어 올리려는 한 사유자의 진지한 기록이다. 나는 이 책이 지금 우리 교육 담론에 필요한 중요한 질문을 던지고 있으며, 그 질문을 외면하지 않으려는 모든 이들에게 오래 남을 책이 되리라 믿는다.

추천의 글/

"제발, 저를 행정가가 아닌 선생님으로 살게 해 주십시오"

박 진 우

서울중암중학교 교사

교직 생활 N년 차, 솔직히 고백하자면 저는 지쳤습니다. 세상은 "선생님을 보호해야 한다", "교권을 회복해야 한다"며 수많은 정책을 쏟아냅니다. 감사한 일입니다. 하지만 교실 문을 열고 들어서면 현실은 조금도 가볍지 않습니다. 새로 생긴 정책은 또 다른 공문이 되어 내려오고, 아이 한 명과 눈을 맞추며 고민해야 할 시간은 처리해야 할 행정 업무에 밀려나기 일쑤입니다.

우리는 '편하게' 일하고 싶은 것이 아닙니다. 그저 '선생님답게' 일하고 싶을 뿐입니다.

저자 김현철의 《평균의 종말》을 읽으며, 저는 비로소 누군가가 제 마음속을 훤히 들여다보고 있다는 안도감을 느꼈습니다. 그는 교사를 향해 "더 열심히 하라"고 채찍질하거나, 무조건적인 "보호"만을 외치지 않습니다. 대신 "선생님의 손에서 행정 서류를 빼앗아, 그 빈손으로 아이들의 손을 잡게 하겠다"고 선언합니다.

이 책의 핵심인 '행정 제로 스쿨'은 교사 이기주의가 아닙니다. 선생님이 컴퓨터 모니터가 아니라 학생의 눈빛을 바라보게 만드는 것, 그것이야말로 학부모님들이 바라는 가장 확실한 공교육 정상화임을 저자는 정확히 꿰뚫어 보고 있습니다.

또한, '학생우선원칙'이라는 기준은 교권과 학생 인권 사이에서 길을 잃은 우리에게 명쾌한 답을 줍니다. 교사의 권위는 강압적인 지시가 아니라, 아이의 성장을 돕는 지원자로서의 역할이 회복될 때 자연스럽게 세워진다는 사실을 다시금 깨닫게 해 줍니다.

수업 준비보다 공문 처리가 우선시되는 주객전도의 학교에서, 다시 '가르치는 보람'을 찾고 싶은 전국의 모든 선생님께 이 책을 권합니다. 이 책은 우리에게 "이제 그만 행정가라는 가면을 벗고, 진짜 선생님으로 돌아오라"고 말해주는 따뜻한 초대장입니다.

우리의 열정이 서류 더미가 아닌, 아이들의 미래를 위해 쓰이는 그날을 꿈꿉니다.

추천의 글

"아이 낳기 겁나는 도시 서울에서, 처음으로 '믿고 맡길' 지도를 만났습니다"

부 진 환

40대 서울 거주 학부모

솔직히 말씀드리겠습니다. 서울에서 아이를 키운다는 건, 매일매일 '불안'과 싸우는 일입니다. 초등학생 아이를 데리고 지나가는 동네 학원가의 빽빽한 간판들을 볼 때마다, "과연 내 아이가 저 경쟁 속에서 행복할 수 있을까?" "내 월급으로 이 아이를 끝까지 지켜줄 수 있을까?" 하는 두려움이 엄습합니다. 제 후배들이 결혼과 출산을 주저하는 가장 큰 이유도 결국은 '지옥 같은 입시 경쟁'과 '감당할 수 없는 사교육비' 때문입니다.

우리는 거창한 이념이나 진영 논리에는 관심이 없습니다. 보수 교육감이냐 진보 교육감이냐가 중요한 게 아닙니다. 4년마다 교육 정책이 뒤집혀 내 아이가 실험 대상이 되지 않기를, AI가 다 하는 시대에 우리 아이만 옛날 방식대로 달달 외우는 공부를 하지 않기를 바랄 뿐입니다.

저자 김현철의 책 "평균의 종말"은 그런 저에게 처음으로 막연한 위로가 아닌, '구체적인 확신'을 주었습니다.

"모든 아이는 다르다. 그래서 교육도 달라야 한다"는 저자의 말은, 평균에 맞추려 아등바등하던 제 마음의 짐을 덜어주었습니다. 특히 AI 기술을 활용해 아이 한 명 한 명의 속도에 맞추는 '학생성장계획(SGP)' 구상을 읽을 땐, "아, 우리 아이가 학교에 갈 때쯤엔 정말 달라질 수 있겠구나" 하는 기대감에 가슴이 뛰었습니다.

무엇보다 '학생우선원칙' 하나만 보고 가겠다는 약속, 그리고 정권이 바뀌어도 교육만큼은 흔들리지 않게 '사회협약'을 맺자는 제안에서, 저는 진짜 어른의 책임감을 느꼈습니다. 싸우는 교육감이 아니라, 우리 아이의 미래를 지켜줄 든든한 '보디가드'를 만난 기분입니다.

아이의 미래를 생각하면 밤잠을 설치는 서울의 모든 초보 엄마 아빠들에게 이 책을 권합니다. 불안한 서울 교육의 안개 속에서, 이 책은 우리 아이들이 안전하게 건너갈 수 있는 가장 단단한 다리가 되어줄 것입니다.

추천의 글／

고교학점제 · 5등급 시대,
사교육과 불안의 폭우 속에서
잠시라도 숨을 고르게 해준 작은 우산
『서울교육, 시민이 연다』

이 소 현

고교1학년 학부모

일반 고등학교 1학년에 재학중인 남학생을 키우는 학부모로서, 요즘 교육을 바라볼 때마다 마음이 무겁습니다. 고교학점제와 2022 교육과정 개편, 전 과목 5등급 체제는 '경쟁을 완화하겠다'고 말했습니다. 하지만 실제 현장에서는 오히려 불확실성이 커졌고, 변별력에 대한 불안은 과도한 사교육으로 이어져 이를 감당해야 할 비용 앞에서 학부모들은 매일 흔들립니다.

아이들은 학교가 끝나도 '조금이라도 앞서야 한다'는 압박 속에 늦은 시간까지 학원이란 감옥에 내몰리고 있고, 수행평가마저 도움 없이는 불안하다는 말이 자연스러워진 현실에서 자꾸 묻게 됩니다. 이 교육은 과연 누구를 위해 돌아가고 있는 걸까.

지금의 교육 현실은 아이들에게 쏟아지는 폭우를 우산 없이 그대로 맞으라고 말하는 것처럼 느껴집니다.

곁에 있어도 부모는 그 비를 대신 맞아줄 수도, 폭우를 멈춰줄 수도 없습니다. 그저 옆에서 지켜보며 아무것도 해주지 못한다는 무력감에, 가슴이 타들어가는 마음으로 아이를 바라볼 뿐입니다.

가장 힘든 건 결국 아이들입니다. 과도한 경쟁 속에서 아이는 말없이 버티고, 그 모습을 보는 부모는 대신 아파줄 수만 있다면 하는 마음뿐인데… 결국 부모의 마음은 현 교육현실에 저미고 찢기듯 아픕니다.

그런 시기에 저자 김현철 대표의 책, 『평균의 종말』은 그런 저에게 오랜 가뭄 끝의 단비처럼 다가왔습니다. 이 책에는 학부모를 현혹하는 사탕발림 공약이 없습니다. 대신 "정권이 바뀌어도 흔들리지 않는 '10년 사회협약'을 맺자"는 묵직한 제안이 담겨 있습니다. 4년짜리 선거용 교육이 아니라, 적어도 내 아이가 입학해서 졸업할 때까지는 바뀌지 않는 '단단한 교육 헌법'을 만들자는 저자의 호소에, 저는 무릎을 쳤습니다. 이것이야말로 우리 학부모들이 그토록 원했던 '안정감'이기 때문입니다.

또한, '학생우선원칙'을 통해 복잡한 진영 논리를 걷어내고, 오직 "학생에게 이로운가"만 따지겠다는 저자의 결기는 믿음직스럽습니다. 선생님을 행정에서 해방시켜 수업과 상담에 집중하게 하겠다는 공약은, 당장 입시를 앞둔 고등학생 부모로서 쌍수를 들어 환영할 일입니다. 선생님이 여유가 생겨야 우리 아이 입시 상담이라도 한 번 더 챙겨주실 테니까요.

고교학점제가 말하는 '선택과 성장'이라는 이상은 아름답습니다. 하지만 대학과 사회가 요구하는 기준은 여전히 경쟁의 속도와 정답에 가까운 현실을 강요합니다. 그 사이에서 아이들의 '선택'은 자유가 아니라 또 하나의 부담이 되곤 합니다. 특히 변화의 한가운데 선 2009년생 아이들이, 언제까지 교육의 실험대 위에 서 있어야 하는지 생각하면 마음이 아픕니다. 그래서 더 간절히 바랍니다. 정치는 정치가의 자리에서, 교육은 교육의 자리에서 이루어져 아이들이 더 이상 흔들리지 않기를요.

폭우 같은 현실을 당장 멈출 수는 없고, 부모가 대신 비를 맞아줄 수도 아이가 마주한 불안을 단숨에 걷어낼 수도 없습니다. 그럼에도 이 책은 비를 피하는 방법이 아니라, 비를 견디는 마음의 온도를 조용히 알려줍니다. 젖어도 괜찮다고, 흔들려도 끝이 아니라고, 지금의 혼돈이 언젠가 아이만의 별이 될 수 있다고 그 말을 크게 외치기보다 한 문장씩 곁에 쥐어 주는 듯합니다.

그 문장들은 마치 아이에게 살며시 건네는 작지만 분명한 우산 같았습니다. 완벽하게 모든 비를 막아주진 못해도, 아이가 무너지지 않도록 곁에서 받쳐주는 우산처럼요.

불안한 시대를 건너는 우리 아이들에게, 그리고 그 아이를 바라보며 속수무책으로 가슴이 타들어가는 부모에게 이 책을 조심스레 권하고 싶습니다. 더 잘하라는 말보다, 더 빨리 가라는 말보다 "괜찮아, 너는 지금도 자라고 있어"라는 한마디가 필요한 날들이 있으니까요. 이 책이 그날의 우리에게, 젖은 어깨 위로 살며시 덮어주는 작은 우산이 되어줄지도 모릅니다.

추천의 글╱

정규 수업이 끝난 오후, 학교를 지키는 우리를 '주인'으로 불러준 사람

권 현 진

서울시교육청 교육공무직

오후 1시, 담임선생님들이 아이들을 하교시키고 나면 학교의 또 다른 하루가 시작됩니다. 바로 '방과후학교'의 시간입니다. 수십 개의 강좌, 수백 명의 아이들, 그리고 강사님들의 스케줄을 조율하며 전화기와 씨름하는 시간. 우리는 '실무사'라는 이름표를 달고 학교의 오후를 책임지고 있습니다.

하지만 솔직히 말해, 학교 안에서 우리는 늘 '이방인' 같았습니다. 교무실의 보이지 않는 선 밖에서, 선생님들의 행정 업무를 돕는 '보조자' 혹은 계약직이라는 불안한 신분으로 위축될 때가 많았습니다. 아이들을 챙기는 마음만큼은 담임선생님 못지않은데, 우리의 노동은 왜 교육으로 불리지 못할까 늘 가슴 한구석이 서늘했습니다.

저자 김현철의 책을 읽으며 울컥했던 건, "학교의 오후를 지키는 당신들도 당당한 교육의 주체입니다"라는 따뜻한 인정 때문이었습니다.

저자는 우리를 단순히 '교사의 업무를 덜어주는 인력'으로 보지 않습니다. 오히려 '방과후 교육행정의 전문가'로 대우하고, 그에 걸맞은 권한과 책임을 부여하자고 제안합니다. 특히 행정 업무를 전문화하여 선생님들은 수업에 집중하고, 우리는 행정 지원의 주역으로 서게 하겠다는 '행정 지원 시스템' 구상은, 우리 직종이 나아가야 할 미래를 보여주는 것 같아 가슴이 뛰었습니다.

'학생우선원칙'은 우리에게도 소중한 기준입니다. 어른들의 사정이나 행정 편의가 아니라, "어떤 수업이 아이들을 행복하게 하는가"를 기준으로 방과후학교를 설계할 수 있다면, 우리의 일도 단순한 행정 처리가 아닌 '교육 기획'이 될 수 있기 때문입니다.

정규 수업이 끝나도 학교의 불은 꺼지지 않습니다. 그 불을 밝히는 우리들을 '그림자'가 아닌 '빛'으로 이끌어낸 저자의 혜안에 깊은 감사를 드립니다. 자신의 일이 '교육'임을 인정받고 싶은 방과후를 책임지고 있는 모든 교육공무직들께, 자존감을 선물해 줄 이 책을 강력히 추천합니다.

추천의 글 /

가장 느린 걸음도 '교육'이라 불러준 사람, 서울 교육의 품을 넓히다

배 미 영

장애인배움터 너른마당 교장

장애인배움터 너른마당은 30여명의 성인 장애인들이 배움을 이어가는 학교형태의 장애인평생교육시설입니다. 이곳에는 입시 경쟁도, 1등을 향한 질주도 없습니다. 대신 일상 속에의 글과 숫자를 익히고, 지하철과 버스로 이동하는 법을 배우고, 기다림과 타인을 배려하는 법을 터득해 가며, 혼자가 아닌 사회 속에서 함께 살아가는 법을 아주 천천히 익히는 '느린 시간'이 흐를 뿐입니다.

솔직히 말씀드리면, 그동안 이야기 되어 오던 '서울 교육'의 이야기는 다른 사람들의 이야기 같았습니다. 교육 혁신을 말할 때도, 예산을 이야기할 때도, 학교 담장 밖의 성인 장애인 학습자들은 늘 '복지'의 영역으로 밀려나거나 '교육'의 우선순위에서 배제되곤 했습니다.

하지만 저자 김현철의 책 〈평균의 종말〉을 읽으며, 저는 성인 장애인의 평생교육이 서울 교육이라는 지도에서 배제된 존재가 아닌 교육과 배움의 주체로 함께 하고자 한다는 느낌을 받았습니다.

"중심은 지키고, 변방은 만든다"는 신영복 선생님의 말씀을 인용하며, 저자는 단호하게 말합니다. 교육청이 움켜쥔 기득권을 내려놓고, 그 힘을 가장 소외된 곳, 가장자리의 배움터로 흐르게 하겠다고 말입니다. 이는 끊임없이 사회에 장애인평생교육이 왜 필요하고 어떠한 지원을 통해 장애인이 사회에서 함께 살아갈 수 있는지를 이야기 해온 우리에게도 희망의 메시지가 되었습니다.

특히 '학생우선원칙'을 강조하며 "단 한 명의 아이도, 단 한 명의 학습자도 포기하지 않겠다"는 말에서 저는 '속도'가 아닌 '존엄'을 중시하는 교육자의 다짐을 보았습니다. 장애가 있든 없든, 나이가 많든 적든, 배우고자 하는 모든 시민을 '교육 4주체'의 당당한 일원으로 끌어안겠다는 그의 포용력이 우리 사회를 따뜻하게 바꿀 수 있다는 기대를 하게 됩니다.

화려한 엘리트 교육이 아닌, 가장 낮고 느린 곳까지 살피는 교육감을 기다려왔습니다. 비장애인과 장애인이, 학교 안과 학교 밖이 차별 없는 교육이 이뤄지는 서울이 되기를 바라는 분들에게 이 책을 추천합니다.

우리들의 느린 걸음도 이제 서울 교육의 당당한 역사가 될 것입니다.

앙시앙레짐 성(城)을 허물고, 교육현장 속 새로운 중심과 교육의 봄을 위하여

시민과 함께 만드는 서울교육 대전환 청사진과 정책 제안서

1. 시대의 부름 앞에 서서: 왜 다시 '교육대전환'인가

교육현장에서 들려오는 '침묵의 비명'을 마주합니다. 화려한 정책의 홍수 속에서 학교는 지쳤고, 선생님들은 행정의 늪에 빠졌으며, 학생과 학부모의 불안은 여전합니다. 누군가는 이 위기를 두고 제도의 탓이라 하고, 누군가는 시대의 흐름이라며 체념합니다.
그러나 근본원인은 기회를 알아보지 못한 리더십의 부재와 방향을 잃은 나침반의 혼란이라고 저는 감히 진단합니다.
2014년, 우리는 '혁신'이라는 깃발을 들었습니다. 경쟁보다는 협력을, 차별보다는 평등을 외쳤던 그 뜨거운 열망을 기억합니다. 분명 의미 있는 진전이 있었습니다. 그러나 10년이 오늘, 저는 이 책

을 통해 감히 선언합니다. 이제 우리는 과거의 공과(功過)를 따지는 논쟁을 넘어, 미래를 향한 '담대한 대전환'을 시작해야 합니다. 지금 저는 무거운 소명감에 가슴이 뛥니다. 낡은 관성을 깨뜨리고, 무너진 교육의 토대를 다시 세우는 일, 그것은 누군가 해야 할 일이며, 저는 그 험난한 과업의 맨 앞줄에 설 각오가 되어 있습니다. 지난 10년, 우리 교육이 걸어온 길을 성찰하고, 앞으로 마주할 거친 파도 앞에서 누가, 어떻게 이 배의 키를 잡고 서울교육 대전환의 길로 나아갈 것인가에 대한 저의 대답이자, 시민 여러분께 올리는 공개적인 직무 수행 계획서입니다.

2. 나의 길: 교사의 등 뒤에서 배운 것, 그리고 광장에서 깨달은 것

– 분필 가루 날리던 교실에서 교육 자치의 광장까지

저의 교육에 대한 기억은 아버지의 등 뒤에서 시작되었습니다. 1967년 부산에서 태어나 마산의 산호초등학교, 창신중학교, 마산중앙고등학교를 거치며 자란 유년 시절, 교직에 몸담으셨던 선친(先親)은 저에게 '선생님'이라는 직업의 무게를 말없이 보여주셨습니다. 늦은 밤까지 교재 연구를 하시던 아버지의 뒷모습과 옷소매에 묻어있던 희미한 분필 가루 냄새는, 어린 저에게 교육이란 단순히 지식을 파는 일이 아니라 '사람을 길러내는 숭고한 노동'임을 각인시켰습니다.

그 유산은 1985년, 한양대학교 사범대 교육공학과에 입학하면서 저의 운명이 되었습니다. 당시 '교육공학'은 낯선 학문이었지만, 저는 그곳에서 교육의 '내용'만큼이나 그것을 전달하는 '방법'과 '도구'가 중요함을 배웠습니다. 그때 배운 설계의 원리들이 지금 제가 제안하는 'AI 기반 교육 플랫폼'의 학문적 뿌리가 되었습니다.

그러나 저는 학교 안에만 머물지 않았습니다. 1993년, '내일신문'의 창간 멤버로 참여하며 학교 담장 밖의 거친 세상을 기록했습니다. 언론인의 눈으로 바라본 세상은 학교보다 훨씬 복잡하고 역동적이었습니다. 이후 2001년 영국 유학길에 올라 링컨대학교(University of Lincoln)와 얼스터대학교(University of Ulster)에서 미디어학을 공부하며 박사 학위를 받았습니다. 그 과정에서 저는 '교육은 결국 사람과 사람을 잇는 가장 깊은 차원의 미디어'이며, '정확한 소통이 없는 정책은 학교 담장을 넘지 못하는 공허한 메아리'임을 뼈저리게 깨달았습니다. 이는 훗날 제가 서울시교육청 대변인으로 일하며, 행정의 언어를 시민의 언어로 번역해내는 데 결정적인 지침이 되었습니다.

서강대와 한양대에서 연구교수로 강단에 서며 학문적 깊이를 더하던 저는, 2018년 서울시교육청 대변인이라는 중책을 맡아 다시 현장으로 돌아왔습니다. 대변인 시절, 저는 '화려한 정책 발표'와 '현장의 침묵' 사이의 간극을 뼈저리게 목격했습니다. 본청의 불 꺼지지 않는 사무실과 선생님들의 한숨 섞인 목소리를 오가며, 저는 '행정은 통제가 아니라 소통이어야 함'을 절감했습니다.

이제 저는 '서울교육자치시민회의' 대표로서 시민들과 함께 교육 자치의 꿈을 꾸고 있습니다. 교사의 아들로 태어나 교육공학도, 언론인, 미디어 학자, 그리고 교육 행정가를 거쳐 온 저의 지난 30여 년은, 어쩌면 오늘 이 책을 쓰기 위한 긴 예습이었는지도 모릅니다. 제가 걸어온 이 길 위의 경험들이 **'교육(Education)'**과 **'기술(Technology)'**, **그리고 '소통(Communication)'**을 하나로 묶어내는 단단한 끈이 되기를 바랍니다. 책상 위 이론이 아니라, 아버지의 낡은 교무수첩과 대변인실의 뜨거웠던 전화기 앞에서 배운 그 '현장의 감각'으로 서울교육의 대전환을 이야기하겠습니다.

3. 낡은 '중심'을 허물고, 현장 속에 새로운 중심을 세우는 결단

낡아버린 수직적 중심인 통제중심의 교육청 조직을 대전환해야 합니다. 교육청이라는 거대한 관제탑이 모든 것을 결정하고 지시하면, 학교는 그저 따르는 변방에 불과했습니다. 이 수직적인 통제 '중심의 논리'가 우리 교육을 질식시키고 있습니다.

고(故) 신영복 선생님께서는 생전 "중심은 지키고, 변방은 만든다"는 깊은 통찰을 남기셨습니다. 중심부는 기득권을 지키는 성곽일 뿐, 새로운 생명과 창조는 언제나 춥고 거친 변방에서 시작된다는 뜻입니다. 쇠락해가는 문명은 중심의 성곽을 높이는 데 골몰하지만, 융성하는 문명은 변방으로 나아가 새로운 길을 냅니다.

저는 이 철학을 서울교육 대전환의 핵심 가치로 삼고자 합니다. 제가 하려는 일은 분명합니다. 교육청이라는 거대한 '성(城)'을 허무는 것입니다. 진정으로 학교현장에 학생, 교사, 학부모, 학교종사자의 4주체 중심의 공동체를 만들겠습니다. 교육청이 독점했던 권한과 예산, 그리고 결정권을 과감하게 학교로, 교실로, 그리고 마을이라는 '변방'으로 이양하겠습니다.

저는 중심을 지키며 군림하는 행정가가 되지 않겠습니다. 기꺼이 변방으로 나아가 새로운 길을 내는 '개척자(Pioneer)'가 되겠습니다. 학교가 행정의 말단이 아니라, 스스로 교육과정을 꽃피우는 '창조의 영토'가 되도록 돕는 일, 그것이 저에게 주어진 첫 번째 책무입니다.

4. 두 개의 거대한 원심력: AI와 인구절벽

지금 서울교육은 단순히 제도를 조금 고치는 수준으로는 감당할 수 없는 문명사적 대전환의 파도 앞에 서 있습니다. 우리를 둘러싼 환경은 강력한 원심력으로 학교라는 기존의 질서를 밖으로 밀어내고 있습니다.
첫 번째 원심력은 '인공지능(AI)'입니다. 챗GPT가 논문을 쓰고 그림을 그리는 시대에, 암기하고 정답을 찾는 기존의 교육 방식은 유효기간이 끝났습니다. 교과서 안의 지식(중심)을 밖으로 튕겨내는 기술의 변화는 우리에게 "학교는 무엇을 가르치는 곳인가?"라는 근본적인 질문을 던집니다.

두 번째 원심력은 '인구절벽'입니다. 학령인구의 급격한 감소는 학교 통폐합을 넘어, 교육 생태계 자체의 붕괴를 예고하고 있습니다. 아이들이 사라지는 시대, 과거처럼 '다수를 위한 효율적인 교육'은 더 이상 작동하지 않습니다.

준비되지 않은 상태에서 맞이하는 원심력은 조직을 공중분해 시키는 파괴력이 됩니다. 하지만, 우리가 단단한 중심축, 즉 강력한 구심력을 확보하고 있다면 이야기는 달라집니다. 회전하는 물체가 구심력을 가질 때, 강한 원심력은 오히려 더 멀리, 더 높이 비상하게 만드는 추진력이 되기 때문입니다.

약속합니다. AI와 인구소멸이라는 원심력을 두려워하지 않겠습니다. 오히려 이를 우리 아이들을 더 넓은 세상으로 쏘아 올리는 강력한 추진력으로 만들겠습니다. 그러기 위해 우리를 단단히 붙잡아줄 강력한 구심력을 회복하는 일, 그것이 제가 감당해야 할 두 번째 책무입니다.

그렇다면 우리 교육을 흩어지지 않게 붙잡아줄 구심력은 어디에서 오는 것일까요?

5. 새로운 중심: '교육 4주체'와 함께하는 동행 선언

그 구심력은 어디서 오는가? 교육 4주체라는 새로운 중심에서 찾아야 합니다. 즉, 사람에게서 해법을 찾아야 합니다. 지금까지의 교육은 학생, 학부모, 교사라는 '3주체'의 틀에 갇혀 있었습니다.

그러나 학교라는 현장을 지키는 또 다른 주역들을 호명하고자 합니다. 새벽같이 학교 문을 여는 분들, 아이들의 건강한 밥상을 책임지는 분들, 학교 행정의 실핏줄을 잇는 교육공무직원과 비정규직 노동자들입니다.

2025년 4월 1일 기준, 서울시 전체 교직원의 약 25.1%에 달하는 2만 5천여 명이 바로 이분들입니다. 학교를 움직이는 손길 네 개 중 하나는 이들의 헌신입니다.

이 자리에서 선언합니다. 이제 이들을 교육의 주변부가 아닌 당당한 '교육 4주체'로 인정하고 함께 가겠습니다. 교사는 수업에 전념하고, 행정 및 공무직은 전문성을 존중받으며 지원 행정을 주도하는 구조, 학부모와 학생이 이들 모두를 선생님으로 존중하는 문화. 이것이 제가 만들고자 하는 '완전한 학교'의 모습입니다.

이 4주체를 하나로 묶는 강력한 접착제는 바로 **'학생우선원칙'**입니다. 이해관계가 충돌할 때, 저는 주저 없이 묻겠습니다. "이것이 학생에게 이로운가?" 이 단 하나의 질문을 나침반 삼아, 갈등을 조정하고 통합을 이뤄내는 '조정자(Coordinator)'로서의 책무, 이것이 저의 세 번째 약속입니다.

6. 대전환의 설계도: 이 책이 제시하는 길

이 책은 단순한 비평서가 아닙니다. 제가 서울교육의 책임자가 된다면 즉시 실행에 옮길 구체적인 '직무 수행 계획서'이자, 여러분께

드리는 '정책 제안서'입니다. 단순한 정책 나열이 아닌, '왜(Why) – 무엇을(What) – 어떻게(How)'라는 논리적 흐름을 통해 독자 여러분을 서울교육의 심층부로 안내하려 합니다.
총 3부, 13개의 장으로 구성된 이 여정은 다음과 같이 전개됩니다.

[제1부 진단] 학교는 왜 침묵하게 되었는가
– 화려한 구호 뒤에 가려진 학교의 맨얼굴을 직시하다
어떤 문제든 해결의 시작은 냉정한 현실 인식입니다. 1부에서는 우리가 애써 외면해왔던 학교의 구조적 모순을 파헤칩니다.

- 1~2장에서는 입시 경쟁과 행정 만능주의 속에서 '학생의 성장'과 '교사의 교육권'이 어떻게 질식해가고 있는지 살핍니다.
- 3장에서는 법적 다툼의 장(場)으로 변질된 학교폭력 문제를 통해, 교육적 관계가 사라진 교실의 서글픈 자화상을 고발합니다.
- 특히 4장에서는 그동안 교육 담론에서 소외되었던 **교육공무직과 행정실의 노동 현실**을 양지로 끌어올립니다. 학교라는 공간이 굴러가기 위해 얼마나 많은 보이지 않는 땀방울이 필요한지, 그리고 왜 그들이 '교육 4주체'의 일원이어야 하는지를 역설합니다.

[제2부 철학] 우리는 무엇으로 단단해지는가
– 통제의 탑을 허물고, 지원의 플랫폼을 세우다
무너진 토대 위에 다시 세울 새로운 교육 철학을 제안합니다. '지시하는 교육청'이 아닌 '지원하는 플랫폼'으로의 대전환입니다.

- 5장에서는 교육목표로서 과거의 '지 · 덕 · 체'를 넘어, AI 시대에

필요한 '미래 역량'을 새롭게 정의합니다.

- 이 책의 핵심 제안인 **6장과 7장**에서는 '행정 제로 스쿨'과 '교육지원청 행정지원센터'를 다룹니다. 선생님을 행정 업무에서 완전히 해방시키는 것이야말로 가장 확실한 '학생 복지'임을 증명합니다.
- **8장**에서는 **'자율-지원 학교'** 모델을 통해, 학교가 예산과 교육과정의 주인이 되고 교육청은 이를 돕는, 진정한 의미의 '학교 자치' 청사진을 제시합니다.

[제3부 도구와 미래] 단 한 명의 우주를 위한 설계도

– AI와 데이터, 그리고 시민의 약속으로 여는 내일

철학은 구체적인 도구를 만날 때 현실이 됩니다. 3부에서는 막연한 희망이 아닌, 손에 잡히는 기술적 · 제도적 해법을 제시합니다.

- **9장**에서는 학교의 자율성 확대가 방임이 되지 않도록, 책임을 투명하게 증명하는 '공교육 신뢰인증제'를 소개합니다.
- 10~12장은 '학생성장계획(SGP)'과 AI **기반 행정 시스템**을 다룹니다. 줄 세우기식 성적표 대신, 아이들 한 명 한 명의 성장 궤적을 기록하고 지원하는 맞춤형 교육 시스템이 어떻게 가능한지 기술적으로 설명합니다.
- 마지막 13장에서는 이 모든 변화가 선거철마다 흔들리지 않도록, 시민사회와 함께 맺는 '10년 사회협약'을 제안합니다. 교육감이 바뀌어도 흔들리지 않는 단단한 교육의 헌법을 만드는 길, 그 장대한 여정을 여러분과 함께 설계하고 함께 이끌어 만들겠습니다.

7. 맺으며: 교육이 바뀌면, 세상이 바뀝니다
– 학생우선원칙, 사회 대전환을 위한 첫 단추

이 책을 관통하는 수많은 정책과 제안들, 즉 행정제로 스쿨, 자율-지원 학교, AI 플랫폼, 그리고 교육 4주체론 까지… 이 모든 복잡한 논의를 하나로 꿰뚫는 단 하나의 절대 반지가 있다면, 그것은 바로 '학생우선원칙(Student First Principle)'입니다.

이 원칙은 듣기 좋은 구호나, 선거철에만 등장하는 정치적 수사가 아닙니다. 이것은 복잡하게 얽힌 교육 현장의 난제들을 단숨에 정리하는 가장 명쾌한 해법이자, 흔들리는 교육의 방향을 잡는 유일한 **나침반**입니다.

학교는 다양한 이해관계가 충돌하는 공간입니다. 교사의 교육권과 학생의 인권이 부딪칠 때, 행정의 효율성과 교육의 자율성이 대립할 때, 혹은 교육공무직의 노동권과 학교 운영의 현실이 갈등할 때, 우리는 무엇을 기준으로 판단해야 할까요? 그때마다 우리는 스스로에게 물어야 합니다.

"이 결정이, 지금 내 앞에 있는 학생에게 이로운가?"

만약 그 답이 '그렇다'라면 과감하게 기존의 관행을 깨뜨려야 하고, '아니오'라면 아무리 명분 좋은 정책이라도 멈춰야 합니다. 제가 주장하는 '행정제로' 또한 교사의 편의만을 위해서가 아닙니다. 선생님이 행정 서류가 아닌 학생의 눈빛을 한 번 더 바라보는 것이 학생에게 '이롭기' 때문입니다. 노동 환경의 개선 또한 노동자의 정당한 권리임과 동시에 그 혜택이 결국 따뜻한 급식과 안전한 돌봄으로 학생에게 돌아가기 때문에 필요한 것입니다. 이처럼 '학생우선 원칙'은 서로 다른 곳을 바라보던 교육 4주체를 하나로 묶어주는 가장 강력한 구심력이 될 것입니다.

나아가 저는 감히 말씀드립니다. **교육 개혁은 사회 개혁의 종착점이 아니라, 가장 강력한 첫 출발점입니다.**

지금 우리 사회가 앓고 있는 고질적인 병폐들—극심한 양극화, 저출산으로 인한 인구 소멸, 지방의 붕괴, 그리고 무한 경쟁으로 인한 공동체의 해체—이 모든 문제의 뿌리를 캐고 들어가면 결국 '교육'과 만나게 됩니다.

성적순으로 줄 세우는 교실에서 자란 아이들이 만드는 사회는, 필연적으로 승자독식의 정글이 될 수밖에 없습니다. 다양성이 무시되는 획일적인 학교는, 혁신적인 생각이 질식하는 정체된 경제를 만듭니다. 사교육비의 공포가 젊은이들의 결혼과 출산을 가로막는 가장 높은 장벽이라는 사실을 우리는 이미 알고 있습니다.

따라서 학교를 바꾸는 일은 단순히 입시 제도를 손보는 기술적인 문제가 아닙니다. 그것은 **대한민국 사회의 유전자를 바꾸는 일**입니다.

- 한 명의 아이도 포기하지 않는 학교를 만드는 것은, 낙오자 없는 '포용 사회'로 가는 첫걸음입니다.
- 정답 찾기 경쟁 대신 질문하는 힘을 기르는 교실은, AI 시대를 주도할 '창조 국가'의 엔진입니다.
- 변방의 다양성을 존중하고 지원하는 교육 행정은, 지방과 중앙이 상생하는 '균형 발전'의 마중물입니다.

고대 그리스의 수학자 아르키메데스는 “내게 긴 지렛대와 지지할 곳만 준다면 지구를 들어 올리겠다”고 했습니다. 저에게 교육은 병든 우리 사회를 들어 올릴 수 있는 유일하고도 강력한 ‘지렛대’입니다. 이 책에 담긴 제안들은 그 지렛대를 받칠 단단한 지점(支點)을 만드는 설계도입니다.

이제 여러분께 그 설계도를 내어놓습니다. 교육은 교육감 혼자만의 힘으로 바꿀 수 없습니다. **‘교학상장(教學相長)’**, 가르침과 배움이 서로를 성장시킨다는 말처럼, 서울교육의 거대한 전환은 깨어있는 시민 여러분과 함께 고민하고 논쟁하며 해법을 찾아갈 때 비로소 완성됩니다.

이 책이 단순한 정책 제안서를 넘어, 우리 아이들의 미래와 대한민국 사회의 대전환을 꿈꾸는 모든 이들의 ‘가슴 뛰는 약속’이 되기를 소망합니다. 중심을 지키는 데 급급했던 낡은 관성을 뒤로하고, 이제 변방에서 불어오는 창조의 바람을 맞이합시다. 그 바람이 모여 마침내 서울교육의, 아니 우리 사회의 따뜻한 봄을 열 것입니다.

서울교육 대전환, 이제 당신과 함께 문을 엽니다.

2025년 12월
관악산자락에서
김현철

목차

II부. 철학:
우리는 무엇을 위해 혁신하는가

무너진 토대 위에 다시 세우는 교육의 본질

III부. 도구와 미래: 단 한 명의 우주를 위한 설계도

AI와 데이터, 그리고 시민의 힘으로 여는 10년

부록 (Appendix)

I부

진단 : 학교는 왜 침묵하게 되었는가

– 화려한 구호 속에 감춰진 위기의 민낯

제1장.

교육 르네상스, 왜 지금 필요한가

인구 절벽과 AI의 파도 앞, '한 아이'을 위한 거대한 전환

1. 서론: 멈춰선 교실, 질주하는 세상

"학교가 무너졌다"는 탄식은 어제오늘의 일이 아닙니다. 1990년대의 교실 붕괴론부터 2000년대의 사교육 열풍, 그리고 최근의 교권 추락 문제까지, 우리 교육은 언제나 위기 속에 있었습니다. 하지만 지금 현장에서 들려오는 아우성은 과거의 위기론과는 질적으로 다릅니다. 과거의 위기가 '교육의 질'이나 '방법론'에 대한 불만이었다면, 지금의 위기는 '교육의 존재 이유' 그 자체에 대한 근본적인 회의입니다.

학교 담장 밖의 세상은 AI(인공지능)와 디지털 혁명으로 빛의 속도로 변해가고 있습니다. 지식의 유통 기한은 점점 짧아지고, 어제의 정답이 오늘의 오답이 되는 세상입니다. 그런데 학교는 여전히

산업화 시대의 관성에 머물러 있습니다. 모두가 같은 교실에 앉아, 같은 교과서를 펴고, 같은 정답을 외우는 '공장형 교육'이 계속되고 있습니다. 이 거대한 시차(Time-lag) 속에서 부모는 미래에 대한 불안으로 잠 못 이루고, 아이는 의미를 찾지 못한 채 길을 잃고, 교사는 과중한 행정 업무와 무력감 속에 소진됩니다.

이것은 특정 정책 하나가 잘못되어서 생긴 일이 아닙니다. 시스템의 수명이 다한 것입니다. 낡은 기계를 고쳐 쓰는 '수리(Repair)' 차원의 접근으로는 더 이상 이 문제를 해결할 수 없습니다. 엔진을 갈아 끼우고, 설계를 다시 해야 할 시점입니다.

그래서 저는 감히 '교육 르네상스(Educational Renaissance)'를 제안합니다. 14세기 유럽, 흑사병의 공포와 중세의 암흑기를 뚫고 '인간 본연의 가치'를 재발견하며 문명사적 대전환을 이뤘던 르네상스처럼, 지금 우리 교육도 근본부터 다시 태어나야 합니다.

'교육 르네상스'란 무엇일까요? 그것은 단순히 '공부를 더 잘 시키자'는 차원이 아닙니다. "국가가 필요로 하는 산업 역군 양성"이라는 20세기의 낡은 교육 목표를 폐기하고, "아이 한 명 한 명의 온전한 인간 발달(Human Development)"을 교육의 유일한 목적으로 복원하는 일입니다. 인간을 도구로 보던 시대를 끝내고, 인간을 목적으로 대하는 교육. 아이가 가진 고유한 결을 살려내고, 스스로 삶의 주인으로 서게 하는 교육. 이것이 제가 말하는 교육 르네상스의 본질입니다.

2. 인구 절벽의 역설: 아이들은 줄어드는데 왜 교육의 질은 제자리인가?

우리가 교육의 미래를 논할 때 가장 먼저 직시해야 할 팩트(Fact)는 '인구 절벽'입니다. 이것은 막연한 미래가 아니라 이미 우리 눈앞에 당도한 냉혹한 현실입니다.

2000년 810만 명에 달했던 초 · 중 · 고 학생 수는 2024년 544만 명으로 급감했습니다. 통계청의 장래인구추계는 2035년에 이 숫자가 309만 명까지 떨어질 것이라고 경고합니다. 불과 한 세대 만에 교실의 절반이 비게 되는 셈입니다. 지방의 작은 학교들은 이미 폐교 위기에 몰렸고, 서울 도심 한복판의 학교들도 통폐합을 논의하고 있습니다.

이 충격적인 숫자 앞에서, 경제 논리에 매몰된 일부 관료들은 단순하고 위험한 해법을 내놓습니다. "학생이 줄었으니 교사도 줄이고, 학교도 줄이자. 예산도 줄여야 한다." 이것은 시장의 효율성 논리로는 맞을지 몰라도, 교육의 논리로는 틀렸습니다. 아니, 국가 생존 전략으로서도 위험천만한 발상입니다.

생각해 보십시오. 학생 수가 절반으로 줄어든다는 것은, 미래에 이 사회를 떠받칠 생산 가능 인구가 절반으로 줄어든다는 뜻입니다. 과거에는 100명이 했던 일을 미래에는 50명이 감당해야 합니다. 그렇다면 미래의 아이 한 명은 과거의 아이 두 명, 세 명 몫의 역량을 갖춘 인재로 성장해야 합니다. 양적인 감소를 질적인 고도화로 상쇄하지 못하면, 우리 사회는 지탱될 수 없습니다.

즉, 학생 수의 감소는 '교육 투자의 축소'가 아니라, '교육의 질적 대도약'으로 이어져야 하는 상식적인 귀결을 갖습니다.

과거 콩나물시루 같은 교실에서는 불가능했던 일들이 있습니다. 한 아이의 눈을 맞추고, 그 아이만의 고유한 재능을 발견하고, 뒤처지는 아이를 끝까지 기다려주는 교육 말입니다. 60명이 한 교실에 있을 때는 '진도 나가기'가 지상 과제였지만, 학급당 학생 수 20명 이하 시대는 교사를 줄일 명분이 아니라, '개별화 맞춤형 교육'을 실현할 절호의 기회(Golden Time)입니다.

그런데 현실은 어떻습니까? 기획재정부는 교원 정원을 감축하라고 압박하고, 교육청은 이에 밀려 학급당 교사 수로 교사의 정원을 줄여갑니다. 심지어 정교사 대신 기간제 교사로 빈자리를 때우다가 이젠 기간제 교사 자리까지 줄여가고 있습니다. 학생 수는 줄었는데, 정작 '질 높은 교육'을 위한 구조적 투자는 멈춰 있습니다. 학급당 학생 수를 OECD 평균 수준으로 낮출 수 있는 이 기막힌 기회를, 단순히 '비용 절감'의 기회로만 바라보는 근시안적인 행정이 계속되고 있습니다. 이것은 기회를 스스로 걷어차는 직무유기입니다.

인구 절벽 시대, 교육 르네상스는 '한 명의 아이도 포기하지 않는' 질적 혁명에서 시작되어야 합니다. 줄어든 아이들 한 명 한 명을 보석처럼 귀하게 키워내는 것, 그것만이 인구 소멸의 파도를 넘을 수 있는 유일한 방파제입니다.

3. AI 시대의 경고: "정답 찾기는 끝났다"

인구 문제가 교육의 '그릇'에 관한 문제라면, AI(인공지능)는 그 그릇에 무엇을 담을 것인가, 즉 '내용'에 관한 근본적인 질문을 던집니다. 챗GPT와 같은 생성형 AI의 등장은 지식을 암기하고 전달하는 기존 교육 방식에 사망 선고를 내렸습니다.

최근 교육계에 충격적인 사건이 있었습니다. 2025년 말, 한 입시 전문기관이 생성형 AI인 '챗GPT-5.1'에게 2026학년도 수능 국어 문제를 풀게 했습니다. 결과는 놀라웠습니다. 단순 정답만 요구했을 때는 평범한 점수였지만, "단계별로 논리적으로 추론하라"고 지시하자 단숨에 1등급을 받아냈습니다.(경향신문, 2025.11.22 보도) AI는 인간이 12년을 바쳐 훈련하는 그 어려운 비문학 지문과 복잡한 추론 문제들을, 단 몇 초 만에, 그것도 아주 완벽하게 풀어냈습니다.

이 실험 결과가 우리에게 던지는 메시지는 서늘합니다. 우리가 '변별력'이라 칭하며 수십만 학생을 한 줄로 세우는 그 어려운 문제들이, AI에게는 그저 순식간에 해결되는 '데이터 조합'과 '패턴 인식'에 불과하다는 사실입니다.

묻고 싶습니다. 기계가 눈 깜짝할 사이에 만점을 받는 시험에, 왜 우리 인간이 청춘을 바쳐야 합니까? 왜 우리 아이들은 잠을 줄여가며 기계보다 못한 능력을 키우기 위해 학원을 전전해야 합니까?

지금 대한민국 교육은 국가적 자원을 총동원해 아이들에게 'AI가 가장 잘하는 일(정답 찾기, 지식 암기, 패턴 인식)'을 훈련시키고 있습니다. 이것은 아이들을 'AI에게 가장 먼저 대체될 부속품'으로 길러내는 것과 다름없습니다. 우리는 지금 21세기를 살아갈 아이들에게 20세기의 지도를 쥐어주고, 19세기의 방식대로 걸어가라고 강요하고 있는 것입니다.

AI 시대의 경쟁력은 '답을 아는 것'에서 나오지 않습니다. 답은 AI가 더 잘 알고, 더 빨리 찾습니다. 인간의 경쟁력은 '좋은 질문을 던지는 능력', 'AI가 내놓은 답을 비판적으로 검증하는 능력', '흩어진 정보들을 엮어 새로운 맥락을 만들어내는 능력', 그리고 무엇보다 '사람과 사람을 연결하는 공감 능력'에서 나옵니다.

해외의 교육 선진국들은 이미 발 빠르게 움직이고 있습니다. 에스토니아는 초등학교 1학년부터 코딩을 가르치지만, 기술이 아닌 '디지털 시민성'과 '윤리'를 강조합니다. 싱가포르는 이미 20년 전 "적게 가르치고 많이 배우게 하라(Teach Less, Learn More)"는 슬로건을 내걸고, 암기 위주 교육을 걷어냈습니다. 핀란드와 캐나다는 교육과정의 핵심을 '역량(Competency)' 중심으로 재편하고, 지식의 양이 아닌 지식을 활용하는 힘을 평가하고 있습니다.

그런데 우리는 여전히 5지 선다형 문제집을 풀고 있습니다. EBS 교재를 달달 외우게 하고, 실수 하나에 등급이 갈리는 살얼음판 경쟁을 시키고 있습니다. AI는 이미 우리 아이들의 경쟁자가 아니라, 아이들이 부려야 할 '도구'가 되었습니다. 도구를 쓰는 법을 가르치지 않고 도구와 맨몸으로 경쟁하게 만드는 교육, 이것은 교육이 아니라 가혹행위입니다. AI 시대의 교육은 지식의 축적이 아니라, 지식의 활용과 비판, 그리고 창조로 나아가야 합니다.

4. 팩트체크: 학교의 시계는 1990년대에 멈춰 있다

혹자는 말합니다. "그래도 학교가 많이 변하지 않았느냐"고. 전자칠판이 들어오고, 태블릿 PC가 보급되고, 혁신학교가 생기지 않았느냐고 묻습니다. 하지만 그것은 겉모습일 뿐입니다. 하드웨어는 2020년대일지 몰라도, 학교를 움직이는 근본적인 운영체제(OS)는 1995년 '5.31 교육개혁' 이후 형성된 '90년대식 구조'에 여전히 머물러 있습니다.

첫째, 행정 구조가 그렇습니다. 교육청-지원청-학교로 이어지는 수직적 관료제는 30년 전과 판박이입니다. 교육감은 제왕적 권한을 가지고 정책을 하달하고, 지원청은 이를 전달하며, 학교는 교육청이 내려 보내는 수천 건의 공문을 처리하는 '말단 행정기관' 취급을 받습니다. 교사들이 수업 연구와 학생 상담보다 행정 업무와 실적 보고에 더 많은 에너지를 쏟아야 하는 현실, 이것이 2025년 대한민국 학교의 현실입니다. 선생님이 아이들의 눈을 바라볼 시간보다 공문 처리 모니터를 바라보는 시간이 더 긴 학교에서, 교육의 본질이 살아날 리 없습니다.

둘째, 수업과 평가 방식이 그렇습니다. 2025년부터 고교학점제가 전면 도입된다고 하지만, 대입 제도의 핵심인 '수능'과 '상대평가(9등급제)[1]'의 골격은 90년대 이후 본질적으로 변하지 않았습니다. 아무리 좋은 수업을 해도 평가는 줄 세우기로 귀결됩니다. '옆 친구를 밟고 올라서야 내가 1등급이 되는' 제로섬 게임(Zero-sum Game) 구조 속에서, 협력 수업이나 토론 수업은 '입시에 방해되는 시간 낭비'로 치부됩니다. 이것은 교사의 열정이 부족해서가 아니라, 수능으로 대표되는 평가 시스템이 수업의 혁신을 가로막고 있기 때문입니다. 평가가 바뀌지 않으면 수업은 바뀌지 않습니다.

셋째, 교실 공간과 문화가 그렇습니다. 모두가 같은 시간, 같은 교실, 같은 내용을 배우는 '공장형 학교 모델'은 산업화 시대의 유물입니다. 아이들은 저마다 속도가 다르고 관심사가 다른데, 학교는 여전히 '평균'에 맞춘 진도를 강요합니다. 조금 느린 아이는 '부진아'라는 낙인이 찍히고, 조금 빠른 아이는 지루함을 견뎌야 합니다. 개별성을 무시한 획일적 교육은 아이들의 잠재력을 억누르는 족쇄가 되고 있습니다.

결국 우리는 21세기의 아이들을, 20세기의 교사들이, 19세기의 교실에서 가르치고 있는 셈입니다. 이 낡은 틀을 깨지 않고서는 어떤 혁신도 공허한 메아리에 불과합니다. 부분적인 개선이 아니라, 판을 새로 짜는 구조적 개혁이 필요합니다.

---

1) 올해 2025학년도는 고1(5등급제), 고2, 고3(9등급제), 그리고 현재 고1이 고3이 되는 2027학년도부터는 고등학교 전체가 내신 5등급제가 됩니다.

5. 세계는 '자율-지원학교 모델'로 움직인다

우리가 내부의 낡은 틀에 갇혀 갈등하는 사이, 세계 교육은 어떻게 변하고 있을까요? 교육 선진국들의 공통적인 흐름은 '학교의 책임을 강화하되, 그 방법은 자율에 맡긴다'는 것입니다.

핀란드는 '한 아이도 놓치지 않는다'는 원칙을 학교 현장에서 **다전문가 학생지원체계**로 구현하고 있다. 교사가 학습 부진이나 정서 · 행동 문제를 발견하면, 심리전문가 · 사회복지사 · 특수교사 등으로 구성된 학교 기반 지원팀이 함께 개입해 학생과 가정을 돕는 구조다(EBS 교육뉴스, 2025.10 보도; 핀란드 학교 학생복지 안내 자료, 2024).

영국은 모든 공립 · 아카데미 학교에 SENCO(Special Educational Needs Co-ordinator, 특별교육지원조정관)를 두도록 법으로 규정하고 있다. SENCO는 특수교육 대상 학생이나 학습 · 정서적 어려움을 겪는 학생의 지원 계획을 총괄하고, 교사 · 외부 전문기관 · 가정을 연결하는 역할을 맡는다(영국 교육부 SEND 규정 및 SENCO 법적 의무 안내, 2023 - 2024).

캐나다와 뉴질랜드에서는 일부 지역과 학교를 중심으로, 학교폭력이나 갈등 상황에 '회복적 정의(restorative justice/practice)'를 적용하는 정책과 프로그램이 확산돼 왔다. 경미한 사안의 경우 형식적 징계나 사법 절차보다는, 당사자 · 교사 · 가족이 참여하는 회복적 대화와 합의 과정을 통해 문제를 해결하려는 시도가 제도화 · 매뉴얼화 된 학교들이 적지 않다(뉴질랜드 교육부 PB4L Restorative Practice 안내, 2024; 뉴질랜드 · 영연방 학교 회복적 실천 연구, 2013 – 2022). 다만 이는 국가 전체가 일률적으로 적용하는 단일 제도라기보다는, 지역 · 학교별 도입 수준에 차이가 있는 정책 방향으로 보는 편이 정확하다.

이들 사례가 보여주는 핵심은 명확합니다. "문제가 생기면 학교가 가장 먼저, 그리고 전문적으로 개입한다"는 것입니다. 한국처럼 모든 문제를 법적 쟁송으로 끌고 가거나, 교사 개인에게 무한 책임을 떠넘기는 '각자도생' 시스템과는 다릅니다. 아이의 삶에 문제가 생겼을 때, 가장 먼저 손을 잡아주는 곳이 학교여야 합니다. 그것이 학교가 존재하는 이유입니다. 학교가 자율적으로 움직이고 문제를 해결할 수 있는 원동력이 무엇일까요? 그것은 학교가 실제 권한을 가지고 움직일 때 가능합니다. 예산편성과 조직인사와 같은 핵심적 권한을 학교가 가질 때 비로소 학교는 책임감을 가지고 일을 할 수가 있습니다. 즉 현재와 같이 모든 권한을 본청을 중심으로 하달하는 방식이 아니라, 학교가 결정하고 본청과 지원청은 이를 지원하고, 보조하는 역할로 재구조화 되어야 한다는 것입니다. 우리는 이것을 '서울형 자율-지원학교 모델'이라고 부를 수 있습니다.

6. 교육 르네상스의 핵심: 지 · 덕 · 체의 현대적 재해석

그렇다면 한국의 교육 르네상스는 무엇을 지향해야 할까요? 저는 우리 교육의 오래된 지표인 '지 · 덕 · 체(智 · 德 · 體)'를 AI 시대에 맞게 새롭게 정의하는 것에서 답을 찾고자 합니다. 과거의 지 · 덕 · 체가 '국가가 원하는 모범생'을 만드는 기준이었다면, 새로운 지 · 덕 · 체는 '스스로 서고 더불어 사는 시민'을 기르는 기준이 되어야 합니다.

첫째, [智] 생각하는 힘 (Thinking Power)입니다. AI 시대의 지성은 '많이 아는 것'이 아닙니다. '스스로 생각하는 힘'입니다. 정답을 찾는 능력이 아니라, 질문을 던지는 능력입니다. AI를 도구로 활용해 정보를 비판적으로 검증하고, 남들과 다른 창의적인 해법을 만들어내는 '지적 근육'을 길러야 합니다. 이를 위해서는 정답 맞히기식 평가를 폐기하고, 과정과 사고력을 보는 논 · 서술형 평가, IB 교육[2] 등으로의 대전환이 필요합니다.

둘째, [德] 함께 사는 힘 (Living Together Power)입니다. 경쟁 시대의 덕성은 '착하게 사는 것'이었지만, 공존 시대의 덕성은 '연

2) IB(International Baccalaureate) 교육은 스위스에 본부를 둔 국제교육기구가 개발한 **탐구 · 토론 · 비판적 사고 중심의 세계 표준 교육 프로그램**이다. 암기식 · 정답식 평가를 지양하고, 학생이 스스로 질문하고 탐구하며 지식을 구성하는 방식을 강조한다. 프로그램은 연령대별로 △PYP(초등) △MYP(중등) △DP(고등 국제대학입시 과정) 등으로 나뉜다. 특히 고교 과정인 DP는 논술형 평가, 탐구보고서(EE), 과목 간 융합 사고 등을 중시하며, 전 세계 대학에서 공신력 있는 입학 평가 체계로 인정받고 있다. 핵심은 **"정답"보다 '왜?'를 묻는 사고력, 과정 중심의 평가, 학생 주도 학습, 세계 시민성 함양**이다.(Baccalaureate International, what-is-an-ib-education-ko.pdf, 2025.11.27. 접근)

대하는 능력'입니다. 나만 잘사는 것이 아니라, 기후 위기 앞에서 생태와 공존하고, 타인의 고통에 공감하며, 나와 다른 배경을 가진 사람들과 협력할 줄 아는 '시민적 인성'이 곧 실력입니다. 교차하는 차별을 이해하고 약자와 연대하는 감수성, 이것이 AI는 가질 수 없는 인간만의 고유한 역량입니다.

셋째, [體] 버티고 회복하는 힘 (Resilience Power)입니다. 단순한 신체 건강을 넘어, '회복탄력성'을 의미합니다. 불확실한 미래, 쏟아지는 정보, 경쟁의 압박 속에서 자신의 몸과 마음을 스스로 지키고, 실패해도 다시 일어설 수 있는 단단한 자아를 길러주어야 합니다. 마음 건강을 위한 예방적 지원, 입시에 밀려난 예체능 교육의 복원은 아이들의 삶을 지탱하는 가장 기본적인 안전망입니다.

이 세 가지 힘(Three Power)—생각하고, 연대하고, 회복하는 힘—이 조화롭게 자라날 때, 우리 아이들은 AI가 지배하는 세상에서도 당당한 주인으로 살아갈 수 있습니다. 이것이 바로 교육 르네상스가 목표로 하는 '전인적 인간 발달'의 구체적인 모습입니다.

7. 맺음말: 골든타임, 이제는 결단해야 할 때

교육 르네상스는 화려한 수사가 아닙니다. 이것은 생존을 위한 마지막 비상구입니다.

학령인구가 반 토막 나는 지금, AI가 인간의 지적 노동을 대체하기 시작한 지금이야말로, 낡은 교육의 껍질을 깨고 나올 수 있는 유일한 '골든타임'입니다. 지금 변하지 않으면, 우리는 또다시 한 세대의 아이들에게 "미안하다, 어쩔 수 없었다"는 변명만 남긴 채, 그들을 각자도생의 정글로, AI와의 승산 없는 경쟁으로 밀어 넣게 될 것입니다.

학교가 아이들을 밀어내는 곳이 아니라, 끝까지 품어주는 곳이 되어야 합니다. 부모의 불안을 먹고 사는 교육이 아니라, 부모에게 신뢰를 주는 교육이 되어야 합니다. 과거의 지식이 아니라, 미래의 역량을 가르치는 교육이 되어야 합니다.

서울교육은 이제 그 거대한 전환의 진원지가 되어야 합니다. 이 책은 그 절박한 심정으로 써 내려간 '교육 대전환의 설계도'입니다. 더 이상 우리 아이들에게 상처를 대물림하지 않겠다는 어른들의 약속, 그 무거운 책임을 안고 이제 첫 장을 엽니다.

제2장.

학생우선원칙(Student First)

위기의 아이들과 책임의 실종

1. 서문: 무엇이 학교의 '1순위'를 훔쳤는가

(1) 오후 4시의 교무실, 결재판 뒤에 숨은 아이들

서울의 어느 초등학교 행정실, 오후 4시. 전화벨 소리와 프린터 돌아가는 소리가 쉴 새 없이 울립니다. 교장선생님의 컴퓨터 화면에는 결재를 기다리는 디지털 문서들이 쌓여 있습니다. 제일 위에 놓인 문서는 교육청에서 긴급으로 내려온 '디지털 기기 보급 현황 보고'입니다. 두 번째는 여름방학 대비 '노후 시설 개선 공사 계약서'입니다. 세 번째는 다음 주에 있을 '학교운영위원회 회의록'입니다.

정작 6학년 2반 담임 선생님이 점심시간부터 결재를 기다렸던 "정서 위기 학생 긴급 상담 및 외부 연계 요청서"는 결재 순위에서 한참 밀려나 있습니다. 행정 실무사는 "교장 선생님, 공사 계약 건이 오늘까지라 이것부터 처리해야 합니다"라고 재촉하고, 교장 선생님은 교육청 보고 기한을 맞추느라 상담 요청서를 꼼꼼히 들여다볼 겨를이 없습니다."김 선생님, 이건 내일 아침에 다시 이야기합시다. 지금 교육청 보고가 급해서요."

이 짧은 대화 속에 2024년 대한민국 학교의 민낯이 담겨 있습니다. 우리는 입으로는 "한 아이도 포기하지 않겠다", "학생이 미래다"라고 말합니다. 하지만 시스템의 우선순위는 무서울 정도로 정직합니다. 행정적 절차, 예산 집행, 시설 관리, 상급 기관 보고가 학생의 고통이나 성장의 문제보다 언제나 '먼저'입니다. 학교라는 공간의 주인은 누구입니까? 행정입니까, 학생입니까? 아니면 교육청의 공문입니까?

(2) 김 선생님의 하루: 학생을 볼 시간이 없는 교사

중학교 2학년 담임인 10년 차 교사 김 선생님의 하루를 따라가 봅시다.

- 08:30 조회를 하러 교실에 들어갑니다. 아이들의 표정을 살필 새도 없이 가정통신문 회신 여부를 체크하고, 코로나 자가진단 앱 미입력자에게 전화를 겁니다.
- 09:00 1교시 수업. 수업 중에 엎드려 자는 민수(가명)가 눈에 밟히지만, 진도를 나가야 해서 깨우지 못합니다.
- 10:00 쉬는 시간. 민수를 불러 상담하고 싶지만, 교육청에서 온 '학폭 예방 실적 보고' 공문을 11시까지 내야 해서 교무실

컴퓨터로 달려갑니다.

- 12:30 점심시간. 아이들과 밥을 먹으며 대화하고 싶지만, 오늘은 급식 지도를 해야 합니다. 식판을 들고 검수대로 향합니다.
- 15:30 수업 종료. 이제야 민수와 이야기해 볼까 했는데, 행정실에서 전화가 옵니다. "수학여행 버스 계약 서류에 도장이 빠졌어요. 지금 당장 내려오세요."
- 16:30 모든 행정 업무를 마치고 나니, 민수는 이미 학원에 갔습니다.

김 선생님은 무능한 교사가 아닙니다. 아이들을 사랑해서 교사가 되었습니다. 하지만 학교 시스템은 김 선생님에게 "아이들을 가르치라"고 하기보다 "행정을 처리하라"고 요구합니다. 아이의 눈빛이 흔들리는 것을 보고도, 깊이 있게 대화할 시간은 '행정 업무'를 다 끝낸 뒤, 남는 시간 자투리에 겨우 배정됩니다. 주객이 전도된 학교, 이것이 우리의 현실입니다.

(3) 학생우선원칙(Student First)의 선언

저는 이 장을 통해 서울교육의 제1원칙을 다시, 그리고 단단히 세우고자 합니다. 바로 '학생우선원칙(Student First)'입니다. 이것은 듣기 좋은 구호가 아닙니다. 엄중한 구조적 선언입니다. "모든 행정 절차, 예산 배정, 인력 배치, 공간 활용의 최우선 순위에 학생의 삶과 성장을 놓겠다. "결재의 순서를 바꾸는 일이고, 선생님의 시선을 모니터에서 아이들의 눈으로 돌려놓는 일입니다. 이 원칙이 바로 서지 않으면, 뒤에서 이야기할 '자율학교'도, 'AI 교육'도 모두 공허한 메아리에 불과할 것입니다.

2. 데이터가 보내는 경고음: 교실은 이미 '응급실'이다

지금 우리 아이들은 괜찮을까요? 어른들은 흔히 "요즘 애들은 나약해서 그래", "우리 때는 더 힘들었어"라고 말합니다. 하지만 데이터가 보여주는 현실은 꼰대 같은 핀잔으로 넘길 수준이 아닙니다. 교실은 이미 '조용한 응급실'입니다.

(1) 마음이 무너지는 아이들: '30% 폭증'의 충격

아이들의 마음 건강은 이미 위험 수위를 넘었습니다. 건강보험심사평가원의 진료 통계(2023)에 따르면, 우울증과 불안장애로 병원을 찾은 아동 · 청소년은 지난 5년 사이 **30% 이상 폭증**했습니다. 특히 자해나 자살 시도로 응급실을 찾은 10대 청소년의 비율은 OECD 국가 중 가장 가파른 증가세를 보이고 있습니다(통계청, 사망원인통계 2022).

현장 교사들의 증언은 더 구체적이고 참혹합니다. 서울교사노조의 설문조사(2023)에 따르면, "학급 내 정서 · 행동 조절이 어려워 정상적인 수업 진행이 불가능한 학생이 있다"고 응답한 비율이

80%를 넘었습니다. 수업 시간에 갑자기 소리를 지르며 뛰쳐나가는 아이, 이유 없이 친구를 공격하는 아이, 책상에 엎드려 하루 종일 무기력하게 있는 아이. 교실마다 1~2명은 꼭 있는 이 아이들은 '문제아'가 아니라 도움이 필요한 '환자'에 가깝습니다. 하지만 학교가 해줄 수 있는 것은 고작 상담이나 치료를 권하는 가정통신문 한 장뿐입니다. 전문적인 치료와 지원 시스템은 학교 담장 밖에 있고, 담임 선생님은 맨몸으로 그 고통을 감당하고 있습니다.

(2) 학습 격차의 고착화: 사라진 중위권과 '계층 세습'

마음만 아픈 것이 아닙니다. 학습의 양극화는 이제 되돌리기 힘든 수준입니다. 한국교육과정평가원의 '국가수준 학업성취도 평가(2023)' 결과를 보면, 수학 과목의 기초학력 미달 비율은 고등학교 2학년 기준 16.6%로 역대 최고치를 기록했습니다. 10년 전(4~5%)에 비해 3배 이상 늘어난 수치입니다.

더 무서운 것은 **'중위권의 붕괴'**입니다. 과거의 교실은 성적이 정규분포 곡선(중간이 볼록한 형태)을 그렸습니다. 하지만 지금은 사교육의 지원을 받는 상위권과, 학습 동기를 완전히 잃어버린 하위권으로 양분된 '모래시계형' 또는 '쌍봉형' 교실이 되었습니다. '수포자(수학 포기자)'라는 말은 이제 고등학생이 아니라 초등학교 4학년 교실에서 나옵니다. 공교육이 무너진 자리에서, 부모의 경제력이 아이의 학력을 결정하는 잔인한 공식은 더욱 견고해졌습니다. 학교가 '계층 이동의 사다리'가 아니라 '계층 세습의 통로'가 되었다는 비판 앞에 우리는 뼈아프게 침묵하고 있습니다.

이 모든 데이터는 단순한 개인의 실패가 아닙니다. 아이들의 변화 속도와 고통의 크기를 따라가지 못하는 **학교 시스템의 '구조적 심정지' 상태**를 보여주는 명백한 증거입니다.

3. 책임의 공백: 핑퐁 게임 속에 홀로 남겨진 아이

그렇다면 아이가 학교폭력을 당하거나 심각한 정서적 위기에 처했을 때, 우리 사회의 어른들은 어떻게 반응할까요? 안타깝게도 서로 책임을 떠넘기는 '핑퐁 게임'이 벌어집니다. 이 과정에서 아이는 '문제'로 취급될 뿐, '보호 대상'으로 존중받지 못합니다.

[상황: 정서불안으로 친구를 때린 A군(초4) 사례]
A군은 수업 시간에 갑자기 소리를 지르고 짝꿍을 때렸습니다. 이 사건을 처리하는 과정을 봅시다.

- **피해 학부모:** "학교에서 애를 어떻게 봤길래 친구를 때립니까? 선생님이 지도를 제대로 못한 책임 아닙니까? A군을 당장 전학시키세요."
- **A군 학부모:** "우리 애는 집에서는 안 그럽니다. 학교 환경이 아이를 불안하게 만든 거 아닙니까? 그리고 선생님이 우리 애를 차별했다는 얘기도 들리던데요."

- **담임교사:** “수업 시간 내내 25명 아이들 중에 A군만 보고 있을 수는 없습니다. 가정에서 기본적인 인성 교육과 심리 치료를 해주셔야죠. 학교는 병원이 아닙니다.”
- **교장/교감:** “일단 민원이 안 생기게 잘 처리하세요. 교육청에 보고되면 일이 커집니다.”
- **교육청:** “단위 학교의 생활지도 문제입니다. 학교장이 책임지고 선도위원회를 열어 매뉴얼대로 처리하십시오.”
- **지역사회(상담센터):** “예산과 인력이 부족해 대기가 3개월 걸립니다. 학교 위클래스(Wee Class)를 먼저 이용하세요.”

모두 틀린 말은 아닙니다. 각자의 입장에서 보면 다 맞는 말입니다. 하지만 모두가 “내 책임은 여기까지”라고 선을 긋는 사이, 정작 치료와 보호가 시급한 A군과 피해 학생은 그 틈새로 추락합니다. 이것이 바로 ‘책임의 공백(Vacuum of Responsibility)’입니다. 가정, 학교, 교육청, 지역사회가 유기적으로 연결되지 않고 각자도생하는 구조, 서로가 서로에게 손가락질하며 책임을 미루는 구조 속에서 아이들을 위한 안전망은 숭숭 뚫려 있습니다.

4. ‘무한 책임’의 역설: 슈퍼맨을 강요받는 교사들

그렇다면 이 뚫린 안전망을 누가 메워왔을까요? 지금까지는 바로 교사의 '개인기'와 '희생'이었습니다. 우리 사회는 문제가 터질 때마다 "담임선생님은 뭘 했나", "요즘 선생들은 편하려고만 한다"라며 교사를 압박해 왔습니다. 이를 저는 '무한 책임의 역설'이라고 부릅니다.

(1) 데이터로 본 한국 교사의 현실: 가르치는 시간보다 행정 시간이 더 길다

OECD의 '교수-학습 국제 조사(TALIS 2018)' 결과는 충격적입니다. 한국 교사가 주당 행정 업무에 쏟는 시간은 5.4시간으로, 조사 대상국 평균(2.7시간)의 2배에 달합니다. 핀란드나 캐나다 교사들이 수업 준비와 학생 상담에 집중할 때, 한국 교사들은 공문을 처리하고, 돌봄 교실 간식을 주문하고, 소규모 테마여행 또는 체험활동 버스 계약 서류를 검토하고, 학교폭력대책위원회 회의록을 작성합니다.

(2) 모든 것을 책임지라 하니, 아무것도 책임질 수 없다

교사에게 수업, 생활지도, 행정, 시설 관리, 민원 처리, 심지어 사법적 판단(학폭 가해/피해 여부 결정)까지 무한대의 책임을 지우니 어떤 일이 벌어질까요? 정작 교사는 가장 중요하고 본질적인 책임, 즉 '아이의 마음을 읽고 성장을 돕는 책임'을 질 여력을 잃어버렸습니다. 에너지가 고갈된 교사는 방어적으로 변할 수밖에 없습니다.

"규정대로 했습니다." 제 권한 밖입니다. "매뉴얼에 없습니다."

이 말들은 교사의 비겁함이 아닙니다. 과도한 책임의 무게에 짓눌린 교사들의 **생존 본능**입니다. 교사에게 지워진 과도한 행정적 · 법적 책임을 걷어내지 않으면, 학생을 위한 진짜 책임은 시작될 수 없습니다. 선생님은 슈퍼맨이 아닙니다. 행정 전문가도, 수사관도 아닙니다. 교사는 '가르치는 전문가'여야 합니다.

5. 해외 사례: 그들은 어떻게 '팀'으로 아이를 지키나

그렇다면 "선생님 혼자 책임지라"고 하지 않는 나라들, 그곳의 학교는 어떻게 움직일까요? 교육 선진국들은 이미 오래전부터 '팀 접근(Team Approach)'으로 책임의 패러다임을 바꿨습니다. 담임교사 한 명이 모든 것을 짊어지는 것이 아니라, 시스템이 함께 아이를 지킵니다.

(1) 핀란드: 학생복지팀(Student Welfare Team)의 '다층 지원'

핀란드 에스포(Espoo)시의 한 종합학교. 매주 화요일 오후 2시가 되면 **'학생복지팀(Student Welfare Group)'** 회의가 열립니다. 이 자리에는 교장, 특수교사, 학교 간호사, 심리학자(Psycholo-gist), 학교 사회복지사(Curator)가 참석합니다. 담임교사가 "B학생이 요즘 결석이 잦고, 수업 시간에 엎드려 있는 시간이 늘었다"고 안건을 올리면, 팀 전체가 움직입니다.

- **심리학자**: B학생과 심층 상담을 진행하고 필요한 심리 검사를 수행합니다.
- **사회복지사**: B학생의 가정을 방문해 경제적 어려움이나 부모의 방임 여부를 확인하고, 필요하면 지자체 복지 예산을 연결합니다.
- **간호사**: B학생의 신체적 건강 상태와 수면 부족 여부를 체크합니다.
- **특수교사**: B학생이 수업을 따라갈 수 있도록 개별 학습 자료를 만듭니다.
- **담임교사**: 이들의 조언을 바탕으로 교실에서 B학생을 따뜻하게 배려하고 격려합니다.

책임은 담임교사 혼자가 아니라, 전문가 팀 전체가 나눠집니다. 학교 안에 작은 '복지-의료-교육 통합 센터'가 가동되는 셈입니다. 핀란드 교사는 말합니다. "저는 혼자가 아닙니다. 아이에게 문제가 생기면 전문가 팀이 내 뒤에 있다는 것을 알기에 안심하고 수업에 집중합니다."

(2) 캐나다 온타리오: 학생 성공 교사(Student Success Teacher)

캐나다 온타리오주에는 모든 고등학교에 '학생 성공 교사(Student Success Teacher)'라는 특별한 보직이 있습니다. 이들은 정규 수업을 하지 않습니다. 대신 낙오 위기에 처한 학생, 학교에 적응하지 못하는 학생, 학점이 부족한 학생들만 전담해서 관리합니다.

담임교사가 30명의 수업 진도를 나가는 동안, 학생 성공 교사는 뒤처진 아이를 따로 불러 1:1로 멘토링을 하고, 아이에게 맞는 시간표를 조정해주고, 진로 상담을 합니다. "한 아이도 포기하지 않는다"는 캐나다 교육의 모토는 교사의 열정으로 증명되는 것이 아닙니다. 이런 '전담 인력 시스템'으로 증명됩니다(Ontario Ministry of Education, 2022). 그들은 아이가 실패하도록 내버려 두지 않습니다. 시스템이 끝까지 붙잡습니다.

(3) 영국: 생활지도의 철저한 분리(Pastoral Care)

영국 학교에는 '패스토럴 케어(Pastoral Care)'라는 생활지도 전담 시스템이 있습니다. 교과 교사(Subject Teacher)는 오로지 교과 수업과 학습 지도에만 집중합니다. 학생의 생활지도, 출결, 교우관계, 정서 문제는 별도의 전담팀(Head of Year 등)이 맡습니다. 또한 행정 업무는 '비즈니스 매니저(School Business Manager)'가 총괄하는 행정팀이 전담하여, 교사는 수학여행비 정산이나 시설 관리에 신경 쓸 필요가 없습니다. "가르치는 일과 돌보는 일, 운영하는 일의 전문적 분업"이 영국 학교의 경쟁력입니다.

6. 진정한 책임의 재정의: '사후 처리'에서 '성장 지원'으로

이제 우리는 서울교육에서 '책임'의 정의를 다시 써야 합니다. 지금까지 학교에서의 책임이 "사고가 났을 때 누가 징계를 받는가"를 따지는 '사후적 책임(Liability)'이었다면, 앞으로의 책임은 "이 아이가 성장하는 데 필요한 것을 제때 지원했는가"를 묻는 '전문적 책임(Accountability)'이어야 합니다.

진정한 책임이란 이런 것입니다.

- 학습 책임: 아이가 수업을 못 따라갈 때, "네가 공부를 안 해서 그래"라고 방치하는 것이 아니라, **적절한 보충 지도 프로그램에 연결해 주는 책임.**
- 정서 책임: 아이가 우울해할 때, "힘내라"고 말로만 위로하는 것이 아니라, **전문 상담가와 의사를 만나게 해 주는 책임.**
- 관계 책임: 아이가 친구와 다퉜을 때, 가해자를 처벌하고 끝내는 것이 아니라, **무너진 관계를 회복시키고 공동체로 복귀시키는 책임.**

그리고 가장 중요한 것. 이 책임은 교사 혼자 지는 것이 아닙니다. **'시스템(교육청, 지자체, AI 플랫폼)'이 함께 나눠져야 합니다.** 교사는 최전선에서 아이의 상태를 가장 먼저 '발견'하고 지원을 '요청'하는 전문가가 되고, 교육청과 시스템은 그 요청에 즉각 '응답'하고 자원을 '지원'하는 해결사가 되어야 합니다. 이것이 우리가 가야 할 '책임 교육'의 미래입니다.

7. 결론: 학생우선원칙은 타협할 수 없는 헌법이다

우리는 지금 중요한 갈림길에 서 있습니다. 행정 편의주의라는 낡은 관성을 따라갈 것인가, 아니면 다소 불편하고 비용이 들더라도 학생 한 명 한 명의 삶을 중심에 두는 새로운 길을 갈 것인가.

제2부와 3부에서 이야기할 '행정 제로 스쿨(7장)', '자율–지원 학교(8장)', '학생성장계획(SGP)(11장)'은 모두 이 '학생우선원칙'을 실현하기 위한 구체적인 도구들입니다. 행정을 자동화하고, 학교에 자율을 주고, 성장 데이터를 기록하는 모든 행위의 목적은 단 하나입니다. 선생님을 아이들 곁으로 돌려보내는 것, 그리고 아이들을 고립에서 구해내는 것입니다.

하지만 그 모든 제도와 기술에 앞서, 우리 어른들의 마음속에 단단한 닻을 내려야 합니다.

"어떤 행정적 편의도, 어떤 관료적 절차도, 학생의 성장보다 우선할 수 없다."

이것은 서울교육의 새로운 헌법입니다. 학교폭력 사안 처리보다 아이들의 화해가 먼저이고, 공문서 결재보다 아이와의 상담이 먼저이며, 예산 절감보다 아이의 안전이 먼저여야 합니다. 이 원칙 위에서만 학교는 다시 아이들의 웃음소리로 채워질 수 있습니다. 행정을 걷어낸 그 자리에, 오직 아이들만 남게 하겠습니다. 이것이 제가 생각하는 '교육 르네상스'의 시작입니다.

제3장.
학교폭력, 교실은 법정이 아니다

사법화 된 학폭과 회복적 학교의 갈림길

1. 어느 평범한 학교에서 벌어진, 평범하지 않은 하루

서울의 한 중학교 상담실. 오후의 햇살이 비스듬히 들어오지만, 실내의 공기는 무겁게 가라앉아 있습니다. 책상 위에는 흰 종이 세 장과 검은색 볼펜 세 자루가 덩그러니 놓여 있습니다. 그 앞, 서로 다른 의자에 앉은 세 명의 학생은 각기 다른 방식으로 침묵을 지키고 있습니다.

한 명은 붉게 충혈 된 눈으로 콧물을 훌쩍이며 휴지를 만지작거리고 있습니다. 또 다른 한 명은 팔짱을 낀 채 입을 굳게 다물고 바닥의 무늬만 뚫어져라 쳐다봅니다. 마지막 한 명은 등받이에 몸을 기댄 채, 마치 이 상황이 자신과 상관없다는 듯 멍한 표정으로 창문 밖 운동장을 응시합니다. 그들 곁에는 담임교사와 생활지도부 교사가 두툼한 서류철을 든 채 굳은 표정으로 서 있습니다.

"자, 각자 있었던 일을 솔직하게 쓰면 된다. 처음부터 끝까지, 기억나는 대로 빠짐없이."

생활지도부 교사의 건조한 목소리가 침묵을 깹니다. 아이들은 진술서 양식을 내려다보지만, 펜을 쥔 손은 쉽게 움직이지 않습니다. 육하원칙에 따라 사건을 기술하라는 칸들은 아이들에게 너무나 좁고 딱딱해 보입니다. 무슨 말을 어떻게 적어야 할지, 그날의 기분과 분위기를 어떻게 설명해야 할지, 무엇이 중요한 팩트이고 무엇이 오해인지 아이들 스스로도 정리가 되지 않습니다. 그저 복도에서 들려오던 "야, 너 학폭위 열린대"라는 친구들의 수군거림만이 무겁게 어깨를 짓누르고 있을 뿐입니다.

며칠 전 점심시간, 급식실로 향하던 복도에서 이 세 학생은 장난을 치다가 말싸움이 커졌습니다. 평소에도 티격태격하던 사이였지만 그날은 유독 말이 거칠어졌습니다. 한 학생이 툭 던진 말에 다른 학생이 울음을 터뜨렸고, 옆에 있던 친구가 "그냥 장난이었는데 왜 그렇게까지 예민하게 구냐"며 끼어들면서 상황은 꼬였습니다. 그 장면을 지켜본 다른 반 학생이 담임교사에게 알렸고, 사건은 곧장 "학교폭력으로 의심되는 사안"으로 분류되어 접수되었습니다.

이 장면은 2025년 현재, 대한민국 학교 어디에서나 볼 수 있는 너무나 평범한, 그러나 결코 평범하지 않은 일상입니다. 사소한 말다툼과 감정의 부딪힘이 '사건'이라는 이름표를 다는 순간, 학교는 교육의 언어보다 법과 행정의 언어로 움직이기 시작합니다. 아이들은 서로에게 어떤 감정을 느꼈는지, 그날의 날씨나 기분이 어땠는지, 무엇이 서운했고 무엇이 진짜 상처였는지 충분히 말해볼 기회조차 얻지 못한 채, 육하원칙에 따른 진술서부터 쓰게 됩니다.

이 장은 바로 그 지점에서 출발합니다. 아이들은 몸으로 부딪히고 말로 다투며 성장통을 겪는데, 왜 어른들은 기록과 절차 속에서만 바쁘게 움직이게 되었을까요. 그리고 그 차가운 서류 더미 사이에서, 우리가 믿었던 '교육'은 도대체 어디로 사라져 버린 것일까요.

2. 숫자로 본 학교폭력: 줄어드는 듯 보이지만, 줄지 않는 것들

교육부가 발표한 2023년 1차 학교폭력 실태조사 결과는 표면적으로 평온해 보입니다. 전체 피해 응답률은 1.9%로 나타났습니다. 100명 중 2명꼴입니다. 피해 유형은 언어폭력이 37.1%로 가장 많았고, 신체폭력 17.3%, 집단따돌림 15.1% 순이었습니다. 사이버폭력의 비중은 전년도 9.6%에서 6.9%로 오히려 줄어든 것으로 나타났습니다. (출처: 교육부, 2023년 1차 학교폭력 실태조사 결과) 이 숫자만 놓고 보면, 학교는 예전보다 안전해진 것 같습니다. "학교폭력이 줄어들고 있다"는 정부의 발표에 고개를 끄덕일 수도 있습니다.

그러나 이 숫자만으로 학교 안의 공기를 설명하기는 어렵습니다. 통계의 이면에는 잡히지 않는 거대한 빙하가 숨어 있습니다. 같은 시기에 방송통신위원회와 한국지능정보사회진흥원이 진행한 사이버폭력 실태조사에서는 전혀 다른 결과가 나왔습니다. 청소년의 40.8%가 "가해, 피해, 혹은 가해와 피해를 모두 경험한 적이 있다"고 응답했습니다. (출처: 방송통신위원회, 2023년 사이버폭력 실태조사)

이 간극은 무엇을 의미할까요? 현실에서는 "명백한 학교폭력 사건"으로 신고되지는 않지만, 단톡방에서의 미묘한 조롱과 따돌림, SNS상에서의 저격 글과 스크린샷 돌리기, 온라인 게임에서의 욕설과 비난이 아이들의 정서를 깊게 흔들고 있다는 뜻입니다. 교실 안에서 주먹다짐으로 일어나는 폭력은 줄어든 것처럼 보이지만, 아이들의 일상은 오프라인과 온라인을 가로지르며 훨씬 복잡하고 은밀한 방식으로 상처를 주고받고 있습니다.

요즘 대부분의 학교폭력은 사이버폭력으로 변화되었습니다. 그런데 학교폭력 예방 제도와 시스템은 여전히 "교실 안에서 벌어진 물리적 사건"을 기준으로 설계되어 있습니다. 때렸느냐, 욕했느냐, 돈을 뺏었느냐를 따지는 동안, "기분 나쁘게 쳐다봤다", "내 뒷담화를 하고 다녔다", "단톡방에서 나만 빼고 이야기했다"는 식의 관계적 공격은 사각지대에 방치됩니다.

학교폭력이라는 법률적 용어 속에는 언어폭력, 신체폭력, 금품갈취, 강요, 따돌림, 성폭력, 스토킹, 사이버폭력 등 다양한 유형이 나열되어 있습니다. 그러나 당사자인 아이들 입장에서 이 모든 것은 한 가지로 요약됩니다.

“나를 괴롭게 하는 무엇.”

그 괴로움은 단순히 마음에 상처를 남기는 데서 그치지 않습니다. 학교에 가는 것이 두려워지고, 수업 시간에 집중할 수 없게 되며, 성적은 떨어집니다. 집에 오면 현실의 괴로움을 잊기 위해 스마트폰과 게임 속으로 더 깊이 숨어 들어가게 됩니다. 학교폭력은 아이의 학습, 정서, 생활, 관계 등 삶 전체를 흔드는 일이지만, 제도는 그 삶을 유형별로 조각낸 채 ‘사안’으로만 다루고 있습니다.

3. 도표로 본 현재의 학교폭력 처리 절차: 완벽한 매뉴얼의 함정

현재 한국에서 학교폭력 사안이 발생했을 때 작동하는 처리 절차는 매우 정교하고 체계적입니다. 마치 반도체 공정처럼 단계별로 해야 할 일과 하지 말아야 할 일이 명확하게 규정되어 있습니다. 이를 간단히 요약하면 다음과 같습니다.

[도표 1. 현행 학교폭력 처리 절차(요약)]

- 1단계: 신고 · 인지
  - 학생, 학부모, 교사가 신고하거나 학교가 자체적으로 인지합니다. 117 신고센터나 학교전담경찰관(SPO)을 통하기도 합니다.

• 2단계: 초기조치

–피해 학생과 가해 학생을 즉시 분리하고, 긴급 보호 조치를 시행할 수 있습니다. 접수 대장에 기록이 남기 시작합니다.

• 3단계: 학교장 조사 (전담기구 조사)

–교사와 학부모로 구성된 전담기구가 사실관계를 조사합니다. 진술서를 받고, 목격자를 찾고, CCTV를 확인합니다.

• 4단계: 학교장 자체해결 또는 심의 요청 결정

–경미한 사안(2주 미만 진단, 재산 피해 복구 등 4가지 요건 충족 시)이고 피해자가 동의하면 학교장 자체해결로 종결합니다.

–요건을 충족하지 못하거나 피해자가 동의하지 않으면 교육지원청 심의위원회로 넘어갑니다.

• 5단계: 학교폭력대책심의위원회 심의 (교육지원청)

–변호사, 전문가 등으로 구성된 위원회가 양측의 주장을 듣고 학교폭력 여부와 조치 수위(1~9호)를 결정합니다.

• 6단계: 조치 결정 및 이행

–피해 학생에게는 보호 조치를, 가해 학생에게는 서면 사과부터 전학, 퇴학까지의 징계 조치를 내립니다.

• 7단계: 사후관리 및 불복 절차

–조치 이행을 점검합니다. 결과에 불복할 경우 행정심판이나 행정소송을 제기 할 수 있습니다.

이 절차는 분명 어떤 면에서는 필요합니다. 사건의 사실관계를 객관적으로 확인하고, 피해 학생을 즉각 보호하며, 가해 학생에게 책임을 물어 재발을 방지해야 하기 때문입니다. 공정성과 투명성을 담보하기 위한 장치들입니다.

하지만 이 완벽해 보이는 도표에는 결정적으로 빠진 것들이 있습니다. 아이의 마음이 언제부터 상하기 시작했는지, 어떤 말을 들었을 때 가장 아팠는지, 지금 누구에게 가장 기대고 싶은지, 어떤 방식으로 사과를 받고 관계를 매듭짓고 싶은지는 절차 어디에도 들어 있지 않습니다.

지금의 도표는 "사건의 처리(Processing)"에는 유용하지만, "관계의 회복(Restoration)"에는 거의 기여하지 못합니다. 기계적인 공정함을 추구하다 보니 정작 중요한 인간적인 소통과 치유의 과정이 생략되었습니다. 그래서 학폭 절차는 끝나도, 아이들의 마음 속 전쟁은 끝나지 않는 일이 반복됩니다. 행정은 종결되었지만, 교육은 시작조차 되지 않은 것입니다.

4. 사법화의 그림자: 아이들은 진술서를 쓰지만, 누구도 진심을 듣지 않는다

한국의 학교폭력 대응은 법과 사법의 언어를 빌려온 구조입니다. '학교폭력예방 및 대책에 관한 법률'은 그 취지에서 "피해 학생의 보호와 가해 학생의 선도"를 내세우지만, 실제 학교 현장의 운영은 "책임 소재를 명확히 가리고, 잘못의 경중을 따져 적절한 형량을 부과하는 형사 절차"에 훨씬 가깝습니다.

학교폭력 사안이 발생하면 학교는 순식간에 '수사기관'으로 변모합니다. 학생들은 피의자나 참고인처럼 육하원칙에 맞춰 진술서를 씁니다. "언제, 어디서, 누가, 무엇을, 어떻게 했는지"를 적으라는 요구 앞에, 아이들의 복잡한 감정과 맥락은 삭제됩니다. "그때 걔 표정이 너무 차가워서 무서웠어요" 같은 감정적 진술은 증거 능력이 약하다는 이유로 중요하게 다뤄지지 않습니다.

교사는 교육자가 아니라 조사관이 됩니다. 양측의 진술이 엇갈리면 대질 심문을 하기도 하고, 주변 아이들을 불러 탐문 수사를 벌이기도 합니다. 이 과정에서 교사와 학생 사이의 신뢰 관계는 금이 갑니다. 교사는 아이를 잠재적 가해자나 거짓말쟁이로 의심해야 하고, 아이는 교사를 자신의 편이 아닌 심판관으로 느끼게 됩니다.

학부모는 변호인이 됩니다. 학교생활기록부 기재라는 낙인이 대학 입시에 결정적인 영향을 미치기 때문에, 부모들은 사활을 걸고 방어에 나섭니다. 변호사를 선임해 의견서를 제출하고, 조사 과정의 절차적 하자를 찾아내려 애씁니다. 때로는 교사를 아동학대 가해자로 신고하기도 하고, 맞신고를 통해 쌍방 폭행 구도를 만들어 협상 카드로 쓰기도 합니다.

교육부의 2023년 학교폭력 사안 처리 현황을 보면, 학교장 자체 해결이 가능한 경미 사안임에도 불구하고 교육지원청 학폭심의위원회로 넘어가는 비율이 줄지 않고 있습니다. 학교와 교사는 자체적으로 해결하려다가 "사건을 축소 · 은폐하려 했다"는 민원에 시달리느니, 차라리 상급 기관인 교육지원청으로 넘겨버리는 것이 더 안전하다고 판단합니다.

이 모든 과정에서 엄청난 시간과 행정력이 소모되지만, 정작 가장 중요한 질문들은 실종됩니다. "누가 더 잘못했는가, 몇 호 처분을 내려야 하는가"에는 수십 시간이 쓰이지만, "이 아이들의 관계는 어떻게 회복될 것인가", "상처받은 마음은 어떻게 치유할 것인가"에 대해서는 충분한 논의가 이루어지지 않습니다.

가해자로 지목되어 징계를 받은 학생도, 피해자로 인정받아 보호 조치를 받은 학생도, 모든 절차가 끝난 뒤에 종종 비슷한 말을 합니다.

"그래서, 저는 이제 학교에서 어떻게 해야 되는 거죠?" "친구들이랑 서먹해졌는데, 어떻게 다시 지내야 할지 모르겠어요."

절차는 끝났는데, 일상은 돌아오지 않았습니다. 사법적 절차를 통해 책임은 나누었지만, 아무도 아이들의 내일을 함께 설계해 주지 않았기 때문입니다.

5. 서울이 조금씩 달라지기 시작한 지점: '처벌보다 회복'이라는 새로운 언어

그렇다고 해서 서울교육이 아무런 변화도 시도하지 않은 것은 아닙니다. 사법화 된 학교폭력 처리의 한계를 절감한 현장 교사들과 교육청, 교육지원청은 최근 몇 년 사이 “처벌보다 회복”을 전면에 내세운 의미 있는 실험들을 시작했습니다.

가장 대표적인 사례가 서울 강서양천교육지원청의 “THE 위해유 관계조정 프로그램”입니다. (출처: 서울교육소식, 한겨레 보도 등 종합) 2024년 시범 운영된 ‘위해유(WE.解.YOU)’ 프로그램을 바탕으로 2025년부터 확대 · 발전시킨 이 프로그램은, 학폭 사안을 단순히 가해와 피해의 이분법으로 나누지 않고 갈등의 맥락과 감정의 흐름을 들여다보는 데 초점을 맞춥니다.

관계조정 지원단으로 선발되어 전문 훈련을 받은 학부모와 교원들이 학교로 찾아가 소규모 대화 모임을 엽니다. 피해 학생, 가해 학생, 그리고 그들의 보호자가 한자리에 모여(또는 분리된 공간에서 순차적으로) 회복적 대화를 진행합니다. 누가 옳고 그른지를 따지는 자리가 아니라, 서로가 겪은 경험과 감정을 털어놓고 이해하는 자리입니다. 교육지원청은 이 과정을 “처벌보다 회복을 중심에 둔 교육적 접근”이라고 설명합니다.

실제로 이 프로그램에 참여한 한 피해 학생의 부모는 언론 인터뷰에서 “아이와 친구가 서로의 이야기를 직접 듣고 나서야 비로소 그동안의 오해와 상처가 조금씩 풀리는 것을 느꼈다”고 말했습니다. 법적인 처벌로는 결코 얻을 수 없는, 마음의 응어리가 풀리는 경험을 한 것입니다. 이 말은 간단하지만 매우 중요한 사실을 일깨

워줍니다. 진정한 회복은 차가운 판결문 안에서가 아니라, 사람과 사람 사이의 따뜻한 대화 속에서 일어난다는 점입니다.

서울시의회와 서울시교육청도 조례 개정을 통해 이런 흐름을 뒷받침하려 노력하고 있습니다. 2025년 3월 개정된 「서울특별시교육청 학교폭력예방 및 대책에 관한 조례」는 학교폭력 예방 및 대책을 논의하는 자문위원회 설치, 피해 · 가해 학생의 즉각 분리 조치뿐만 아니라 학교폭력 업무 담당 교사를 보호하는 규정 등을 명문화했습니다. (출처: 서울특별시교육청, 서울시의회 의안정보시스템)

아직은 초기 단계이고 제도 설계 수준에 머물러 있지만, 적어도 "학교 안에서 관계 회복과 예방에 더 집중하겠다"는 방향성 자체는 분명해지고 있습니다. 하지만 여기서 우리는 중요한 질문을 하나 던져야 합니다. 이런 새로운 시도들이 현재 견고하게 자리 잡은 사법화 된 학폭 구조를 실제로 바꿀 수 있을까요? 아니면 거대한 사법 절차 옆에 붙은 작은 장식품에 그치게 될까요?

6. 해외의 회복적 학교는 어떻게 다르게 움직이는가

이 질문에 답하기 위해 잠시 시선을 돌려 해외 사례를 살펴보겠습니다. 우리보다 앞서 학교폭력 문제로 골머리를 앓았던 나라들은 어떤 해법을 찾았을까요?

영국의 리즈(Leeds)시에 있는 카 매너 커뮤니티 스쿨(Carr Manor

Community School)의 사례는 우리에게 매우 중요한 시사점을 줍니다. 이 학교는 한때 학생들의 문제 행동과 높은 징계율로 골머리를 앓던 곳이었습니다. 하지만 학교는 “벌을 주는 것만으로는 아이들이 변하지 않는다”는 것을 깨닫고, ‘회복적 실천(Restorative Practice)’을 학교의 핵심 운영 원리로 도입했습니다.

이 학교에서는 학생이 잘못을 저질렀을 때, 곧바로 징계실로 보내지 않습니다. 대신 ‘회복적 대화(Restorative Conversation)’를 시도합니다. “무슨 일이 있었니?”, “그때 무슨 생각을 했니?”, “그 행동으로 인해 누가 영향을 받았니?”, “상황을 바로잡기 위해 무엇을 해야 할까?”라는 네 가지 질문을 던집니다. 학생은 이 과정에서 자신의 행동이 타인에게 미친 영향을 스스로 깨닫고, 책임을 지는 방법을 배웁니다. 놀라운 점은 학생들 스스로가 ‘회복적 앰배서더(Restorative Ambassadors)’가 되어 또래 간의 갈등을 중재한다는 것입니다. 그 결과, 학교의 배제(정학, 퇴학) 비율은 획기적으로 줄어들었고, 학교는 안전하고 존중받는 배움의 공동체로 거듭났습니다. (출처: Restorative Justice Council, UK)

캐나다 온타리오주 교육청들은 오래전부터 “경찰-교육청 협력지침(Police-School Board Protocol)”을 운영해 왔습니다. (출처: Halton District School Board, PVNCCDSB 등) 이 문서를 보면 학교폭력이나 청소년 비행이 발생했을 때 경찰이 언제 개입해야 하는지, 반대로 학교는 어떤 경우에 경찰 개입 없이 교육적 · 회복적으로 먼저 해결을 시도해야 하는지가 매우 상세하게 규정되어 있습니다.

흥미로운 점은, 형사 사건으로 이어질 수 있는 사안에서도 가능한 경우에는 "회복적 실천(Restorative Practices)"을 우선 고려하라고 명시하고 있다는 것입니다. 피해 학생과 가해 학생, 그리고 그 사건에 영향을 받은 주변 학생들까지 모두 모여 '서클(Circle)' 대화를 나눕니다. 서로의 이야기를 듣고, 어떤 피해가 있었는지 확인하며, 가해 학생이 어떤 구체적인 행동으로 책임을 지고 피해를 복구할 것인지, 그리고 공동체는 어떻게 다시 평화를 찾을 것인지를 함께 논의합니다. (출처: IIRP Graduate School) 이것은 징계를 피하기 위한 면죄부가 아니라, 더 무거운 '관계적 책임'을 지게 하는 과정입니다.

핀란드 역시 학교폭력과 갈등 상황에서 학생복지위원회(Student Welfare Group)를 중심으로 정서, 관계, 학습, 생활을 통합적으로 다루는 방식을 선택합니다. 특정 사건을 독립된 범죄 행위로 보는 대신, 아이의 전체 삶의 맥락에서 이해하려는 태도입니다. 핀란드의 유명한 왕따 예방 프로그램인 '키바 코울루(KiVa Koulu)' 역시 가해자에 대한 처벌뿐만 아니라, 방관자였던 다수의 학생을 '방어자'로 변화시키는 공동체적 접근을 강조합니다.

이 나라들의 공통점은 명확합니다. 첫째, 학교가 문제 해결의 주도권을 갖고 있습니다. 외부 기관에 떠넘기지 않습니다. 둘째, 경찰과 사법기관은 교육적 해결이 불가능할 때 작동하는 "최후의 수단"입니다. 셋째, 문제 해결의 최종 목표가 "처벌과 배제(단절)"가 아니라 "책임과 재통합(회복)"입니다.

우리는 여기서 거울을 하나 얻게 됩니다. 한국은 이와 얼마나 다릅니까? 우리는 학교가 주도권을 잃고 법에 끌려 다니고, 사법적 절차가 최우선 수단이 되었으며, 목표는 오직 처벌과 격리에 맞추어져 있지 않습니까?

7. 완벽한 매뉴얼의 역설: 절차는 남고 교육은 사라졌다

앞서 살펴본 [도표 1]의 절차에 한국 학교 현장의 실제 모습을 대입해 보면, [도표 2]와 같은 더욱 적나라한 흐름도가 그려집니다.

[도표 2. 현행 학교폭력 처리의 실제 흐름(재구성)]

- **신고 · 인지** → (긴장과 방어)
- **학교장 지시로 초기 조사** → (교사의 행정 업무 폭증, 진술서 작성)
- **피해 · 가해 학생 분리, 학부모 통보** → (부모의 감정 대립 시작, 변호사 선임 고려)
- **학교폭력 사안 접수** (학교폭력신고접수대장 기록) → (낙인 효과 발생)
- **학교장 자체해결 또는 학교폭력심의위원회 회부 결정** → (자체해결 실패 시 갈등 증폭)

- 교육청에서의 학교폭력심의위원회 개최, 조치 의결 → (법적 공방, 사실관계 다툼)
- 조치 통보, 이의신청 여부 검토 → (불복 소송, 행정심판)
- 조치 이행 관리, 사후지도 → (형식적 이행, 관계 단절)

각 단계마다 세부 서류, 기록, 보고 절차가 촘촘하게 거미줄처럼 붙어 있습니다. 서울시교육청이 최근 조례 개정을 통해 담당자 보호 규정 등을 보완했다고는 하지만, 이 거대한 '처리 기계'의 기본 구조는 크게 달라지지 않았습니다.

이 구조 속에서 학교는 "규정에 맞게 처리했는가", "절차상 하자는 없는가"를 가장 먼저 고민하게 됩니다. "이 아이들의 관계를 어떻게 회복시킬까", "이 사건을 통해 아이들이 무엇을 배우게 할까"라는 교육적 질문은 자연스럽게, 그리고 필연적으로 뒤로 밀립니다.

서울 강서양천교육지원청의 THE 위해유 프로그램처럼 관계 회복을 중심에 둔 시도는, 아직까지는 이 견고한 구조의 틈새에서 피어난 창의적인 실험에 가깝습니다. 이 실험이 성공하려면, 그리고 서울 전체의 제도로 자리 잡으려면, 지금의 징계 중심 절차 도표 옆에 또 다른 도표, 즉 "회복 중심 개입 절차"가 대등한 위상으로 병렬 배치되어야 합니다. 선택 사항이 아니라 필수 코스가 되어야 합니다.

8. 학폭은 사건이 아니라 삶의 신호라는 관점

우리가 학교폭력을 바라보는 시선을 '법'에서 '삶'으로 조금만 바꾸면, 문제의 구조가 전혀 다르게 보입니다.

지금의 시선은 대체로 이렇습니다. "누가 잘못했는가(가해자 식별), 얼마나 잘못했는가(죄질 판단), 어떤 조치를 내려야 하는가(양형 결정)." 이것은 판사의 시선입니다.

하지만 이런 질문만으로는 아이의 변화를 설명할 수도, 이끌어낼 수도 없습니다. 학폭은 어느 날 갑자기 하늘에서 떨어지는 우발적 사건이 아닙니다. 오랜 시간 쌓여온 감정, 눈치는 봤지만 말하지 못했던 서운함, SNS에서의 보이지 않는 조롱과 비교, 집에서 쌓인 학업 스트레스와 부모와의 불화 등 아이의 삶을 짓누르던 불안 요소들이 특정한 순간에 특정한 대상을 향해 터져 나온 결과일 때가 많습니다.

즉, 학폭은 아이의 삶 전체가 보내는 '위험 신호'입니다. "나 지금 힘들어요", "내 마음 좀 알아주세요"라는 비명소리가 왜곡된 형태로 표출된 것입니다. 이 신호를 단지 "나쁜 행동을 했으니 처벌해야 한다"는 관점으로만 보면, 우리는 문제의 절반, 아니 빙산의 일각만 보는 셈입니다.

아이의 삶을 통째로 보는 것은 책임을 묻지 말자는 것이 아닙니다. 책임을 묻되, 그 책임을 처벌로 끝내는 것이 아니라 '회복과 변화의 출발점'으로 삼자는 뜻입니다. "네가 친구를 때린 것은 잘못이다. 그렇다면 너는 친구의 아픔을 어떻게 달래줄래? 그리고 너는 왜 그런 행동을 했니? 네 마음속에 어떤 화가 있었니?"라고 묻는 것. 이것이 교육의 시선입니다. 서울교육이 앞으로 가야 할 길은 바로 이 교육적 관점을 제도 속에 녹여내는 일입니다.

9. 서울형 회복 · 책임 학폭 시스템의 방향: 대안은 무엇인가

그렇다면 서울은 구체적으로 무엇을 바꿔야 할까요? 이미 시작된 변화들—조례 개정, 관계조정 프로그램, 정서지원 확대—을 어디로 모아야 할까요? 저는 다음 네 가지 방향을 제안합니다.

첫째, 학교 내부에 상시적인 '관계 · 회복 팀'을 구축해야 합니다. 학폭 사안이 발생했을 때 담임교사와 생활지도 교사에게만 맡겨두지 않아야 합니다. 상담교사, 정서 행동 전문 인력, 학교 사회복지사, 그리고 필요하다면 외부의 전문 회복조정가까지 함께 모여야 합니다. 이들이 '원팀(One Team)'이 되어 아이의 학습, 정서, 관계, 생활을 입체적으로 분석하고 지원 계획을 짜야 합니다.

둘째, 기존의 징계 절차 옆에 '회복 중심 개입 절차'를 제도화해야 합니다. 학폭 사안이 접수되면 기계적으로 심의위원회 개최 요건을 따지는 것이 아니라, 우선적으로 'THE 위해유'와 같은 관계 회복 프로그램을 제안하도록 절차를 바꿔야 합니다. 당사자들이 동의하면 충분한 숙려 기간과 대화 모임을 갖고, 그 결과를 본 뒤에도 해결되지 않거나 중대한 사안일 경우에만 심의 절차로 넘어가는 방식입니다. (출처: 서울교육소식, 한겨레) 이를 위해서는 '학교장 자체해결'의 요건을 '관계 회복 노력 여부'와 연동하여 유연하게 적용할 수 있도록 지침을 개선해야 합니다.

셋째, 부모를 '방어자'가 아닌 '당사자'로 공식적으로 끌어들여야 합니다. 지금의 학폭 절차에서 부모는 대개 자녀의 피해 · 가해 여부를 주장하고 변호하는 대리인으로만 등장합니다. 그러나 회복적 접근에서는 부모 역시 관계 회복의 중요한 파트너가 됩니다. 부모 교육을 의무화하고, 갈등 조정 과정에 부모가 참여하여 자녀의 성장을 돕는 역할을 부여해야 합니다. 서울의 관계조정 프로그램처럼 학부모를 관계조정 지원단으로 양성하여 또 다른 학부모를 돕게 하는 '동료 상담(Peer Counseling)' 모델도 적극적으로 확대해야 합니다.

넷째, 사법기관과의 관계를 재설계해야 합니다. 캐나다 온타리오의 사례처럼, "언제 경찰이 개입해야 하는가, 언제 학교가 먼저 교육적으로 개입해야 하는가"에 대한 명확한 기준(Protocol)을 〈학교폭력예방 및 대책을 위한 법〉 상에 명시하는 것이 필요합니다. 학교가 감당할 수 있는 교육적 영역과 법이 필요한 사법적 영역을 구분하고, 회복적 실천을 제도적 우선순위에 둠으로써 학폭을 둘러싼 불필요한 법적 공포를 줄여야 합니다.

이 모든 변화의 공통된 방향은 하나입니다. **사건 중심이 아니라**

삶 중심, 징계 중심이 아니라 회복 중심, 절차 중심이 아니라 책임 중심으로 무게 중심을 옮겨가는 것입니다.

10. "학생 먼저, 학교가 책임진다"가 학폭에서 갖는 의미

앞 장에서 우리는 "학생 먼저, 학교가 책임진다"는 교육 르네상스의 대원칙을 이야기했습니다. 그 원칙이 가장 극적으로, 그리고 가장 절실하게 드러나는 영역이 바로 학교폭력입니다.

학폭만큼 학교가 책임을 회피하고 싶어 하는 영역도 없습니다. 사안이 커지면 교육지원청으로 넘기고 싶고, 경찰이 개입하면 "이제 교육의 영역이 아니다"라며 손을 떼고 싶어 합니다. 교사도, 학교장도, 교육청도 모두가 힘들어하는 '폭탄 돌리기'입니다. 그러나 아이의 삶은 심의위원회 의사봉이 두드려진다고, 경찰서 문을 나선다고 해서 끝나는 것이 아닙니다. 상처와 갈등은 학교라는 공간에, 아이들의 마음에 그대로 남습니다.

'학생 먼저'라는 말은 피해 학생과 가해 학생을 법적으로 가르기 전에, "지금 가장 큰 상처를 받고 있는 아이는 누구인가, 가장 도움이 필요한 아이는 누구인가"를 묻는 것입니다. '학교가 책임진다'는 말은 "이 사건이 법적으로 끝난 뒤에도, 이 아이들이 다시 학교 안에서 안전하게, 함께 살아갈 수 있도록 끝까지 동행하겠다"는 약속입니다.

학교폭력은 교육제도의 마지막 시험지와도 같습니다. 가장 어렵고 고통스러운 문제입니다. 하지만 우리가 이 영역에서 처벌을 넘어 회복으로, 사건을 넘어 삶으로, 절차를 넘어 책임으로 나아갈 수 있다면, 서울교육 전체의 체질과 방향도 근본적으로 바뀔 수 있습니다.

아이들은 싸우고, 다투고, 상처를 주고받습니다. 그것이 인간이고, 그것이 성장의 한 과정이기도 합니다. 그러나 그 과정에서 누군가는 회복 불가능한 깊은 상처를 안고 평생을 살아갑니다. 교육의 역할은 그 상처를 0으로 만드는 것이 아니라, 가능한 한 줄이고, 이미 생긴 상처를 함께 돌보며, 다시 살아갈 용기를 아이들이 서로에게서 찾도록 돕는 것입니다.

학교폭력이라는 이름으로 부르는 이 문제를 우리가 어떻게 다루느냐에 따라, 서울의 학교는 아이들에게 두 가지 전혀 다른 장소가 될 것입니다. 평생 지울 수 없는 상처와 낙인을 남기는 곳이 될 것인가, 아니면 갈등을 딛고 성장하며 상처를 회복하는 법을 배우는 곳이 될 것인가. 학폭문제가 심각해진 가장 큰 이유 중의 하나인 학부모들의 민원과 소송 또한 이 '학생우선원칙'을 적용한다면 달라질 수 있습니다.

'어느 누구도, 어떤 결정도 학생의 이익보다 우선할 수 없습니다.'
여기서 '학생'이란 개인들로 이루어진 전체학생의 의미입니다. 학교의 모든 주체간 갈등, 학교의 모든 문제해결에 있어서 전체학생의 이익보다 우선할 수 있는 그 어떤 가치나, 주체, 결정이 있어서는 안 됩니다. 이 '학생우선원칙'이야말로 교육주체들의 교육헌법 제1조로 불러도 될 만큼 최우선되는 핵심원칙입니다.

이 책이 말하는 교육 대전환에서 학폭의 전환은 결코 곁가지가 아닙니다. 가장 아픈 곳을 치유하는 것이야말로 가장 근본적인 개혁입니다. 학폭을 어떻게 다루느냐가 서울교육이 앞으로 어디로 가고자 하는지를 가장 선명하게 보여주는 시금석이 될 것입니다. 교실은 법정이 되어서는 안 됩니다. '학생우선원칙'을 통해 교실은 다시, 따뜻하고 안전한 배움터가 되어야 합니다.

제4장.
보도자료에는 없는 학교

화려한 슬로건 뒤, 숨겨진 노동의 비명

1. 프롤로그: 15인치 모니터 밖의 세상

(1) 대변인실의 아침과 현장의 아침

서울시교육청 대변인실의 아침은 언제나 희망찬 단어들로 시작됩니다. 밤새 생산된 수많은 정책 자료들이 15인치 모니터 위를 부유합니다. '단 한 명도 포기하지 않는 책임교육', '디지털 대전환을 통한 미래 교실', '세계시민으로 성장하는 아이들'. 이 문장들 속의 학교는 완벽합니다. 교사는 가르치는 보람을 느끼고, 학생은 최첨단 기기로 학습하며, 행정 직원은 효율적인 시스템 속에서 지원하는 유토피아입니다. 보도자료 속 서울교육은 흠잡을 데가 없습니다.

그러나 그 모니터에서 눈을 돌려 수화기를 드는 순간, 우리는 전혀 다른 세계와 마주합니다. 수화기 너머에서 들려오는 것은 화려한 미사여구가 아니라, 현장의 날 선 비명입니다. "급식실 환풍기가 고장 났는데 예산이 없답니다. 우리는 폐암 걸려 죽으라는 겁니까?", "행정실에 사람이 없어서 시설 주무관님이 민원 전화를 받고 있어요. 이게 시스템입니까?"

이 거대한 괴리는 어디서 오는 것일까요. 지난 10년, 우리는 '혁신'이라는 이름으로 수많은 건물을 짓고, '미래'라는 이름으로 수만 대의 태블릿 PC를 보급했습니다. 하지만 정작 그 건물을 관리하고, 그 기기를 수리하고, 그 안에서 아이들의 밥을 짓는 '사람'에 대한 계산은 빠져 있었습니다. 정책의 입안자들은 이상(Ideal)을 이야기했지만, 현장의 노동자들은 생존(Survival)을 걱정해야 했습니다.

이 글은 그 화려한 보도자료에는 결코 실리지 않았던 학교의 진짜 이야기입니다. 감춰진 수치와 외면 받은 목소리를 통해, 지금 서울교육이 직면한 '행정 시스템의 붕괴'와 '노동의 위기'를 냉철하게 해부하고자 합니다. 이것은 누군가를 비난하기 위한 기록이 아닙니다. 무너진 학교의 토대를 다시 세우기 위해 반드시 직시해야 할, 불편하지만 필수적인 '행정 감사 보고서'입니다.

2. 죽음의 급식실: 밥 짓는 노동이 목숨을 걸어야 할 때

(1) 친환경 무상급식의 역설

학교 급식은 '친환경 무상급식'이라는 이름으로 우리 교육 복지의 상징이 되었습니다. 아이들에게 차별 없이 따뜻하고 건강한 밥을 먹인다는 자부심은 우리 사회가 합의한 소중한 가치입니다. 하지만 그 따뜻한 밥을 짓기 위해 노동자들의 폐가 딱딱하게 굳어가고 있다는 사실은 오랫동안 '불편한 진실'로 치부되어 왔습니다.

2025년 10월, 국회 교육위원회 국정감사장에서는 충격적인 데이터가 공개되었습니다. **"2023년부터 2025년 9월까지 학교 급식실 폐암 산재 승인자 178명, 확진자 74명, 사망자 15명."** (2025 국회 교육위 국정감사 자료)

단순한 숫자가 아닙니다. 누군가의 어머니이자, 누군가의 아내였던 15명의 노동자가 아이들의 밥을 짓다가 세상을 떠났습니다. 학교가 아이들에게는 배움의 터전이지만, 누군가에게는 죽음의 일터가 되어버린 것입니다.

(2) '조리 흄'과 18.9%의 절망

문제의 원인은 명확합니다. 대량의 튀김이나 볶음 요리를 할 때 발생하는 고농도 발암물질인 '조리 흄(Cooking Fumes)'입니다. 이를 배출하기 위해서는 고성능 환기 설비가 필수적입니다. 고용노동부는 이미 4년 전인 2021년에 강화된 환기 설비 가이드라인을 제시했습니다.

그렇다면 '세계 최고의 교육 도시'를 자부하는 서울의 학교들은 얼마나 준비되어 있을까요? 현실은 참담했습니다. 2025년 하반기 기준 전국 17개 시도교육청의 급식실 환기 시설 개선율 평균은

41%였습니다. 그러나 서울시교육청의 개선율은 고작 18.9%에 불과했습니다(2025 전국 시도교육청 환기시설 개선 현황). 전국 압도적 최하위입니다. 예산이 없는 시골 학교도 아니고, 대한민국 수도 서울의 학교 급식실이 전국에서 가장 위험한 수준으로 방치되고 있다는 뜻입니다.

교육 당국의 해명은 늘 한결같습니다. "예산은 있으나 방학 기간이 짧아 공사를 다 할 수 없다.", "업체가 부족해서 입찰이 안 된다." 전형적인 행정 편의주의적 변명입니다. 사람의 목숨이 달린 문제 앞에서 '공사 기간'을 탓하는 것은 직무 유기입니다. 이동 급식을 하든, 한 학기 동안 도시락 위탁 급식을 하든 공사를 강행했어야 했습니다. **행정 절차가 노동자의 생명보다 우선할 수는 없기 때문입니다.**

(3) 대체 인력 없는 '독박 노동'

여기에 '대체 인력 제도'의 실패가 기름을 붓습니다. 학교 급식은 정해진 시간에 수백, 수천 명의 식사를 내어놓아야 하는 '타임어택(Time Attack)'이자 고강도 육체노동입니다. 언론 보도에 따르면 서울의 한 중학교에서는 인력 공백으로 인해 조리실무사 1명이 최대 214명의 식사를 감당해야 했습니다(출처: 한겨레21, 2024.7). 공공기관 평균인 1인당 65명의 3배가 넘는 살인적인 노동 강도입니다.

이런 상황에서 누가 아프다고 쉴 수 있겠습니까? 내가 쉬면 내

동료가 400명의 밥을 해야 한다는 것을 알기에, 노동자들은 아픈 몸을 이끌고 출근합니다. 이것은 아름다운 '동료애'가 아니라, 시스템의 부재가 만든 '구조적 폭력'입니다. 교육청이 직접 대체 인력을 고용해 파견하는 '거점형 전담팀' 운영을 서둘러야 하는 이유가 여기에 있습니다.

3. 같은 공간, 다른 계급: 행정실의 보이지 않는 벽

(1) 두 개의 명절, 두 개의 문자 메시지

시선을 급식실에서 행정실로 옮겨보겠습니다. 이곳은 학교의 예산과 시설, 행정을 도맡는 곳입니다. 겉보기엔 평온해 보이지만, 이곳에는 눈에 보이지 않는 거대한 벽이 존재합니다. 바로 공무원과 교육공무직원(실무사) 사이에 놓인 '신분제적 차별의 벽'입니다.

이 차별이 가장 극명하게 드러나는 순간은 명절입니다. 옆자리에 앉아 비슷한 행정 업무를 처리하는 두 사람에게 도착하는 입금 알림은 너무나 다릅니다.

- **일반직 7급 공무원**: 「공무원수당 등에 관한 규정」에 따라 본봉의 60%를 명절휴가비로 받습니다. 연차에 따라 다르지만 대략 160만 원에서 200만 원 이상입니다.
- **월급제 교육공무직원**: 2024년 임금협약 기준으로 1회당 92만 5

천 원의 정액을 받습니다(출처: 2024 교육공무직 임금협약서).

물론 공무원과 공무직은 채용 경로와 직무의 성격, 책임의 범위가 다릅니다. 기본급이나 호봉 체계가 다른 것은 인정할 수 있습니다. 하지만 '명절'이라는 보편적 복리후생에서조차 2배 가까운 격차가 나는 것을 '합리적 차이'라고 설명할 수 있을까요? "떡값에도 계급이 있다"는 자조는 단순한 돈 문제가 아닙니다. 학교가 노동을 바라보는 관점이 여전히 '신분'에 머물러 있음을 보여주는 상징적 장면입니다.

(2) 해외 사례: '동일 가치 노동'의 원칙은 어디에 있는가

그렇다면 해외 교육 선진국들은 학교 내 다양한 직종의 노동자들을 어떻게 대우할까요? 우리처럼 '공무원'과 '비공무원'이라는 이분법적 잣대로 차별할까요?

- **영국: '학교 전체 인력(Whole School Workforce)' 개념의 도입**
  영국은 학교 내 교사를 제외한 모든 직원을 '지원 직원(Support Staff)'으로 통칭하며, 이들을 학교 교육의 필수적인 파트너로 인정합니다. 중요한 점은 이들의 임금과 처우가 '신분'이 아닌 '직무(Job Role)'에 따라 결정된다는 것입니다. 국가공동위원회(NJC)가 정한 표준화된 직무 분석(Job Evaluation)에 따라, 급식 조리사든 행정 직원이든 자신이 수행하는 노동의 가치에 맞는 임금을 받습니다(UNISON, School Support

Staff Guide 2023). 명절 상여금 같은 복리후생에서 신분에 따른 차별은 존재하지 않습니다.

- **미국: '보조 교직원(Paraprofessionals)'의 전문성 인정** 미국 역시 학교 내 다양한 비정규직 노동자가 존재하지만, 이들은 단순 보조자가 아니라 교육 시스템의 일부로 기능합니다. 많은 주에서 이들이 경력을 쌓아 정교사나 행정 전문가로 성장할 수 있는 '커리어 사다리(Career Ladder)' 제도를 운영합니다. 한국처럼 한번 비정규직이면 영원히 비정규직으로 남는 구조와는 다릅니다. 노동조합(AFT, NEA 등)을 통해 단체교섭권을 강력하게 보장받으며, 직무 연수와 자격 수당이 체계적으로 지급됩니다(American Federation of Teachers, 2024 Report).
- **일본: '학교 사무 직원'의 법제화** 일본은 2017년 학교교육법을 개정하여 학교 사무직원의 직무를 '사무에 종사한다'에서 '사무를 관장한다'로 격상시켰습니다. 학교 내 행정 직원이 단순 보조가 아니라 학교 경영의 주체임을 법적으로 명시한 것입니다. 이를 통해 학교 내 모든 직원이 교육 목표를 공유하는 '팀 학교'의 일원으로서 존중받습니다(일본 문부과학성, 학교 업무 개선 가이드라인 2022).

(3) 인권위 권고마저 무시하는 교육청: 법적 지위의 부재

반면 한국의 현실은 어떠합니까. 국가인권위원회는 이미 2021

년 결정을 통해 "복리후생비의 과도한 격차는 합리적 이유 없는 차별"이라며 시정을 권고했습니다(출처: 국가인권위 결정문 21진정0361200). 그러나 소위 '노동 존중'과 '인권'을 표방하는 진보 교육감 체제의 교육청은 4년째 "예산 부담이 크다"는 이유로 이 권고를 무시하고 있습니다. 학교라는 교육 기관이 국가 기관(인권위)의 권고조차 무시하며, 아이들에게 '차별'을 몸소 보여주고 있는 셈입니다.

이러한 차별의 근본 원인은 교육공무직원들의 '법적 지위 부재'에 있습니다. 현재 전국적으로 약 17만 명, 서울에만 2만 명이 넘는 교육공무직원이 일하고 있지만, 이들의 신분을 규정하는 법률(모법)은 단 한 줄도 없습니다. 교육감의 훈령이나 조례, 그리고 매년 살얼음판을 걷는 임금 단체 협약에 의존해 고용을 유지합니다. 국회가 '교육공무직원법' 제정을 미루는 사이, 학교는 매년 파업과 갈등의 진원지가 되고 있습니다. 법적 근거 없는 노동은 언제나 차별의 표적이 될 수밖에 없습니다.

4. 무너지는 행정 역량: 젊은 공무원들의 탈출

(1) MZ 공무원들이 짐을 싸는 이유

학교 행정 조직의 또 다른 위기는 '사람'이 떠나고 있다는 점입니다. 과거 교육행정직 공무원은 '워라밸이 좋은 철밥통'이라 불리며

선호하는 직업 1순위였습니다. 하지만 지금 학교 행정실의 2030세대 공무원들은 조용히 사직서를 검색하고 있습니다.

이유는 단순하고도 처절합니다. **처우는 낮고, 책임은 무한대이기 때문입니다.** 2024~2025년 기준 9급 1호봉 공무원의 실수령액은 각종 공제를 하고 나면 200만 원 초반대입니다(2025 공무원 보수 규정). 서울의 살인적인 물가와 주거비를 감당하기에는 턱없이 부족합니다. "편의점 아르바이트보다 못하다"는 말이 과장이 아닙니다. 연금 개혁으로 노후 보장이라는 메리트마저 사라진 상황에서, 악성 민원과 과중한 업무에 시달리는 젊은 인재들을 붙잡을 명분이 사라진 것입니다.

(2) 늘봄학교의 역설: "누가 일을 합니까?"

여기에 2024년 2학기부터 전면 도입된 '늘봄학교'는 불난 집에 부채질을 했습니다. 도입 직전인 2024년 초, 교육행정직 대상 설문조사에서 응답자의 96.6%가 "늘봄학교 도입으로 업무 갈등이 심화될 것"이라고 답했습니다(서울시교육청공무원노조 설문조사). 그리고 2025년 말 현재, 그 우려는 현실이 되었습니다. 교육부는 "교사 업무 배제"를 원칙으로 내세웠지만, 정작 그 업무를 받아 안을 행정 인력에 대한 구체적인 대책은 마련하지 않았습니다.

교육청은 교육부의 '총액 인건비' 규제 핑계를 대며 정규직 증원을 회피하고, 학교 현장에는 기간제 근로자 채용 예산만 내려 보냈습니다. 결국 늘봄지원실의 실무는 고스란히 기존 행정실 직원이나, 고용이 불안정한 단기 계약직에게 전가되었습니다. 정책은 화려하게 홍보되지만, 그 실행 과정에서 발생하는 행정적 과부하는 아무도 책임지지 않는 '폭탄 돌리기'가 학교 내부에서 반복되고 있습니다.

5. 보여주기식 혁신의 그늘: 디지털 기기의 무덤

(1) 기기는 있는데 사람은 없다

지난 몇 년간 서울시교육청이 가장 역점을 둔 사업 중 하나는 '디벗(디지털 벗)'으로 불리는 1인 1스마트기기 보급 사업이었습니다. 수천억 원의 예산이 투입되어 학생들의 책상 위에 태블릿 PC가 놓였습니다. 보도자료는 이를 '디지털 대전환의 시작'이라고 칭송했습니다.

하지만 현장의 실상은 수업에 제대로 활용되지도 못한 채 '디지털 기기의 무덤'에 가깝습니다. 하드웨어(기기)는 보급했지만, 이를 관리할 유지보수 시스템(Humanware)은 구축하지 않았기 때문입니다. 서울교사노조의 실태조사에 따르면, 교사의 90% 이상이 기기 관리 업무에 과도한 부담을 느낀다고 답했습니다(서울교사노조, 2023.5). 수십만 대의 기기가 학교에 뿌려졌지만, 충전, 업데이트, 파손 수리, 분실 관리를 담당할 전담 인력 예산은 사실상 '0원'에 가까웠습니다.

(2) 수업 대신 충전함을 지키는 교사

결국 교사는 수업 연구 대신 충전함을 확인해야 했고, 행정실 직원은 수리 센터와 통화하며 시간을 허비해야 했습니다. 기기 수명 주기인 4~5년이 도래하는 시점이 오면, 이 막대한 양의 전자 폐기물을 처리하는 업무까지 학교가 떠안게 될 것입니다. 유지보수 예산과 인력 없는 기기 보급은 '혁신'이 아니라, 학교에 쓰레기를 던져주는 '전시 행정'의 전형입니다.

6. 돈이 없는 게 아니다, 우선순위가 틀렸다

이 모든 문제에 대해 교육 당국에 질문을 던지면 돌아오는 답은 한결같습니다. **"예산이 부족하다."** 과연 그럴까요? **이것은 명백한 거짓입니다.**

서울시교육청의「서울특별시교육비특별회계 세입 · 세출 결산서」를 펼쳐 봅시다. 우리는 흔히 '남은 돈'을 이야기할 때 '세계잉여금(Total Surplus)'을 봅니다. 이는 한 해 동안 들어온 돈(세입)에서 쓴 돈(세출)을 뺀 금액으로, 여기에는 다음 해로 넘기는 이월금과 국고 반납금 등이 모두 포함된 '실제 금고에 남아있는 잔액'입니다.

- 2021회계연도 세계잉여금: 3조 7,422억 원 (역대 최대 규모)
- 2022회계연도 세계잉여금: 1조 9,271억 원

• 2023회계연도 세계잉여금: 약 1조 3,000억 원 (순세계잉여금만 약 8,670억 원)

매년 수조 원, 수천억 원의 돈이 다 쓰이지 못하고 금고에 쌓여 해를 넘깁니다. 물론 이 중에는 공사가 지연되어 어쩔 수 없이 넘기는 이월금도 있습니다.

교육공무직 인건비는 최근 몇 년간 교육부와 17개 시 · 도교육청, 노동조합이 매년 공동으로 임금 교섭을 진행하면서, 대체로 연말이 되어서야 타결되는 경우가 많습니다. 이 때문에 연초에는 예상 인상률을 가정해 예산을 편성하고, 실제 협상 결과와 차이가 나면 인건비가 남는 구조가 반복됩니다. 그 결과 교육공무직 인건비를 포함한 시 · 도교육청 예산의 불용 · 이월 규모는 해마다 1조 원을 훌쩍 넘고, 어떤 해에는 수조 원까지 쌓이기도 했습니다. 한쪽에서는 금고에 돈이 쌓여 있는데, 정작 학교 현장에서는 예산이 없다는 이유로 환기 시설을 제때 고치지 못하고, 대체 인력을 구하지 못한다고 호소합니다. 이것은 재정의 부족이 아니라, 명백한 '행정의 무능'이며 공적 재정의 '분배 실패'입니다.

연말이 되면 학교는 불용액 처리를 위해 바쁩니다. 모든 지자체들이 연말만 되면 멀쩡한 보도블록을 뒤집는 것과 같은 일이 학교에서도 벌어집니다. 불용액을 남기면 다음 해 예산이 깎인다는 불합리한 지침 때문입니다. 정작 필요한 곳(인건비, 안전시설)에는 '목적 사업비'가 아니라는 이유로 돈을 쓸 수 없게 칸막이를 쳐놓고,

불필요한 공사에는 돈을 쓰게 만드는 경직된 예산 구조가 학교를 병들게 하고 있습니다.

7. 에필로그: 계산기를 든 리더십이 필요하다

지금 서울교육에 필요한 것은 거창한 교육 철학이나 이념 논쟁이 아닙니다. 학교라는 거대한 시스템이 멈추지 않고 돌아가게 만드는, 지극히 현실적인 '행정의 기본'을 복원하는 일입니다.

제가 제시하는 해법은 명확합니다. 미사여구를 걷어내고 '숫자'를 직시하는 것입니다.

- **첫째, 학교조직 법제화입니다.** 현재 유 · 초 · 중등학교의 경우 '초 · 중등 교육법' 제19조에 교직원 배치에 대한 언급만 있고 행정조직의 설치 · 운영 기준은 없는 상태입니다.[3] 마치 사람은 있는데 소속이 없는 것과 마찬가지입니다. 학교조직 법제화

---

3) 초중등교육법에 제19조(교직원의 구분) ① 학교에는 다음 각 호의 교원을 둔다. 〈개정 2019. 12. 3.〉
1. 초등학교 · 중학교 · 고등학교 · 고등공민학교 · 고등기술학교 및 특수학교에는 교장 · 교감 · 수석교사 및 교사를 둔다. 다만, 학생 수가 100명 이하인 학교나 학급 수가 5학급 이하인 학교 중 대통령령으로 정하는 규모 이하의 학교에는 교감을 두지 아니할 수 있다.
2. 각종학교에는 제1호에 준하여 필요한 교원을 둔다.
② 학교에는 교원 외에 학교 운영에 필요한 행정직원 등 직원을 둔다.
③ 학교에는 원활한 학교 운영을 위하여 교사 중 교무(校務)를 분담하는 보직교사를 둘 수 있다.
④ 학교에 두는 교원과 직원(이하 "교직원"이라 한다)의 정원에 필요한 사항은 대통령령으로 정하고, 학교급별 구체적인 배치기준은 제6조에 따른 지도 · 감독기관(이하 "관할청"이라 한다)이 정하며, 교육부장관은 교원의 정원에 관한 사항을 매년 국회에 보고하여야 한다. 〈개정 2013. 3. 23.〉

가 된다면 행정실 뿐 아니라 교무실, 늘봄지원실, 급식소 등 많은 부서들이 업무분장에 따른 갈등과 책임소재의 불분명함으로 인한 혼란을 많이 해소할 수 있을 것입니다.

- **둘째, 생존을 위한 예산 집행입니다.** 순세계잉여금을 최우선으로 투입하여 급식실 환기 시설 개선율을 1년 내에 획기적으로 끌어올려야 합니다. 방학 공사가 어렵다면 학기 중 위탁 급식을 해서라도 공기를 단축해야 합니다.
- **셋째, 공정을 위한 로드맵입니다.** 인권위 권고를 수용하여 공무직 명절휴가비를 단계적으로 현실화해야 합니다. 당장 동일 금액은 어렵더라도, 3년 내 공무원 최저 직급의 60% 수준까지 맞추겠다는 구체적인 약속이 필요합니다. 또한, 국회에 '교육공무직원법' 제정을 강력히 촉구하여 학교 내 신분 불안정을 해소하는 데 서울시교육청이 앞장서야 합니다.
- **넷째, 책임을 위한 인력 배치입니다.** 늘봄학교나 디벗 사업처럼 새로운 정책을 도입할 때는 반드시 '업무 총량제'를 적용해야 합니다. 일이 늘어나는 만큼, 그 일을 수행할 전담 인력 예산(유지보수비, 운영비)을 세트로 편성하지 않으면 사업을 승인하지 않는 원칙을 세워야 합니다.
- **다섯째, 효율을 위한 예산 자율성입니다.** 꼬리표가 붙은 목적사업비를 30% 이상 대폭 삭감하고, 학교가 현장의 필요에 따라 유연하게 쓸 수 있는 '학교 기본운영비'를 늘려줘야 합니다. 그래야 연말의 억지공사 같은 촌극이 사라집니다.

저는 대변인 시절, 모니터 속의 화려한 단어들이 현실을 덮는 것을 보았습니다. 이제는 그 모니터를 끄고, 현장의 계산기를 두드려야 할 시간입니다. 교육감의 서명은 화려한 협약식이 아니라, 바로 이런 구체적인 예산 결재 서류 위에, 가장 낮은 곳의 고통을 해결하는 숫자에 쓰여야 합니다.

학교는 이념의 전장이 아니라, 아이들의 삶터이자 노동자들의 일터입니다. 이 상식적인 명제를 회복하는 것이 서울교육 대전환의 진짜 시작입니다.

Ⅱ부

철학 : 우리는 무엇을 위해 혁신하는가

– 무너진 토대 위에 다시 세우는 교육의 본질

제5장.

지·덕·체, 몸·마음·생각의 일치

오래된 말 속에 숨어 있던 가장 현대적인 교육철학

1. 지덕체는 낡은 말이 아니라, 오늘의 아이들이 매일 겪는 삶의 구조다

'지덕체(智德體)'라는 단어를 들으면 어떤 이미지가 떠오르십니까? 아마도 학교 현관에 먼지 쌓인 채 걸려 있는 오래된 현수막이나, 졸업식장 단상 뒤에 붙은 훈화 문구, 혹은 생활기록부 맨 윗줄에 의례적으로 적힌 교육 목표를 떠올리실 겁니다. 그래서 많은 분들은 이 단어가 지금 우리 아이들의 생생한 현실이나 미래 교육과 무슨 관련이 있는지 고개를 갸웃거립니다. 그저 고리타분한 옛말, 박물관에나 있어야 할 유물처럼 느끼곤 합니다.

하지만 교실 안을 자세히 들여다보면 놀라운 사실을 발견하게 됩니다. 지덕체는 결코 낡은 말이 아닙니다. 오히려 우리 아이들이 매일 아침 눈을 뜨고 학교에 와서 하루를 살아가는 방식 그 자체가, 지(생각), 덕(마음), 체(몸)가 톱니바퀴처럼 맞물려 돌아가는 구조 속에서 이루어지고 있다는 것을 깨닫게 됩니다.

상상해 봅시다. 여기 아침에 늦게 일어나 허둥지둥 학교에 온 한 아이가 있습니다. 밤늦게까지 스마트폰을 하느라 잠을 설친 탓에 몸은 천근만근입니다(體, Living). 몸이 피곤하니 마음의 여유가 없습니다. 친구가 지나가다 살짝 스치기만 해도 "왜 쳐!"라며 짜증을 내고, 선생님의 지적에도 예민하게 반응합니다. 정서가 불안정한 상태입니다(德, Being). 이런 상태에서 수업 시간에 집중이 될 리 없습니다. 머릿속은 멍하고, 평소라면 풀 수 있었던 문제에서도 실수가 잦아집니다. 사고력이 뚝 떨어진 것입니다(智, Thinking).

반대의 경우도 있습니다. 전날 밤 일찍 잠자리에 들어 충분히 자고 일어난 아이는 몸이 가볍습니다. 아침 식사를 든든히 하고 부모님과 가벼운 대화를 나누며 등교한 아이의 마음은 평온하고 안정되어 있습니다(體+德). 이런 아이는 교실에 들어와서 친구들과 밝게 인사하고, 수업 시간에도 선생님의 눈을 맞추며 질문을 던집니다. 뇌가 활성화되어 사고력이 자연스럽게 확장되는 것입니다(智).

이처럼 몸(體)과 마음(德)과 생각(智)은 따로 떨어진 섬이 아닙니다. 그것들은 하나의 거대한 회로처럼 연결되어 서로에게 끊임없이 영향을 주고받습니다. 몸이 무너지면 마음이 흔들리고, 마음이 흔들리면 생각이 멈춥니다. 반대로 몸이 바로 서면 마음이 열리고, 마음이 열리면 생각이 자랍니다.

따라서 지덕체는 케케묵은 '예전 말'이 아닙니다. 지금 이 순간에도 우리 아이들의 삶 속에서, 교실의 공기 속에서 조용하지만 절대적으로 작동하고 있는 가장 살아있는 원리입니다. 이 장은 그동안 우리가 잊고 지냈던 이 오래된 말 속에서, 아이의 몸과 마음, 생각을 다시 하나로 엮어내는 가장 현대적이고 미래 지향적인 교육철학을 꺼내보려는 시도입니다.

2. 몸 – 마음 – 생각은 따로 작동하지 않는다: 실제 한국 교실의 풍경

서울의 A초등학교 5학년 교실. 국어 시간, 선생님은 아이들에게 짧은 글을 읽어주고 자신의 생각을 공책에 정리해보라고 했습니다. 사각사각 연필 소리가 교실을 채우기 시작했지만, 창가 자리에 앉은 민호는 멍하니 빈 공책만 바라보고 있었습니다. 연필을 쥔 손에는 힘이 없었고, 눈은 반쯤 감겨 있었습니다.

수업이 끝난 후 선생님이 다가가 조심스럽게 물었습니다. "민호야, 오늘 무슨 힘든 일 있었어? 글 쓰는 게 많이 어려웠니?" 민호는 잠시 머뭇거리다 기어들어 가는 목소리로 대답했습니다. "아니요… 어제 새벽 12시까지 게임했어요. 눈이 너무 아파서 글씨가 잘 안 보여요."

자, 여기서 민호가 겪고 있는 문제의 본질은 무엇일까요? 글을 읽고 이해하는 문해력(생각, Thinking)의 문제일까요? 수업에 참여하지 않는 태도(마음, Being)의 문제일까요? 아니면 단순히 수면 부족(몸, Living)의 문제일까요?

정답은 '모두 다'입니다. 그리고 더 정확히 말하면, 이 세 가지는 서로 원인이자 결과가 되어 뒤엉켜 있습니다. 게임 때문에 잠을 못 자서 몸이 피곤했고(體), 그 피로감 때문에 의욕이 사라지고 짜증이 났으며(德), 그 결과 글을 읽고 생각하는 뇌의 기능이 일시적으로 마비된 것입니다(智). 그 어떤 요소도 단독으로 존재하지 않습니다.

질병관리청이 발표한 '2023 청소년 건강행태조사'에 따르면, 우리나라 청소년의 62%는 하루 3시간 이상 스마트폰을 사용하고 있으며, 주중 평균 수면 시간은 권장 시간에 턱없이 모자란 수준입니다. 수면 부족을 '일상적'으로 느낀다는 학생의 비율도 해마다 꾸준히 증가하고 있습니다. (출처: 질병관리청, 2023)

우리는 흔히 아이가 공부를 못하면 학원을 더 보내고, 짜증을 내면 인성 교육을 하려 하고, 체력이 약하면 운동을 시키려 합니다. 문제를 개별적으로 보고 처방하려 합니다. 하지만 민호의 사례가 보여주듯이, 몸과 마음과 생각은 한 덩어리입니다. 수면이 부족하면 집중력이 떨어지고, 집중력이 떨어지면 감정이 예민해지며, 감정이 흔들리면 사고 과정 전체가 무너집니다.

지덕체는 바로 이 '연결성'을 통찰한 선조들의 지혜입니다. 그것은 낡은 훈화 말씀이 아니라, 몸–마음–생각의 유기적 패턴을 설명하는 가장 단순하고도 정확한 '인간 이해의 틀'입니다.

3. '지식만 강한 아이', '마음만 착한 아이', '체력이 약한 아이'는 없다

어른들은 종종 아이들을 이렇게 평가하곤 합니다. "이 아이는 공부는 기가 막히게 잘하는데, 정서가 좀 약해." "우리 애는 마음은 정말 착한데, 생각이 좀 부족한 것 같아." "쟤는 머리는 좋은데, 체력이 없어서 금방 지쳐."

마치 아이가 '지능'이라는 상자, '인성'이라는 상자, '체력'이라는 상자를 따로따로 가지고 있는 것처럼 말합니다. 하지만 현대의 교육학, 발달심리학, 그리고 최신 뇌과학 연구들은 이런 설명이 실제 아이들의 성장 과정을 설명하는 데 완전히 틀렸다는 것을 증명하고 있습니다.

첫째, "공부는 잘하지만 정서가 약한 아이"라는 말은 반만 맞는 말입니다. 정서적 안정감은 고차원적 사고 능력의 필수 전제 조건입니다. 뇌과학적으로 볼 때, 공포나 불안을 담당하는 편도체가 활성화되면, 이성적 사고와 판단을 담당하는 전두엽의 기능은 억제됩니다. 즉, 아이의 마음이 위축되고 불안해지면, 뇌는 '생존 모드'로 전환되어 깊이 있는 사고를 멈춰버립니다.

서울시교육청이 2023년 실시한 학생 정신건강 실태조사 결과는 이를 뒷받침합니다. 우울 · 불안 지표가 높은 관심군 학생일수록, 기초학력 미달 비율이 유의미하게 높았습니다. (출처: 서울시교육청) 정서와 사고는 물과 기름처럼 분리된 것이 아닙니다. 정서가 안정되어야 사고의 꽃이 핍니다.

둘째, 체력이 약하면 사고력 역시 떨어집니다. 많은 부모님이 체육 시간을 '공부할 시간을 뺏기는 시간'으로 생각하지만, 연구 결과는 정반대입니다. 신체 활동이 부족한 아이들은 뇌의 실행기능(Executive Function)—계획하고, 집중하고, 충동을 조절하는 능력—의 작동 효율이 떨어진다는 것이 수많은 논문에서 확인되었습니다. (참고: Blair &Raver, 2014 등) 아이들의 '생각'은 머릿속에서만 일어나는 추상적인 작용이 아닙니다. 심장의 박동, 호흡의 리듬, 신체적 안정감이라는 생물학적 토대 위에서 비로소 작동하는 구체적인 현상입니다.

셋째, 마음만 착하다고 해서 관계가 안정되는 것도 아닙니다. 우리가 '사회성'이라고 부르는 능력은 단순히 '착한 마음씨(Being)'만으로 완성되지 않습니다. 타인의 감정을 읽어내는 인지적 능력(Thinking)과, 갈등 상황에서 스트레스를 견디는 신체적 조절 능력(Living)이 결합되어야 비로소 건강한 관계를 맺을 수 있습니다. 정서적으로 안정된 아이는 협력과 조정 능력이 높지만, 만성적인 피로와 스트레스 상태에 있는 아이는 사소한 자극에도 감정이 요동치며 관계를 깰 수 있습니다.

결국, 지 – 덕 – 체는 아이를 설명하는 세 개의 독립된 상자가 아닙니다. 한 아이라는 존재를 세 방향에서 동시에 비추는 세 개의 조명이라고 보는 것이 더 정확합니다. 어느 하나라도 꺼지면, 아이의 온전한 모습은 그림자 속에 묻히게 됩니다.

4. 몸(體, Living): '운동'이 아니라 '삶의 리듬'을 일으키는 힘

한국의 학부모들에게 '체(體)'가 뭐냐고 물으면, 열에 아홉은 "체육 점수요" 혹은 "체력이요"라고 대답합니다. 하지만 교육적 관점에서 '체'는 운동 능력보다 훨씬 더 넓고 근원적인 개념입니다. 그것은 '내 삶을 스스로 지탱하고 운용하는 힘', 즉 '리빙(Living)'의 능력입니다.

서울시교육청이 2024년에 발표한 '학생 건강 · 활동 실태 분석'에 따르면, 서울 중학생의 38.9%, 고등학생의 41.7%가 평일 수면 시간이 '6시간 미만'이라고 응답했습니다. (출처: 서울시교육청, 2024 학생건강체력조사) 성장기 아이들이 만성적인 수면 부족에 시달리고 있는 것입니다. 이것은 단순히 "아이고, 피곤하겠네" 하고 넘어갈 문제가 아닙니다.

수면 부족과 영양 불균형, 신체 활동의 부재는 아이들의 '삶의 리듬'을 파괴합니다. 그리고 무너진 리듬은 곧바로 사고력 저하, 정서 불안정, 관계 회복력 약화로 이어집니다.

1) **몸은 곧 에너지 창고입니다.** 자동차가 연료 없이 달릴 수 없듯이, 아이들도 신체적 에너지가 고갈되면 어떤 학습도, 어떤 인성도 발휘할 수 없습니다. 몸이 피곤하면 마음의 방어기제가 약해져 불안과 짜증이 쉽게 침투하고, 마음이 흔들리면 사고는 안개 속에 갇힌 듯 흐려집니다.

2) **신체 활동은 감정을 정리하는 힘입니다.** 체육 시간이 끝난 후 교실의 집중력이 오히려 올라간다는 사실은 현장 교사들이 매일 경험하는 기적입니다. 아이들은 뛰고, 땀 흘리고, 친구와 부딪히는 과정에서 내면에 쌓인 스트레스 호르몬을 배출하고, 꽉 막혀 있던 사고의 통로를 뚫어냅니다. 운동은 뇌를 위한 가장 좋은 준비 운동입니다.

3) **'몸–마음–생각'은 하나의 생물학적 회로입니다.** 저명한 뇌과학자 대니얼 시겔(Daniel Siegel)은 "마음은 몸과 뇌의 에너지와 정보의 흐름"이라고 정의했습니다. (출처: Siegel, The Developing Mind, 2012) 몸(체)은 단순히 정신을 담고 다니는 그릇이 아닙니다. 생각(Thinking)과 마음(Being)이 실질적으로 작동하는 물리적 '플랫폼'입니다. 플랫폼이 흔들리면 그 위의 모든 것이 무너집니다.

5. 마음(德, Being): 인성교육이 아니라 '존재의 안정감'

'덕(德)'이라는 글자를 보면 무엇이 떠오르십니까? 도덕 교과서,

예절 교육, 혹은 '착하게 살아라'는 훈계가 생각나시나요? 만약 그렇다면, 우리는 덕을 너무 좁게 해석하고 있는 것입니다. 현대 교육철학에서 '덕'은 도덕적 규율을 지키는 것을 넘어, '존재의 안정감(Being)'에 더 가깝습니다.
아이들이 학교에서 친구와 싸우지 않고, 선생님 말씀을 잘 듣는 '착한 아이'가 되는 것만이 덕이 아닙니다. 덕의 핵심은 **"나는 괜찮은 존재다", "나는 사랑받을 가치가 있다"는 내면의 단단함**입니다. 이 안정감을 가진 아이만이 타인과 진정으로 협력할 수 있고, 자신의 감정을 솔직하게 표현할 수 있으며, 실수하더라도 다시 도전할 용기를 갖습니다. 이것이 진짜 인성입니다.

서울 J중학교의 사례를 들어보겠습니다. 이 학교는 학생들의 우울 · 불안 비율이 높다는 내부 조사 결과를 보고 고민에 빠졌습니다. 그리고 거창한 인성 교육 프로그램 대신, 아주 단순한 프로젝트를 시작했습니다. 바로 '마음일기 프로젝트'였습니다.

학생들에게 매일 아침, 딱 세 줄의 일기를 쓰게 했습니다.

1. 오늘 내 안에서 어떤 감정이 느껴지는가?
1. 그 감정의 원인은 무엇인가?
1. 오늘 하루는 어떤 마음으로 살고 싶은가?

처음에는 귀찮아하던 아이들이 조금씩 자신의 마음을 들여다보기 시작했습니다. "짜증난다"고만 했던 아이가 "어제 엄마한테 혼나서 억울하다"고 구체적인 감정을 적기 시작했습니다. 놀랍게도 이 단순한 프로젝트를 4개월간 운영한 뒤, 학교 상담실을 찾는 학생 수가 18%나 감소했고, 생활지도부에 접수되는 '감정 폭발형 갈등' 사례가 눈에 띄게 줄어들었습니다. (출처: J중학교 내부 상담자료, 2023)

자신의 감정을 인지하고 수용하는 힘(Being)이 길러지자, 충동적인 행동이 줄어들고(Living), 문제 상황을 객관적으로 바라보는 힘(Thinking)이 생긴 것입니다. 정서적 안정은 곧 행동과 학업의 안정이 됩니다. Being은 '착함'을 강요하는 것이 아니라, 아이가 '자기 자신으로 서 있는 힘'을 길러주는 것입니다.

6. 생각(智, Thinking): AI 시대, 생각은 지식보다 중요하다

마지막으로 '지(智)'입니다. 우리는 흔히 지를 '지식의 양'이나 '시험 점수'로 오해합니다. "공부 잘하는 아이"를 "지(智)가 뛰어난 아이"라고 생각합니다. 하지만 AI 시대의 '지'는 더 이상 '많이 아는 것(Knowledge)'이 아닙니다. 그것은 '생각하는 힘(Thinking)'입니다.

현대 교육이 정의하는 Thinking은 다음과 같은 능력들을 포함합니다.

- 복잡한 문제를 핵심 위주로 구조화하여 이해하는 능력
- 기존의 정보들을 연결하여 새로운 관점을 떠올리는 능력
- 감정에 휘둘리지 않고 냉철하게 상황을 판단하는 능력

• 타인과 협력하는 과정에서 갈등을 조정하고 최적의 해를 찾는 능력

이 능력들은 단순히 책상에 앉아 문제집을 푼다고 길러지지 않습니다. 앞서 말한 체(몸)와 덕(마음)이 뒷받침될 때 비로소 발현되는 고차원적인 기능입니다.

서울의 한 고등학교에서 흥미로운 실험을 했습니다. 수학 성적이 비슷한 학생들을 두 그룹으로 나누어, 한 그룹은 전날 충분히 잠을 자게하고, 다른 그룹은 수면을 제한했습니다. 다음 날 같은 수학 문제를 풀게 했더니, 수면 부족 그룹의 오답률이 충분 수면 그룹보다 약 두 배 가까이 높게 나타났습니다. (출처: K고등학교 수학과 자체 연구 보고서, 2022)

이 결과는 무엇을 말해줍니까? **사고(Thinking)는 독립적인 뇌의 작용이 아니라, 몸(體)과 마음(德)의 상태에 따라 요동치는 종속변수**라는 사실입니다. 몸이 건강하고 마음이 편안해야 비로소 뇌가 최상의 성능을 발휘합니다. Thinking은 덕과 체라는 토양 위에서 자라나는 나무와 같습니다.

그래서 지(Thinking)는 머리의 문제가 아니라, 삶 전체의 문제입니다. 아이의 성적을 올리고 싶다면, 문제집을 한 권 더 풀게 할 것이 아니라 아이가 푹 잤는지, 마음은 편안한지를 먼저 살펴야 하는 이유가 바로 여기에 있습니다.

7. 결국 교육은 "몸 – 마음 – 생각의 일치"로 나아가는 과정이다

우리는 도덕적으로 "언행일치(言行一致)"라는 말을 자주 씁니다. 말과 행동이 일치하는 삶이 훌륭하다는 뜻입니다. 하지만 교육은 그보다 더 깊고 근원적인 수준의 "일치"를 지향해야 합니다. 바로 "몸 – 마음 – 생각의 일치"입니다.

- 몸(Living)은 삶의 에너지와 리듬을 만들고,
- 마음(Being)은 나의 존재를 지탱하며,
- 생각(Thinking)은 세상과 나를 연결하는 다리가 됩니다.

이 세 요소가 따로 놀면 어떻게 될까요? 몸은 책상에 앉아 있지만 마음은 운동장에 가 있고, 머릿속은 게임 생각으로 가득 차 있는 아이를 상상해 보십시오. 아이는 불안해지고, 성장은 불규칙해지며, 삶의 방향 감각은 흐려집니다. 에너지가 분산되어 무엇 하나 제대로 해내기 어렵습니다.

반면, 세 요소가 하나로 연결되면 놀라운 일이 벌어집니다. 몸의 감각이 깨어있고, 마음이 차분하게 가라앉아 있으며, 생각이 명료하게 깨어있는 상태. 이때 아이는 투명해지고, 문제 해결력은 극대화되며, 삶에 대한 깊은 자신감을 얻게 됩니다. 이것이 우리가 아이들에게 선물해야 할 '몰입'의 경험이자 '성장'의 기쁨입니다.

인문학에서는 이것을 '내면의 통합'이라고 부르고, 교육학에서는 '전체 성장(Holistic Development)'이라고 부르며, 뇌과학에서는 '통합적 뇌 발달(Integrated Mind–Body)'이라고 설명합니다. 표현은 다르지만 가리키는 방향은 하나입니다. 사람은 조각난 부품의 합이 아닙니다. 몸과 마음과 생각이 통합적으로 성장할 때, 비로소 자기 삶을 온전히 살아갈 준비가 된 하나의 '인격체'가 됩니다.

8. 서울형 몸-마음-생각 모델: 실제 학교에서 가능한가?

"말은 좋지만, 입시 위주의 한국 현실에서 그게 가능하겠어?"라고 묻는 분들이 계실 겁니다. 하지만 이것은 이상적인 구호가 아닙니다. 이미 서울의 학교 현장 곳곳에서, 몇몇 선생님들에 의해 조용하지만 강력한 변화가 시작되고 있습니다.

사례 1) 서울의 한 고등학교 "아침 20분 리듬잡기"

이 학교는 0교시 보충수업 대신, 등교 후 20분간 '리듬잡기' 시간을 운영했습니다. 거창한 체육 활동이 아닙니다. 간단한 스트레칭으로 몸을 깨우고, 1분간 호흡을 조절하며 마음을 가라앉히고, 운동장을 천천히 걷거나 교실에서 감정 체크를 하는 활동입니다. 결과는 놀라웠습니다. 만성적이던 1교시 지각생이 눈에 띄게 줄었고, 1교시 수업의 집중도와 참여도가 몰라보게 달라졌습니다. (출처: 서울시교육청 학교혁신사례집, 2023) 몸을 정돈하면 마음이 안정되고, 마음이 안정되면 생각이 열린다는 원리를 증명한 것입니다.

사례 2) 서울 E초등학교의 "마음근력" 프로젝트

이 학교는 수학 수업 시작 전, 딱 5분을 투자해 '감정 온도'를 체크하고 짝꿍과 감정을 나누는 활동을 도입했습니다. "수학 시간인데 무슨 감정 타령이냐"는 우려도 있었지만, 결과는 정반대였습니다. 아이들의 발표 참여율이 늘었고, 수업 중 발생하는 친구 간의 짜증 섞인 갈등이 줄어들었습니다. 선생님들은 "수업 분위기가 부드러워지고 학습 효율이 올랐다"고 입을 모았습니다. (출처: E초등학교 연구보고서, 2022) 마음(德)을 만져주니 생각(智)이 열린 것입니다.

사례 3) 강서양천교육지원청의 "THE-위해유" 프로그램

앞서 소개한 학교폭력 관계조정 프로그램 역시 이 맥락에 있습니다. 학폭을 단순히 '행동(Living)'의 문제나 '법규 위반(Thinking)'의 문제로만 보지 않고, 그 이면에 있는 '상처받은 마음(Being)'을 어루만짐으로써 근본적인 해결을 시도하는 것입니다. 심리-정서-관계-사고의 구조를 직접 연결해 다룬다는 점에서, 이는 몸-마음-생각 통합 모델의 가장 선진적인 실천 사례라 할 수 있습니다.

현장은 이미 답을 알고 있습니다. 그리고 이미 움직이고 있습니다. 교육청이 해야 할 일은 이 작은 실험들이 학교 전체의 문화로, 서울교육의 표준으로 자리 잡도록 시스템으로 뒷받침하는 것입니다.

9. 교육이 목표해야 하는 것은 "한 아이가 서는 방식"이다

결국 교육은 무엇일까요? 국어, 영어, 수학 점수를 몇 점 더 받게 하는 것, 좋은 대학에 보내는 것, 물론 현실적으로 중요합니다. 하지만 그것이 교육의 전부가 되어서는 안 됩니다.

교육의 궁극적인 목표는 점수나 성취보다 '한 아이가 세상을 바라보는 방식', '자기 자신을 대하는 태도', '문제를 맞닥뜨렸을 때 해결해 나가는 자세'를 만드는 일이어야 합니다. 즉, '사람의 구조'를 단단하게 세우는 것입니다.

몸이 조화롭고(Living), 마음이 안정되고(Being), 생각이 자유롭게 흐르는(Thinking) 아이. 이것이 바로 지덕체, Thinking–Being–Living, 몸–마음–생각 통합 모델이 지향하는 '미래형 인간상'입니다.

말로 하면 단순해 보이지만, 학교라는 공간에서 몸–마음–생각의 통합이 실제로 만들어질 때, 아이의 성장 궤도는 완전히 달라집니다. 스스로 건강을 돌볼 줄 알고, 타인과 따뜻하게 소통하며, 날카로운 지성으로 미래를 개척하는 아이. 그런 아이들이 자라나는 학교를 만드는 것, 그것이 우리 교육이 가야 할 길입니다.

이제 서울교육은 이 오래된 말 속에 숨겨진 보석 같은 철학을 끄집어내어, 새로운 구조와 구체적인 실천으로 옮겨야 합니다.

10. 결론: 지덕체는 미래형 교육으로 가는 가장 오래된 지름길

지덕체는 고루한 옛날이야기가 아닙니다. 우리 아이들의 몸과 마음과 생각이 실제로 그렇게 움직이고 있기 때문입니다.

- 몸(Living)은 삶을 살아가는 에너지입니다.
- 마음(Being)은 나를 지탱하고 타인과 연결되는 힘입니다.
- 생각(Thinking)은 세상을 이해하고 새로운 가치를 만드는 능력입니다.

이 세 가지가 하나로 정렬될 때, 아이는 비로소 부모나 선생님의 통제가 아닌, 자신만의 의지로 삶을 살아갈 준비가 됩니다. 지덕체는 그 신비로운 '일치'의 과정을 가장 간명하고 깊이 있게 설명해 주는 우리만의 언어입니다.

서울교육이 이 오래된 언어를 AI 시대에 맞게 현대적으로 재해석하여, 아이들의 몸－마음－생각이 조화롭게 성장하는 새로운 학교 모델을 구축한다면, 그것은 단순한 교육 정책의 성공을 넘어설 것입니다. 서울 시민 모두의 미래를, 그리고 우리 아이들의 삶을 근본적으로 바꾸는 위대한 변화의 시작이 될 것입니다. 가장 오래된 지혜 속에, 가장 새로운 미래가 있습니다.

제6장.
서울교육의 7대 구조문제

"왜 이렇게 많은 노력이 있었는데도, 불안은 줄어들지 않는가?"

1. 서울은 가장 잘하는데, 가장 불안한 도시다

서울은 명실상부한 대한민국 교육의 심장입니다. 전국에서 가장 많은 예산과 우수한 교원, 풍부한 교육 프로그램, 그리고 최고의 대학 진학률을 자랑합니다. 서울시 산하 공립학교만 1,300여 개에 달하고, 교원은 8만 명에 육박하며, 85만 명 이상의 학생들이 이곳에서 꿈을 키웁니다. 최신형 태블릿 PC가 학생 1인당 1대씩 보급되어 있고, 학교마다 전자칠판이 번쩍입니다. 하드웨어와 인프라만 놓고 보면 서울교육은 부족함이 없어 보입니다. 세계 어디에 내놓아도 손색없는 수준입니다.

그런데 아이러니하게도, 이 화려한 도시 서울에서 아이를 키우는 부모들은 대한민국에서, 아니 세계에서 가장 높은 수준의 '교육 불안'을 호소합니다. 서울시교육청이 2024년 실시한 교육여론조사에 따르면, 서울 학부모의 67%가 "우리 아이의 교육이 불안하다"고 답했습니다. 이는 전국 평균보다 12~15%나 높은 수치입니다. 가장 많은 돈을 쓰고, 가장 좋은 인프라를 갖췄는데, 왜 부모들의 마음은 가장 불안할까요?

이 불안을 단순히 "서울의 입시 경쟁이 워낙 치열해서 그렇다"고 치부하고 넘어갈 수 있을까요? 아닙니다. 그것은 현상의 결과일 뿐 원인이 아닙니다. 서울교육의 불안은 '경쟁의 강도' 때문이 아니라, '시스템의 불신'에서 기인합니다. 겉으로는 매년 화려한 정책과 새로운 프로그램이 쏟아져 나오지만, 그 아래에는 수십 년간 해결되지 않은 구조적 문제들이 켜켜이 쌓여 썩어가고 있기 때문입니다.

학교는 여전히 1990년대식 관료주의에 갇혀 있고, 교사는 행정업무에 질식하고 있으며, 평가는 아이들의 성장을 외면한 채 줄 세우기에만 몰두합니다. 학부모는 정보의 사각지대에서 사교육에 의존합니다. 이것이 2025년 서울교육의 '진짜 얼굴'입니다.

이 장에서는 서울교육을 오랫동안 짓눌러온, 그러나 겉으로 잘 드러나지 않았던 '7대 구조문제'를 하나씩 해부해 보려 합니다. 이 문제들은 단순한 불편함이 아니라, 서울교육이 근본적으로 바뀌지 못하게 발목을 잡고 있는 거대한 족쇄입니다. 이 족쇄를 직시하고 끊어내지 않는다면, 아무리 좋은 정책을 쏟아 부어도 서울교육은 단 한 발자국도 앞으로 나아갈 수 없습니다.

2. 서울교육 7대 구조문제

(1) 평가 구조의 왜곡: "성장을 돕는 평가가 아니라, 줄 세우는 평가"

서울교육의 첫 번째, 그리고 가장 치명적인 구조적 문제는 '평가'에 있습니다.[1] 학교의 모든 교육 활동은 결국 '평가'라는 깔때기를 통과해야 의미를 인정받습니다. 그런데 이 깔때기가 심각하게 왜곡되어 있다면 어떻게 될까요?

2024년부터 2025년 사이, 서울 주요 대학들을 강타한 'AI 부정행위 사건'은 우리 평가 시스템의 민낯을 적나라하게 드러냈습니다. 서울대, 고려대, 연세대 등 이른바 'SKY' 대학에서 학생들이 챗GPT나 클로드(Claude) 같은 생성형 AI를 이용해 과제와 시험을 치른 사례가 잇따라 적발되었습니다. 학생들 사이에서는 "나만 안 쓰면 바보"라는 말이 공공연하게 돌았습니다.

이 사건을 두고 한 서울대 교수는 언론 인터뷰에서 이렇게 뼈아픈 고백을 했습니다. "학생들이 AI로 과제를 대신했다는 사실보다 더 충격적인 것은, 제가 낸 과제를 AI가 '아무런 문제없이' 완벽하게 수행할 수 있었다는 사실입니다. 결국 제가 아이들에게 요구한 것은 AI 수준의 정보 요약과 정리였을 뿐, 인간 고유의 사고력이 아니었던 셈입니다."

---

1) 물론 평가 부분은 교육청 차원이라기보다 교육과정에 따른, 대입에 따른 문제가 근본원인이다. 교육과정상에서 정해진, 특히 대입을 위한 '등급 평가'를 바꾸지 않고는 어떤 시도를 해도 바위에 계란치기 밖에 안되지만 여기선 이 사실을 전제로 어떻게 평가제도가 왜곡되는지를 살폈다.

이 교수의 고백은 대학만의 문제가 아닙니다. 초중고 현장은 더 심각합니다. 2025년 말, 여러 언론이 보도한 'AI 수능 성적표'는 충격적이었습니다. 2026학년도 수능 국어 고난도 문항을 두고 챗GPT에게 "정답만 말해줘"라고 했을 때는 9등급이 나왔지만, "논리적으로 추론해서 풀어줘"라고 지시를 바꾸자 1등급으로 점수가 수직 상승했습니다. AI는 수능 문제를 '생각'해서 푼 게 아닙니다. 방대한 데이터 패턴을 조합해 출제자의 의도를 기계적으로 찾아낸 것입니다.

이 실험 결과는 한국의 평가 구조가 여전히 '사고의 과정'을 보지 못하고 '결과적 정답'에만 머물러 있다는 명백한 증거입니다. 우리는 아이들에게 AI가 가장 잘하는 일, 즉 정답 찾기와 패턴 암기를 가르치고 평가하고 있습니다. 이것은 아이들을 AI와의 경쟁에서 필패(必敗)할 수밖에 없는 경기장으로 몰아넣는 일입니다.

학교 현장의 수행평가는 어떻습니까? 본래 취지는 과정 중심의 성장 평가였지만, 현실은 '행정적 징표'를 남기는 절차로 전락했습니다. 선생님들은 아이의 생각과 성장을 관찰하기보다, 나중에 민원이 들어왔을 때 방어할 수 있는 '증빙 서류'를 챙기는 데 급급합니다. "보고서를 기한 내에 냈는가?", "사진이 3장 이상 첨부되었는가?", "형식 요건을 갖췄는가?"와 같은 정량적 기준이 평가를 지배합니다.

그러다 보니 학생들은 수행평가를 '배움의 과정'이 아니라 '해치워야 할 과제'로 여깁니다. 인터넷에서 자료를 긁어오고, AI에게 요약을 시키고, 형식만 그럴싸하게 갖추어 제출합니다. 교사는 그 서류의 진위를 판별하느라 밤을 새우고, 정작 아이에게 필요한 피드백은 "수고했다"는 도장 하나로 끝납니다. 평가가 왜곡되니 수업도 죽어갑니다. 아무리 좋은 토론 수업을 해도, 평가는 결국 지필고사 성적과 형식적인 수행평가 점수로 귀결되기 때문입니다. 평가 구조의 혁신 없이는, 교육 르네상스는 요원한 꿈일 뿐입니다.

(2) 교사 업무 구조의 붕괴: "가르치는 사람"에서 "행정 처리반"으로

두 번째 문제는 '교사 업무의 본말전도'입니다. 서울의 선생님들은 수업보다 행정이 먼저인 기형적인 구조 속에 갇혀 있습니다. 선생님이 아이들의 눈을 바라보는 시간보다 컴퓨터 모니터와 공문을 바라보는 시간이 더 긴 교실, 이것이 2025년 서울 학교의 슬픈 자화상입니다.

서울교육연구정보원의 2024년 조사에 따르면, 서울 교사의 전체 업무 시간 중 수업 및 학습 지도와 직접 관련된 업무는 고작 32%에 불과했습니다. 나머지 68%는 행정 보고, 민원 처리, 행사 준비, 각종 위원회 참석, 공문 처리 등 '교실 밖 업무'였습니다. 이는 OECD 평균을 훨씬 밑도는 수치입니다.

서울의 한 초등학교 6학년 담임교사의 하루를 들여다봅시다. 아침 8시 30분, 출근하자마자 메신저를 켭니다. 밤새 도착한 공문이 10개가 넘습니다. '교육청 정책 사업 수요 조사', '학교폭력 예방 교육 실적 보고', '다문화 학생 현황 파악', '시설물 안전 점검 결과 보고'…. 하나하나 열어보고 엑셀 표를 채워 넣다 보면 어느새 1교시 시작종이 울립니다. 하지만 수업 시간에도 마음은 콩밭에 가 있습니다. "아, 3교시 끝나고 학폭 사안 조사 보고서 마감해야 하는데…."

쉬는 시간에는 아이들과 대화할 틈이 없습니다. 복도에서 다친 아이를 보건실에 보내고, 어제 결석한 아이 부모님께 전화를 걸어 사유서를 독촉해야 합니다. 점심시간은 코로 밥을 먹는지 입으로 먹는지 모르게 지나갑니다. 오후에는 각종 위원회 회의가 잡혀 있습니다. 방과 후에는 교육청에서 내려온 'AI 선도학교' 예산 품의를 올려야 합니다. 5만 원짜리 교구 하나를 사기 위해 견적서를 받고, 품의서를 쓰고, 행정실 협조를 구하는 과정이 1시간은 족히 걸립니다.

이것이 교사의 일상입니다. 서울은 특히 교육열이 높고 민원이 많으며, 교육청의 정책 사업 속도가 매우 빠릅니다. 교육감이 바뀌거나 정책 기조가 바뀔 때마다 새로운 사업이 쏟아지고, 그 사업을 증빙하기 위한 공문과 보고서가 학교로 폭포수처럼 내려옵니다.

지원청과 본청의 보고 체계가 중첩되면서 학교는 '행정 업무의 깔때기'가 됩니다. 똑같은 통계 자료를 교육청 교육혁신과에도 보내고, 지원청 초등교육과에도 보내야 하는 일이 비일비재합니다. NEIS(교육행정정보시스템)는 교사를 돕는 도구가 아니라, 교사를 모니터 앞에 묶어두는 족쇄가 되었습니다.

이런 구조 속에서 선생님들은 "나는 가르치는 사람인가, 행정 서기인가"라는 자괴감에 시달립니다. 수업 연구는 퇴근 후나 주말에 개인 시간을 쪼개서 해야 하는 '자원봉사'가 되어버렸습니다. 에너지가 고갈된 교사는 아이들에게 줄 사랑과 관심이 남아있지 않습니다. 교사의 행정 업무를 획기적으로 줄이지 않는 한, 교실의 변화는 불가능합니다.

(3) 학교 책임체계의 부재: "문제는 연결되어 있는데, 학교는 쪼개져 있다"

세 번째는 '분절된 대응 구조'입니다. 학교는 아이들이 겪는 문제를 해결해 주는 곳이어야 합니다. 그런데 지금의 학교는 아이들의 문제를 통합적으로 다루고 대처하는데 한계를 지니고 있습니다.

앞서 2장에서도 언급했듯이, 학생의 문제는 결코 단독으로 오지 않습니다. 학습 부진은 정서 불안과 연결되어 있고, 정서 불안은 교우 관계 갈등으로 이어지며, 이는 다시 학교폭력이나 등교 거부 같은 생활 문제로 나타납니다. 아이의 삶은 통째로 얽혀 있습니다.

하지만 학교의 대응 체계는 철저하게 부서별로 찢어져 있습니다. 학교폭력이 발생하면 생활지도부(인성부)가 출동해 매뉴얼대로 사안 조사를 하고 징계 절차를 밟습니다. 아이가 우울해하면 상담실(Wee클래스)로 보내 상담을 받게 합니다. 성적이 떨어지면 담임교사나 교과담당교사가 학습지 몇 장 더 챙겨주는 게 고작입니다. 건강에 문제가 생기면 보건실로 보냅니다.

마치 종합병원에서 환자를 진료과별로 뺑뺑이 돌리는 것과 같습니다. 환자는 한 명인데, 의사들은 서로 소통하지 않고 각자의 약만 처방하는 꼴입니다. 정형외과 의사는 다리만 보고, 내과 의사는 배만 봅니다. 환자의 전체적인 건강 상태를 종합적으로 판단하고 책임지는 주치의가 없습니다.

서울시교육청의 '2023 학교폭력 백서'를 보면, 학교폭력 가해 학생의 41%가 정서 · 관계 문제를 동시에 겪고 있었고, 피해 학생의 52%는 학습 부진 문제를 동반하고 있었습니다. 즉, 학폭은 단순한 폭력 사건이 아니라 삶의 총체적 위기에서 오는 신호입니다. 그런데 학교는 학폭은 학폭대로 처리하고, 학습은 학습대로 보충하고, 상담은 상담대로 진행합니다. 이 과정에서 정보는 공유되지 않고, 지원은 중복되거나 누락됩니다.

학부모가 학교에 도움을 요청해도 상황은 답답하기만 합니다. 담임 선생님에게 전화하면 "그건 상담 선생님 소관입니다"라고 하고, 상담 선생님은 "학폭 사안이라 생활부장님과 상의하셔야 합니다"라고 합니다. 부모는 전화기를 붙들고 학교의 부서들을 순례해야 합니다. 결국 "학교는 아무도 책임지지 않는구나"라는 불신만 쌓입니다.

해외 사례와 비교하면 우리의 후진성은 더욱 명확해집니다. 핀란드는 학생에게 문제가 생기면 '48시간 내 다전문가 지원팀 개입'을 법으로 강제합니다. 담임, 특수교사, 상담사, 복지사가 한 팀이 되어 아이를 둘러싸고 통합적인 지원 계획을 짭니다. 영국은 모든 학교에 'SENCO(특별지원조정관)'를 두어 위기 학생을 전담 관리합니다. 한국 학교에는 이 '통합'과 '책임'의 고리가 빠져 있습니다. 이것이 서울교육에 '책임학교 모델'이 절실한 이유입니다.

(4) AI · 정보 격차의 확대: 사교육이 주도하는 '디지털 불평등'

네 번째 문제는 '정보와 AI 격차'입니다. 서울의 학부모들이 가장 두려워하는 것은 이제 단순한 사교육비 부담이 아닙니다. "내 아이만 중요한 정보에서 소외되는 것 아닌가" 하는 정보 격차에 대한 공포입니다. 그리고 이 공포의 중심에 AI가 있습니다.

2026학년도 수능 준비 과정에서 이 격차는 극명하게 드러났습니다. 강남 대치동의 일부 학원가에서는 발 빠르게 'AI 학습 코칭'을 도입했습니다. 학생의 모의고사 데이터를 AI에 입력해 취약 유형을 분석하고, 맞춤형 문제를 무한대로 생성해 훈련시킵니다. AI가 학생의 오답 패턴을 분석해 "너는 이 개념이 약하니 여기를 더 봐라"고 실시간으로 코칭해 줍니다. 실제로 교육개발원(KEDI)의 최근 연구(2025)에 따르면, 가구 소득과 부모 학력이 높을수록, 그리고 성적이 상위권일수록 자녀의 AI 및 디지털 활용 역량이 유의미하게 높은 것으로 나타났습니다. 이는 경제력의 차이가 'AI 활용 능력'의 격차로 이어지고, 이것이 다시 '성적 격차'를 심화시키는 '디지털 불평등의 악순환'이 현실화되고 있음을 보여줍니다.

학습의 '시간 격차'가 AI라는 도구를 만나 넘을 수 없는 '속도 격차'로 벌어지기 시작한 것입니다. 과거에는 돈으로 '고액 과외 선생님'을 샀다면, 이제는 돈으로 '최고 성능의 AI 튜터'를 사는 시대가 되었습니다.

서울시교육청의 '2025년 AI 활용 실태조사' 결과는 공교육의 처참한 현실을 보여줍니다. 학업 성취도 상위 20% 학생의 AI 학습 도구 활용 빈도는 하위 20% 학생보다 6배 이상 높았습니다. 특히 사교육 의존도가 높은 강남 · 서초 · 목동 지역의 학생일수록 AI 활용 능력이 월등히 높았습니다.

이는 무엇을 의미합니까? AI 시대의 교육 격차는 "누가 더 오래 공부하느냐"가 아니라, "누가 더 좋은 AI 도구를 쓸 줄 아느냐"에서 결정된다는 것입니다. 그런데 학교는 여전히 "AI는 부정행위 도구"라며 사용을 금지하거나, 교사 개인의 재량에 맡겨두고 손을 놓고 있습니다. 학교가 AI라는 거대한 파도를 외면하는 사이, 사교육 시장은 그 파도 위에 올라타 격차를 벌리고 있습니다.

공교육이 AI 플랫폼을 선점하지 못하고, 모든 학생에게 보편적인 AI 학습 기회를 제공하지 못한다면, 정보 격차는 곧 계급 격차로 굳어질 것입니다. '디지털 리터러시'가 새로운 시대의 '특권'이 되도록 방치해서는 안 됩니다.

(5) 학교 – 가정 – 지역의 연결 부재: "가장 가깝고도 가장 먼 이웃"

다섯 번째는 '소통의 단절'입니다. 서울은 물리적 거리는 가깝지만, 학교와 가정, 학교와 지역사회의 심리적 거리는 그 어느 곳보다 멉니다.

서울시교육청 여론조사에서 학부모의 학교 신뢰도는 2020년 이

후 지속적으로 하락하고 있습니다. 왜일까요? 학교가 학부모에게 정보를 주지 않아서가 아닙니다. 정보의 '질'과 '방식'이 문제이기 때문입니다. 학교는 매일같이 '가정통신문' 앱을 통해 수많은 알림을 보냅니다. 급식 메뉴, 행사 일정, 준비물 안내, 감염병 예방 수칙…. 정보는 홍수처럼 쏟아지지만, 정작 학부모가 진짜 궁금해 하는 핵심 정보는 없습니다.

학부모는 "오늘 급식 반찬이 뭐였나"보다, "내 아이가 오늘 수업 시간에 발표는 잘했는지", "친구와 다투지는 않았는지", "요즘 어떤 과목을 힘들어하는지"를 알고 싶어 합니다. 아이의 '성장'과 '생활'에 대한 구체적인 피드백을 원합니다. 하지만 지금의 아날로그적 소통 방식(일방적 문자 메시지)으로는 이 욕구를 충족시킬 수 없습니다.

담임 선생님과의 상담은 일 년에 한두 번, 그것도 몇 분 남짓 형식적으로 이루어집니다. 학교의 문턱은 여전히 높고, 학부모가 학교 운영에 참여할 수 있는 통로는 제한적입니다. 지역사회와의 협력도 마찬가지입니다. 학교 주변에는 도서관, 복지관, 문화센터 등 풍부한 자원이 있지만, 학교 담장을 넘지 못합니다. 학교는 지역사회 속에 있는 '섬'처럼 고립되어 있습니다.

미국의 일부 교육청은 학부모 전용 앱을 통해 자녀의 수업 활동 사진, 과제 결과물, 교사의 코멘트를 실시간으로 공유합니다. 학부모가 학교 교육의 파트너로 참여할 수 있는 디지털 플랫폼을 구축한 것입니다. 서울교육에도 이런 '쌍방향 소통 플랫폼'이 필요합니다. 불신은 단절에서 옵니다. 연결되지 않으면 신뢰할 수 없습니다.

(6) 교육 거버넌스의 비효율: "머리는 크고 손발은 묶여 있다"

여섯 번째 문제는 '비효율적인 거버넌스'입니다. 서울교육은 '본청(교육청) – 11개 교육지원청 – 개별 학교'라는 3단계 구조로 운영됩니다. 이론적으로는 체계적이지만, 현실에서는 역할 중복과 보고 과잉, 책임 소재 불명확을 낳는 주범입니다.

본청은 정책을 기획하고 예산을 배분하는 '머리' 역할을 합니다. 지원청은 학교를 돕는 '허리' 역할을 해야 합니다. 하지만 실제로는 지원청이 본청의 지시를 학교에 전달하는 '확성기' 역할에 그치거나, 학교를 감시하고 평가하는 '시어머니' 역할에 머무는 경우가 많습니다.

학교 입장에서는 시어머니가 둘인 셈입니다. 본청에서 내려온 공문을 처리했는데, 지원청에서 또 비슷한 자료를 요구합니다. 새로운 정책 하나가 내려오면 학교 현장은 '연수 듣고, 계획서 짜고, 실행하고, 결과 보고하고, 점검받는' 5중고에 시달립니다.

예를 들어, '생태전환교육'을 한다고 하면, 본청에서 계획이 내려오고, 지원청에서 세부 지침이 내려오고, 학교는 계획서를 써서 올립니다. 사업이 끝나면 정산 보고서를 써서 지원청에 보내고, 지원청은 그걸 취합해서 본청에 보냅니다. 이 과정에서 정작 아이들과 텃밭을 가꾸고 환경 토론을 하는 '교육'의 시간은 줄어듭니다. 행정을 위한 행정이 교육을 압도하는 구조입니다.

지원청의 기능을 획기적으로 바꿔야 합니다. 관리 감독이 아니라, 학교가 못하는 일을 대신해 주는 '서비스 센터'가 되어야 합니다. 학교 공사의 계약 · 입찰 · 집행, 학교 시설 및 안전 점검, 학교 민원 대응 및 법률 전담, 교원 심리상담 센터, 수업대체교사 신속 배치 시스템 등 학교가 힘겨워하는 업무를 지원청이 직접 가져와서 처리해 줘야 합니다. 지금처럼 손발은 묶어놓고 입으로만 "열심히 하라"고 독려하는 거버넌스로는 어떤 혁신도 현장에 뿌리내릴 수 없습니다.

⑦ 정책 지속성의 취약성: "사람은 이어졌으나 구조는 흔들렸다"

마지막 일곱 번째 문제는 '정책의 불연속성'입니다. 서울은 지난 10년간 조희연 교육감이 3연임(2014~2024)을 하며 비교적 긴 시간 동안 진보 교육의 기조를 유지했습니다. 잦은 교육감 교체로 정책이 널뛰기했던 다른 시도에 비하면 안정적으로 보일 수 있습니다. 하지만 냉정하게 평가하면, '사람의 연속성'은 있었으나 '구조적 지속성'은 확보되지 못했습니다.

왜 그럴까요? 대부분의 정책이 교육감 개인의 브랜드나 임기에 맞춘 '4년 단위 프로젝트성 사업'으로 기획되었기 때문입니다. '혁신학교'가 '미래학교'로 이름이 바뀌고, '스마트 교육'이 'AI 교육'으로 간판을 바꿔 달 때마다, 현장은 혼란을 겪었습니다. 내용은 비슷한데 이름만 바뀐 사업들에 교사들은 피로감을 느낍니다.

예산 역시 단기성과 위주로 편성되다 보니, 10년을 내다보는 장기적인 인프라나 데이터 시스템을 구축하는 데는 소홀했습니다. AI 교육을 한다면서 정작 학교 무선망은 불안정하고, 교원 연수 시스템은 체계적이지 못한 것이 그 증거입니다.

진정한 지속성은 교육감 개인의 철학이나 의지에 의존해서는 안 됩니다. 누가 교육감이 되든 흔들리지 않는 '시스템'과 '플랫폼', 그리고 '사회적 합의'에 의해 담보되어야 합니다. 법과 조례, 그리고 시민사회의 합의라는 단단한 말뚝을 박지 못한 채, 교육감의 아이디어와 개인기에만 기댔던 것. 이것이 지난 10년 서울교육의 아픈 손가락이자 우리가 넘어서야 할 과제입니다.

3. 맺음말: 7대 병목을 뚫어야 미래가 열린다

서울교육의 문제는 학생이 공부를 안 해서, 교사가 게을러서, 학부모가 이기적이어서 생긴 문제가 아닙니다. 낡은 구조가 만든 시스템의 문제입니다. 이 7가지 문제는 서로 얽히고설켜 거대한 악순환의 고리를 만들고 있습니다.

평가의 왜곡은 교육 격차를 심화시키고, 교사 업무의 포화는 수업의 질을 떨어뜨리며, 분절된 학교 구조는 학생의 문제를 방치하게 만듭니다. AI 정보 격차는 불평등을 고착화하고, 소통의 단절은 학부모의 불안과 불신을 키우며, 비효율적 거버넌스는 현장의 피로를 가중시킵니다. 그리고 정책의 불연속성은 이 모든 문제를 해결할 동력을 약화시킵니다.

이 낡은 구조를 그대로 둔 채 좋은 프로그램 몇 개를 더 도입한다고 해서 서울교육이 달라질까요? 결코 그렇지 않습니다. 밑 빠진 독에 물 붓기일 뿐입니다. 이제는 병목(Bottle-neck)을 뚫어야 합니다. 구조를 깨고 판을 새로 짜야 합니다.

제7장.
선생님에게 '가르칠 시간'을 돌려주자

교사 업무 50% 감축, 불가능을 가능으로 만드는 구조 혁명

1. 교무실의 풍경: 선생님은 언제 아이들을 만나는가

오후 3시, 수업이 모두 끝난 서울의 한 중학교 교무실. 아이들의 왁자지껄한 웃음소리가 썰물처럼 빠져나간 학교는 고요해지기는커녕, 더욱 바쁘게 돌아가는 키보드 소리로 채워집니다. 교사들의 손가락은 건반 위를 달리는 피아니스트처럼 빠르고, 눈동자는 모니터 속 엑셀 칸과 교육행정정보시스템, 즉 나이스(NEIS) 화면을 번갈아 쫓느라 쉴 틈이 없습니다.

옆자리 김 선생님이 다급하게 묻습니다. "박 선생님, 이번 주까지 학교폭력 예방 교육 실적 보고 올려야 해요. 지난번이랑 양식이 바뀌었으니까 다시 확인해 주세요." 그러자 박 선생님이 머리를 감싸 쥐며 대답합니다. "아, 맞다. 그리고 내일 5학년 현장학습 가는

버스 임차 계약 서류, 오늘 행정실 마감 전까지 결재 올려야 하죠? 업체에서 견적서가 아직 안 왔는데 큰일이네요." 뒤쪽에서는 학년부장 선생님의 목소리가 들려옵니다. "참, 교육청에서 다문화 학생 지원 현황 조사 공문이 또 내려왔던데, 그거 3반 선생님이 학년 취합 좀 부탁드려요. 급하답니다."

이 대화 속에 '아이들'은 없습니다. 오직 '서류'와 '실적'과 '보고'와 '마감'만이 존재합니다. 선생님들끼리 자조 섞인 농담을 주고받습니다. 우리는 아이들이 하교한 후에야 비로소 진짜 업무를 시작한다고 말입니다. 그런데 그 진짜 업무란 수업 준비나 학생 상담이 아닙니다. 상급 기관인 교육청과 교육부에 보고할 문서를 생산하는 일입니다. 선생님들은 마치 행정 서기가 된 듯, 문서의 숲을 헤치며 하루를 마감합니다.

이것은 과장이 아닙니다. 서울시교육청이 2023년 실시한 교원 실태조사에 따르면, 교사가 하루 일과 중 수업 준비, 실제 수업, 그리고 학생 피드백 등 교육 본연의 활동에 사용하는 시간은 전체의 고작 33~38%에 불과했습니다. 나머지 60% 이상의 시간은 행정 문서 작성, 악성 민원 대응, 보여주기식 학교 행사 준비, 각종 위원회 참석, 안전 관리 보고 등으로 채워졌습니다.

이 통계가 말해주는 것은 명확합니다. 지금의 학교는 주객전도의 현장입니다. 셰프가 요리할 시간보다 식자재 납품 영수증을 정리하는 시간이 더 길다면 그 식당의 음식 맛이 어떨까요? 외과의사가 수술할 시간보다 수술 보고서를 꾸미는 데 더 많은 에너지를 쓴다면 환자의 생명은 어찌 될까요? 지금 서울의 학교가 딱 그 꼴입니다. 선생님들은 아이들을 가르치고 싶어서, 아이들의 눈을 보고 싶어서 교사가 되었지만, 현실은 행정 처리반이 되어가고 있습니다.

5만 원짜리 교구 하나를 사기 위해 겪어야 하는 과정을 봅시다. 수업에 필요한 과학 교구를 사려면 먼저 여러 업체에서 견적서를 받아야 합니다. 최저가 업체를 선정하고, 품의서를 작성해 결재를 올립니다. 행정실의 협조를 구하고, 물건이 오면 검수를 하고, 정산을 합니다. 이 과정이 족히 1시간은 걸립니다. 선생님은 수업 연구를 위해 써야 할 귀중한 1시간을 영수증 처리에 쓴 셈입니다.

교사의 헌신에만 의존해서 지탱해 온 서울교육은 이제 임계점을 넘었습니다. 교사의 소진은 곧바로 수업의 질 저하로 이어집니다. 지친 선생님은 아이들의 눈빛을 읽을 여유가 없고, 수업은 기계적으로 흐르기 쉽습니다. 에너지가 고갈된 교사는 쉬는 시간에도 아이들과 대화하기보다 모니터를 보며 다음 공문을 처리하기 바쁩니다. 이는 다시 아이들의 방치와 학부모의 불신으로 이어지며, 결국 공교육 생태계 전체를 무너뜨리는 악순환의 고리가 됩니다. 따라서 교사 업무 50% 감축은 단순히 교사를 편하게 해주자는 교권 보호 차원의 구호가 아닙니다. 무너진 교육의 본질을 회복하고, 아이들에게 선생님의 시간을 돌려주기 위한 가장 시급하고 절박한 구조 개혁입니다.

2. 왜 줄지 않는가: '책임의 독박' 구조

역대 교육감들은 선거 때마다 교사 행정업무 경감을 1호 공약으로 내걸었습니다. 공문 없는 날을 만들고, 교무행정사를 배치하고, 일부 업무를 지원청으로 이관하기도 했습니다. 하지만 현장의 체감도는 여전히 냉랭합니다. 업무가 줄기는커녕 더 늘었다, 새로운 사업이 하나 생기면 공문은 열 개가 늘어난다는 아우성이 터져 나옵니다. 도대체 왜 그럴까요? 그것은 업무를 줄이려는 시도보다, 업무를 늘리는 구조적 요인이 훨씬 강력하기 때문입니다. 구조 자체가 교사의 업무 증가를 전제로 설계되어 있습니다.

첫째, 책임은 학교로, 권한은 밖으로 쏠린 기형적 구조 때문입니다. 대한민국 교육 거버넌스를 살펴보면, 교육부와 교육청은 정책을 수립하고 지침을 내리는 두뇌 역할을 합니다. 지원청은 그 지침이 잘 이행되는지 점검하고 자료를 요구하는 신경망 역할을 합니다. 정책을 결정하고 예산을 배분하는 권한은 상급 기관에 집중되어 있습니다. 하지만 그 정책을 실행하고 결과에 대한 무한 책임을 지는 손발은 오로지 학교와 교사의 몫입니다.

예를 들어, 늘봄학교 정책이 시행되면 교육부는 보도자료를 내고 대대적으로 홍보합니다. 하지만 학교 현장에서는 강사를 채용하고, 학부모 민원을 받고, 아이들 간식을 챙기고, 안전사고를 걱정해야 하는 모든 실무가 늘봄교사에게 떨어집니다. 교육청은 잘 운영하고 있는지 보고하라고 공문을 보내고, 교사는 그 보고서를 쓰느라 수업 준비 시간을 뺏깁니다. 권한 없는 책임의 무한 루프, 이것이 교사를 질식시키는 첫 번째 원인입니다.

둘째, 날것의 민원을 교사가 맨몸으로 받아내는 구조 때문입니다. 서울은 전국에서 가장 많은 민원이 발생하는 도시입니다. 학부모들의 교육열과 기대 수준이 높은 만큼 요구사항도 구체적이고 즉각적입니다. 2023년 기준 서울 학교에 접수된 민원 4만여 건 중 52%가 학교 행정실이나 교장실을 거치지 않고 교사 개인에게 직접 전달되었습니다.

학부모의 불안과 요구는 이해할 수 있습니다. 하지만 시스템의 필터링 없이 교사 개인의 휴대전화나 메신저로 쏟아지는 즉시 응답 요구는 엄청난 심리적 압박이자 업무 과부하를 일으킵니다. 수업 중에 학부모 전화를 받느라 아이들을 자습시키거나, 퇴근 후 늦은 밤에도 민원 문자에 시달리는 것이 일상이 되었습니다. 병원에 가서 의사의 개인 휴대전화로 밤늦게 전화를 거는 환자는 없습니다. 변호사에게 수시로 카톡을 보내 상담을 요구하는 의뢰인도 없습니다. 유독 학교만이 교사의 개인 시간을 공공재로 취급합니다. 일본이나 핀란드처럼 행정 직원이나 전담 부서가 1차적으로 민원을 접수하고 분류해 주는 완충 장치가 서울에는 없습니다. 교사는 감정의 쓰레기통이 아닙니다.

셋째, 과도한 법적 책임의 집중입니다. 지난 10년 사이 학교는 사법 리스크의 지뢰밭이 되었습니다. 학교폭력 처리, 아동학대 의심 신고 대응, 개인정보 보호, 안전사고 책임 등 교사가 짊어져야 할 법적 책임은 기하급수적으로 늘어났습니다. 과거에는 교육적 지도로 넘어갔던 일들이 이제는 법적 소송의 대상이 됩니다. 해외에서는 지자체나 경찰, 사회복지사가 담당해야 할 영역까지, 한국에서는 담임교사가 1차 책임자로 남아 있습니다. 현장학습을 가려면 버스 기사의 음주 측정부터 식당 위생 점검까지 교사가 챙겨야 하고, 사고가 나면 교사가 법정에 서야 합니다. 가르치는 일보다 사고가 안 나게 방어하는 일이 더 중요해진 교실에서, 교사들은 방어적인 행정 처리에 더 많은 에너지를 쏟을 수밖에 없습니다. 모든 행동을 문서로 남겨 증거를 확보해야 한다는 강박이 행정 업무를 폭증시키고 있습니다.

3. 교사 업무 50% 감축, 꿈같은 얘기가 아니다: 3가지 핵심 전략

그렇다면 이 견고한 업무의 산을 어떻게 허물 수 있을까요? 단순히 "공문 보내지 마라"고 지시하거나 행정 실무사를 학교당 한 명 더 배치하는 수준으로는 어림도 없습니다. 업무의 설계도 자체를 뜯어고쳐야 합니다. 여기서는 이를 실현할 세 가지 핵심 전략을 제안합니다.

[전략 1] 삭제(Delete): **"왜 두 번, 세 번 보고해야 하는가?"**

서울 학교 현장에서 가장 이해할 수 없는 미스터리는 '중복 보고' 입니다. 여러 연구에서 공통적으로 확인되는 사실은, 한국 학교 행정의 핵심 문제가 단순한 '업무량'이 아니라 '중복과 재입력'이라는 구조적 비효율에 있다는 점입니다. 교사는 동일하거나 유사한 내용을 여러 문서, 여러 시스템에 반복적으로 보고해야 하고, 이 중복 업무는 OECD가 지적한 대로 수업과 피드백의 시간을 직접적으로 잠식하고 있습니다. 국내 연구들 역시 이러한 행정구조가 교사-학생 관계와 교수학습의 질에 부정적 영향을 미친다는 점을 통계적으로 보여주고 있습니다. 즉, 중복보고는 단순한 번거로움이 아니라 교육의 핵심을 해치는 구조적 문제인 것입니다. 학폭 예방 교육 실적을 생활지도부에 보고했는데, 며칠 뒤 교육청에서 '인성교육 실적'이라는 이름으로 비슷한 양식의 보고를 또 요구합니다. 급식 만족도 조사를 했는데, 지원청 급식팀에서 또 다른 통계를 요구하는 식입니다.

부서 간 칸막이 때문에 학교는 같은 데이터를 포장만 바꿔서 끊임없이 상납해야 합니다. 이것은 명백한 **행정 폭력**입니다. 교육청 내부에서 데이터를 공유하면 될 일을, 편의주의 때문에 학교에 반복적으로 요구하는 것입니다.

해법은 원 인풋 원칙(One-Input Principle)을 도입하는 것입니다. 실제로 유럽, 특히 에스토니아 등 디지털 선진국은 이 원칙을 법제화하여 시민과 기업이 동일 정보를 반복 제출하지 않도록 하고 있습니다. 공공행정 전반에서 행정 부담이 줄었다는 평가가 나오고 있습니다. 만약 우리 교육 행정에도 동일 원칙을 적용하고, 학교↔교육청 간 데이터 공유 체계를 구축한다면, 학교의 중복 보고와 과도한 행정 부담은 크게 줄일 수 있습니다. 다만, 공공부문간 데이터 공유는 여러 제약이 존재하기 때문에 '얼마만큼 줄일 수 있는지'는 추가적인 시범 도입 및 실증 분석이 필요합니다.

[전략 2] 자동화(Automate): "AI가 할 일을 사람이 하지 마라"

2024년 서울정책연구 보고서에 따르면, 학교 행정 업무의 40~60%는 창의성이 필요 없는 단순 반복적이거나 데이터 정리 업무에 불과하여 AI로 대체가 가능한 것으로 나타났습니다. 지금은 교사가 공문 하나를 기안하기 위해 과거 문서를 검색하고, 문구를 다듬고, 오탈자를 수정하는 데 30분을 씁니다. 가정통신문 하나를 만들기 위해 인사말을 고민하고 양식을 편집합니다. 회의가 끝나면 녹음 파일을 들으며 회의록을 정리합니다.

하지만 우리가 4장에서 구상한 '서울 AI 플랫폼'이 도입되면 이야기는 완전히 달라집니다.

- "다음 주 5학년 현장학습 가정통신문 초안 써줘. 장소는 경복궁, 시간은 9시부터 3시, 준비물은 도시락이야."라고 입력하면 AI가 3초 만에 완벽한 통신문을 만들어냅니다.
- 학폭 사안 조사를 할 때, 학생들의 진술 녹음 파일을 AI가 텍스

트로 변환하고 핵심 쟁점을 요약해 줍니다.

- 학부모들의 단순 반복 민원(급식 메뉴, 일정 문의, 서류 발급, 방과 후 신청 등)은 AI 챗봇이 24시간 응대합니다.

영국의 '해리스 연방(Harris Federation)'과 '오크 내셔널 아카데미(Oak National Academy)'는 AI 도구 도입을 통해 교사들의 수업 준비 및 행정 업무 시간을 주당 3~5시간까지 줄이는 성과를 냈습니다. (출처: Greenhouse Learning, 2025) 서울이라고 못 할 이유가 없습니다. 공문 기안, 회의록 작성, 단순 민원 응대 등 기계적인 일은 기계에게 넘겨야 합니다. 교사의 손은 아이들의 손을 잡는 데 쓰여야지, 마우스를 잡는 데 쓰여서는 안 됩니다.

[전략 3] 분리(Separate): "교사의 일이 아닌 것은 교사에게서 떼어내라"

가장 중요한 것은 역할의 재정의입니다. 교사가 수행하는 업무 중 상당수는 사실 교사가 해서는 안 되거나, 할 필요가 없는 일들입니다. 시설 관리, 회계 정산, 강사 채용, 교과서 주문, 우유 급식 관리, 미세먼지 측정…. 이런 일들이 왜 수업 전문가인 교사의 몫이어야 합니까?

해외의 학교 지원 인력 구조를 보면 우리의 비정상성이 명확해집니다. 미국의 일부 교육구는 '학교 행정관(School Operations Manager)'이 시설과 예산 관리 등 비수업 업무를 전담하고, 교사는 수업에만 집중하는 구조를 갖추고 있습니다. 일본은 2017년부터 '**팀 학교**(Team School)' 정책을 도입하여 사무직원의 역할을 행정 전반으로 확대했습니다. 그 결과 교사의 문서 업무를 48%까지 줄이는 성과를 냈습니다. (출처: 일본 문부과학성) 캐나다는 학교 내에 '**심리 건강 전문가**(Mental Health Lead)' 등을 배치하여 교사가 감당하기 힘든 정서 위기 학생 지원 업무를 분담하고 있습니다.(출처: School Mental Health Ontario)

반면 서울은 OECD 국가 대비 학교 지원 인력 비율이 절반 수준에도 못 미칩니다. 이제 교사의 업무에서 '비교육적 행정 업무'와 '전문적인 생활 · 복지 업무'를 과감하게 분리해내야 합니다. 이를 위해 학교 내에 교사가 아닌 전문가들로 구성된 전담팀을 만들어야 합니다.

4. 서울형 모델: '행정 제로 스쿨(Administrative Zero School)'

이 세 가지 전략을 통합하여 '서울형 행정 제로 스쿨'이라는 새로운 학교 조직 모델이 필요합니다. 핵심은 학교 안에 교사 외에 행정과 생활지도를 전담하는 전문 조직을 별도로 두는 것입니다.

이 모델은 학교 안에 행정청과 교육청을 기능적으로 분리하는 것과 같습니다. 교사는 행정청의 직원이 아니라, 교육청의 전문가로서 본연의 기능에 복귀하게 됩니다. 구체적인 조직도는 다음과 같습니다.

첫째, 행정지원팀입니다. 행정실장과 교육공무직, 그리고 AI 행정 시스템 관리자로 구성됩니다. 이 팀은 학교의 모든 공문 접수 및 처리, 품의 및 정산, 보고서 작성, 통계 입력, AI 자동화 시스템 운영을 전담합니다. 교사는 행정지원팀에 필요한 내용을 말이나 메모로 전달하고, 최종 결재 버튼만 누르면 되도록 지원합니다. 교사가 기안문을 작성하는 일은 사라집니다.

둘째, 생활 · 안전지원팀입니다. 수업 시수가 대폭 경감된 생활지도 전담 교사, 학교보안관(학교지킴이), 생활지도사로 구성됩니다. 이들은 등하교 지도, 점심시간 순찰, 학교폭력 초기 사안 조사 및 서류 작업, 시설 안전 점검을 맡습니다. 담임교사가 수업과 상담에 집중할 수 있도록 생활지도의 물리적 부담을 덜어줍니다.

셋째, 정서 · 상담지원팀입니다. 전문상담교사, 사회복지사, 그리고 거점형 임상심리사로 구성됩니다. 위기 학생 상담, 학부모 악성 민원 1차 대응 및 필터링, 교사 심리 보호를 담당합니다. 모든 민원 창구를 이곳으로 일원화하여 교사를 보호합니다.

넷째, 교사입니다. 교사의 역할은 오직 수업 연구, 학생 평가, 생활 교육, 그리고 아이들과 눈 맞추는 일에 집중됩니다. 행정 업무가 사라진 자리에 아이들을 위한 시간이 채워집니다.

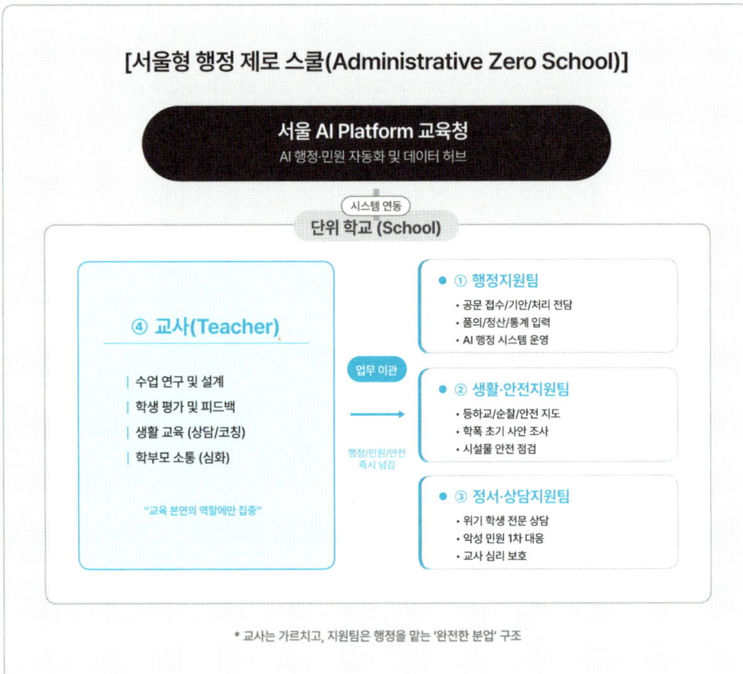

5. 실제로 업무가 절반으로 줄어드는 3단계 로드맵

이것은 단순한 구상이 아닙니다. 구체적인 실행 단계와 목표 수치가 있는 로드맵입니다.

1단계는 삭제 단계입니다. 제일 먼저 교육청, 지원청, 학교의 보고 시스템을 전수 조사하여 통합하고, 원 인풋 시스템을 구축합니다. 불필요한 공문을 삭제하고, 학교에 자료를 요구할 때는 교육감의 결재를 받도록 하는 등 공문 생산 자체를 억제합니다. 중복 보고와 입력 업무를 25% 즉시 감축하는 것이 목표입니다. 이것은 교육감의 의지만 있으면 당장 내일부터라도 시작할 수 있습니다.

2단계는 자동화 단계입니다. 서울 AI 플랫폼을 구축하여 공문 기안, 가정통신문 작성, 민원 응대 등을 자동화합니다. 교사들이 키보드를 두드리는 시간을 획기적으로 줄여줍니다. 문서 업무의 30%를 추가로 감축하는 것이 목표입니다.

3단계는 분리 단계입니다. 학교 내 행정지원팀의 전문성을 높여, 중복 · 관행 · 단순 업무는 먼저 삭제하거나 자동화하고, 남는 핵심 행정업무만 안정적으로 수행하도록 해야 합니다. 교사는 수업에 집중하고, 행정직은 '학교 운영 전문가'로 성장할 수 있는 구조입니다. 비본질 업무 20%를 완전히 이관합니다.

정리해 보면, 중복보고와 불필요한 행정업무를 먼저 삭제하고, 남는 필수 행정은 AI 기반 전산 자동화로 줄여야 합니다. 그 위에 행정지원팀의 전문성을 강화해, 교사에게 집중돼 있던 비교육 업무가 시스템과 전문조직으로 자연스럽게 분리되도록 하는 것입니다. 이것은 행정직 업무 증가가 아니라, 학교 전체 업무를 재설계해 효율을 높이는 구조입니다.

이 세 단계가 완성되면, 교사의 행정 업무는 산술적으로도 50% 이상, 심리적으로는 80% 이상 줄어들게 됩니다.

정책 브리프 요약도표: 교사 업무 50% 경감 핵심 구조

① 문제 진단: 행정 과부하 → 수업 · 피드백 시간 감소
- OECD TALIS: 한국 교사, 행정 · 사무 업무 부담 가장 높음
- 국내 연구: 행정업무 증가→ 교사–학생 관계 악화
- 학교 내 중복 · 관행 업무 다수 존재

② 정책 목표: 업무 '전가'가 아닌 '재설계'
- 교사는 수업 · 평가 · 학생코칭 중심
- 행정직은 학교운영 · 행정 전문조직으로 강화
- 시스템 · 조직 · 역할을 동시에 재구조화

③ 3단계 해법(삭제–자동화–전문화)

1) 삭제(Delete)
- 중복 보고 제거
- 관행 문서 폐지
- 불필요 보고 정리 (10~15% 감소)

2) 자동화(Automate)
- AI 기반 공문 · 보고서 자동 생성
- 출결 · 안전 · 학폭 초기 기록 자동화
- 학교 · 교육청 전산연동

3) 전문화(Professionalize)
- 남는 핵심 업무만 전문팀 담당
- 행정지원팀/생활안전팀 역량 강화
- 교사 · 행정직 기능 분리

④ 결과: 학교 전체 업무 경량화 + 교사 업무 50% 감축 실현
- 교사: 수업 · 피드백 시간 증가
- 행정직: 전문성 강화, 업무 명확화
- 학교: 운영 효율성 · 기능성 향상

6. 업무가 줄어든 교사는 무엇을 하게 되는가?

한편에서는 교사 업무가 줄어들면 교육적 긴장감도 함께 낮아지는 것 아니냐는 걱정을 하시는 분들도 있습니다. 하지만 실제로는 그 반대입니다. 교사에게 시간을 돌려드리는 것은 수업의 질을 높이고, 학생 한 명 한 명을 더 깊이 이해할 수 있도록 하는 기반이 됩니다.

선생님들은 그동안 시간이 없어서, 에너지가 없어서 못 했던 일들을 시작할 것입니다. 진도 나가기에 급급했던 교과서 수업을, 아이들의 삶과 연결된 생생한 프로젝트 수업으로 바꿀 것입니다. 점심시간에 급하게 밥을 먹고 공문 처리하러 가는 대신, 운동장에서 아이들과 함께 뛰며 땀을 흘릴 것입니다.

문제 행동을 하는 아이를 혼내고 끝내는 것이 아니라, 방과 후에 남겨서 그 아이의 이야기를 들어주고 마음을 어루만져 줄 것입니다. 아이가 왜 그런 행동을 했는지, 가정에 무슨 일이 있는지 살필 여유가 생깁니다. 학부모에게 딱딱한 가정통신문 한 장 보내는 대신, 전화를 걸어 아이가 학교에서 어떻게 성장하고 있는지, 오늘 어떤 멋진 질문을 했는지 상세히 이야기해 줄 것입니다.

교사 업무 감축은 선생님 편하자고 하는 일이 아닙니다. 아이들에게 선생님을 돌려주는 일입니다. 선생님의 여유는 곧 아이들의 행복으로 직결됩니다. 선생님이 웃어야 아이들이 웃습니다. 선생님이 행복하지 않은 교실에서 아이들이 행복할 수는 없습니다.

7. 결론: 교사의 시간을 되찾는 것이 교육 대전환의 시작이다

서울이 세계적인 교육 도시로 가기 위해서는, 가장 먼저 교사가 교사의 자리로 돌아가야 합니다. 학교는 서류를 만드는 공장이 아니라, 사람을 만드는 곳이어야 합니다. 교사는 행정가가 아니라, 영혼을 깨우는 스승이어야 합니다.

AI 기술은 그 조건을 만들어줄 강력한 도구이고, 행정 구조 개혁은 그 도구를 쓸 수 있게 만드는 길입니다. 교육에서 가장 중요한 자원은 최첨단 기자재도, 막대한 예산도 아닙니다. 바로 아이들을 바라보는 교사의 눈빛과 아이들을 기다려주는 교사의 시간입니다.

빼앗긴 그 시간을 되찾아 선생님의 손에, 그리고 아이들의 품에 돌려드리는 것. 그것이 서울교육 르네상스를 위한, 그리고 우리 아이들의 미래를 위한 가장 시급하고도 중요한 투자입니다. 이것은 불가능한 꿈이 아닙니다. 우리가 선택해야 할 마땅한 미래입니다. 이제 선생님의 책상 위에서 서류 더미를 치우고, 그 자리에 아이들의 이름을 올려놓아야 합니다.

제8장.

학교가 결정하고, 교육청이 실행한다

'서울형 자율–지원학교', 권한과 책임을 바로 세우는 길

1. 왜 '책임학교'가 아닌 '자율–지원학교'인가

한국 교육 현장에서 '책임'이라는 단어는 오랫동안 교사와 학교에 과도한 부담을 지우는 공포의 언어였습니다. 교육청이나 교육부가 말하는 책임은 "국가가 아이들을 끝까지 돌보겠다"는 숭고한 의지의 표현일지 모르나, 막상 학교 현장에 도착한 책임이라는 단어는 "사고가 터지면 너희가 다 뒤집어써야 한다"는 무거운 경고장처럼 받아들여졌습니다.

오랫동안 우리 교육의 작동 원리는 이랬습니다. 교육청은 정책을 기획하고 지시합니다. 학교는 그 지시를 수행합니다. 그리고 현장에서 문제가 터지면, 그 결과에 대한 문책은 고스란히 학교와 교사의 몫이 됩니다. 학교폭력 사건이 발생하면 언론은 "학교는 무엇을

했는가"를 묻고, 기초학력 미달자가 나오면 "교사가 수업을 제대로 했는가"를 따집니다.

권한은 위에 있고, 책임은 아래에 있는 이 기형적인 구조 속에서 학교는 스스로 무언가를 결정할 의지도, 능력도 서서히 잃어버렸습니다. 시키는 대로만 해도 벅찬데, 스스로 결정했다가 잘못되면 징계를 받아야 하는 상황에서 누가 혁신을 꿈꾸겠습니까? 결국 학교는 '무사안일'과 '방어적 행정'이라는 갑옷을 입고 스스로를 고립시켰습니다.

앞선 6장에서 우리는 교사를 행정 업무의 늪에서 건져내는 '행정 제로 스쿨'을 이야기했습니다. 이제 7장에서는 그보다 더 근원적인 질문을 던지려 합니다. 행정 업무가 사라진 그 텅 빈 자리에 무엇을 채울 것인가? 교사와 학교는 어떤 권한을 가져야 하는가? 그리고 교육청은 학교를 어떻게 도와야 하는가?

저는 그 해답으로 '**서울형 자율-지원학교**(Autonomy &Support School)' 모델을 제안합니다. 개념은 아주 단순하면서도 강력합니다.

"학교는 결정하고(Autonomy), 교육청은 실행을 돕는다(Support)."

이것은 단순히 학교에 자율권을 주면서 "이제부터는 너희가 알아서 해라" 하고 뒤로 빠지는 방임이 아닙니다. 학교가 학생을 위해 전문적인 판단을 내리면, 교육청은 그 판단이 현실이 되도록 인력, 예산, 시스템을 즉각 투입해 지원하는 구조입니다.

기존의 '책임학교'라는 말이 학교에 무거운 짐을 지우는 느낌이었다면, '자율-지원학교'는 학교가 본래의 교육적 역할을 온전히 수행할 수 있도록 날개를 달아주는 모델입니다. 학교가 교육의 주체로 우뚝 서고, 교육청은 그 주체를 받치는 든든한 플랫폼이 되는 것. 이것이 서울교육이 나아가야 할 새로운 거버넌스의 핵심입니다.

2. 서울 학교가 가진 구조적 한계: 손발이 묶인 거인

서울의 학교들은 덩치는 크지만 손발이 묶인 거인과 같습니다. 학생 수, 예산 규모, 교사의 전문성, 학부모의 관심도 등 모두 대한민국 최고 수준이지만, 정작 학교가 독자적으로 움직일 수 있는 범위는 놀랄 만큼 제한돼 있습니다. 6장에서 행정 업무의 과부하를 다루었다면, 여기서는 학교 운영 전체를 관통하는 구조적 모순을 세 가지로 요약해 봅니다.

첫째, 운영의 권한은 교육청에 있고, 결과의 책임은 학교에 있습니다. 교육과정 편성, 예산 사용, 교원 인사 등 학교 운영의 핵심적인 권한은 교육부 지침과 교육청 규정에 의해 촘촘하게 통제받습니다. 서울의 한 중학교 교장 선생님은 자조 섞인 목소리로 이렇게 말했습니다. "학교장이 재량껏 할 수 있는 것은 화단에 꽃을 심거나,

낡은 커튼을 바꾸는 정도뿐입니다." 반면, 학교폭력이 발생하거나 악성 민원이 터지면 그 무한 책임은 학교장과 교사가 져야 합니다. 어떤 사안은 언론 보도로 바로 이어지고, 어떤 사안은 소송과 형사 사건으로 비화하기도 합니다. 권한 없는 책임은 무력감을 낳고, 책임 없는 권한은 관료주의를 낳습니다. 이 무력감은 결국 "굳이 나서서 뭔가 바꾸려 하지 않는 문화"를 만들고, 학교를 가장 보수적이고 방어적인 조직으로 만듭니다.

둘째, 학교 내부 조직이 기능적으로 분절되어 있습니다. 오늘날 학교는 겉으로 보기에는 하나의 조직이지만, 실제로는 여러 개의 작은 조직이 한 건물 안에 묶여 있을 뿐입니다. 수업과 평가를 담당하는 교무실, 예산과 시설을 담당하는 행정실, 정서와 심리를 다루는 상담실, 생활지도를 맡은 인성부, 그리고 급식실과 돌봄교실까지. 그러나 이 조직들은 종종 서로 다른 언어, 다른 속도로 움직입니다.

학생 A에게 위기 상황이 발생했다고 가정해 봅시다. 교무, 생활, 상담, 행정이 동시에 유기적으로 움직여야 하지만, 현실에서는 각자 따로 움직입니다. 교사는 학부모에게 전화를 걸어 설명하고, 상담실은 상담 일정을 잡고, 생활지도 담당교사는 사안발생을 기록하고 규정을 따집니다. 그리고 행정실은 학생에게 지원할 예산을 챙깁니다. 아이의 문제는 복합적인데, 학교의 대응은 파편적입니다. 협업이 일어나지 않는 조직은 위기에 취약합니다. 위기 업무가 발생할수록 서로에게 책임을 떠넘기거나 "원래 우리 일이 아니다"라는 태도가 싹트기 쉽습니다.

셋째, 정책은 홍수처럼 쏟아지지만, 실행할 자원은 가뭄입니다. 서울의 학교들은 매년 수십, 수백 건의 공문과 신규 사업 안내를 받습니다. "올해는 AI 역량 강화를 위해…", "내년에는 지속 가능 발전 교육(ESD) 강화를 위해…", "디지털 교과서 도입에 따라…". 정책의 취지는 모두 훌륭합니다. 문제는 실행할 사람과 시간입니다. 별도의 전담 인력이나 시간은 주어지지 않습니다. 결국 기존 교사들이 수업 시간을 쪼개어 일을 떠맡습니다.[2)]

그 결과는 우리에게 너무나 익숙합니다. 계획서는 그럴듯하지만, 실제 현장에서의 실행은 '사진 몇 장 남기기'나 '보고서 쓰기'에 머물고 맙니다. 정책의 취지와 현장의 실행 사이에 깊은 골이 생기는 이유가 여기에 있습니다. 학교는 정책을 소화불량 상태로 억지로 삼키고 있는 것입니다.

이 세 가지 구조적 한계가 지난 10여 년 동안 서울교육의 혁신을 가로막아 온 진짜 벽입니다. 이제는 이 벽을 허물어야 합니다.

---

2) 학생 수가 줄어듦에 따라 교사 수도 계속 줄이고 있는 추세이다. 학교의 업무량은 큰 학교(학급 수가 많은 학교)나 소규모 학교(학급 수가 적은)나 같은데, 학생 수에 따라 학급 수를 줄이고 교사 수도 줄이니 규모가 작은 학교에서는 거의 아우성의 수준이라는 지적이 많다. 2026년도에는 더 줄인다고 하니 업무를 서로 맡지 않으려고 하는 등 현장에서는 갈등이 깊어가는 실정이다.

3. 서울형 자율-지원학교의 기본 철학

서울형 자율-지원학교는 단순한 행정 개편이나 조직도 수정이 아닙니다. 학교를 바라보는 관점 자체를 바꾸는 철학적 전환입니다.

1. 학교가 학생을 가장 잘 압니다. 교육감이나 교육청 과장이 학생을 잘 알까요, 아니면 교실에서 매일 아이들과 부대끼는 담임 선생님이 잘 알까요? 답은 자명합니다. 학생의 학습 맥락, 정서 상태, 가정환경, 발달 단계, 심지어 친구 관계의 미묘한 변화까지 가장 잘 이해하는 조직은 바로 단위 학교입니다. 그렇다면 교육과정, 예산, 생활지도 방식 등 본질적인 교육 결정은 교육청이 아니라 학교가 하는 것이 가장 합리적이고 효율적입니다. 서울형 자율-지원학교는 이 자명한 사실을 교육 시스템 수준에서 인정하고, 구조에 반영하는 모델입니다.
1. 자율권은 지원이 있어야 작동합니다. 권한만 넘겨주고 예산과 인력을 주지 않는 것은 '자율'이 아니라 '방기'이자 '떠넘기기'입니다. "자율적으로 프로그램을 운영하라"면서 예산과 행정 지원은 그대로 두고, 시행착오는 학교가 감당하라고 요구하는 구조는 사실상 "책임만 떠넘기는 구조"일 뿐입니다. 서울형 자율-지원학교는 "자율은 곧 권한과 실행 능력의 결합"이라고 정의합니다. 학교가 스스로 결정한 일을 실현할 수 있도록, 교육청은 '플

랫폼'이 되어 필요한 자원을 즉시 연결하고 조정하는 역할을 맡습니다.

1. 책임은 '처벌'이 아니라 '전문성'입니다. 지금까지 교육 현장에서 책임(Accountability)은 거의 항상 "사고가 나면 누가 징계를 받는가"의 문제로 다뤄졌습니다. 그래서 학교는 사고가 안 나게 하는 데만 골몰했습니다. 서울형 모델에서 책임은 다르게 정의됩니다. "학교가 스스로 내린 교육적 결정을 끝까지 실천해 내는가"라는 전문성 기반의 책무성입니다. 처벌을 피하기 위한 소극적 행정이 아니라, 아이들을 위한 적극적 행정을 보호하고 장려하는 문화가 필요합니다. 실패하더라도 시도하는 학교가 아무것도 하지 않는 학교보다 낫다는 믿음이 필요합니다.

4. 서울형 자율-지원학교 운영 모델: 3대 축의 혁신

이 모델은 자율권 강화, 지원체계 혁신, 전문성 분리라는 세 가지 축으로 설계됩니다.

① 학사 · 교육과정 자율권 강화: "우리 학교만의 색깔을 입히다"
서울형 자율-지원학교는 학교가 스스로 교육의 방향을 정할 수 있게 합니다. 획일적인 진도 나가기에서 벗어나 "우리 학교만의 색깔"을 입히도록 돕습니다.

- **교육과정 재구성권:** 강북의 한 중학교를 예로 들어봅시다. 이 학교는 오래된 주거 지역과 다문화 가정이 섞여 있는 곳에 있습니다. 서울형 모델이 도입되면, 이 학교는 다문화 가정 학생이 많은 현실을 반영해 '언어 · 문화 이해' 과목을 신설하거나, 진로에 불안을 느끼는 학생들을 위해 '지역 사회 연계 창업 프로젝트' 과정을 설계할 수 있습니다. 이러한 재구성이 학교의 얼굴을 바꾸는 일입니다.
- **평가 자율권:** 줄 세우기식 지필고사 비중을 줄이고, 과정 중심 평가나 논 · 서술형 평가를 학교가 자율적으로 설계하여 운영할 수 있습니다. 예를 들어, 어떤 고등학교는 수학 과목에서 중간 · 기말고사를 줄이고 "프로젝트형 평가와 구두 발표 평가"를 병행할 수 있습니다. 이때 교육청의 역할은 "그런 평가를 해도 되냐, 안 되냐"를 따지는 것이 아니라, 그 평가 방식이 공정하게 정착되도록 AI 채점 도구 등을 지원하는 것입니다.
- **생활 규정 자율권:** 교육청의 일괄적인 벌점 규정이나 지침 대신, 학생-학부모-교사가 치열한 토론을 통해 우리 학교만의 생활 협약을 만들고 적용합니다. 복장 규정, 휴대전화 사용, 지각 처리 방식, 교내 갈등 해결 절차 등 이 모든 것을 '규정'이 아니라 '합의된 약속'으로 만들어 갈 수 있습니다. 스스로 만든 규칙을 지킬 때 아이들은 시민으로 성장합니다.

② **지원체계 혁신: "학교가 부르면 교육청이 응답한다"** 서울형 모

델의 가장 큰 차별점은 학교가 결정을 내리면, 교육청이 즉시 실행을 지원하는 체계(Platform)를 갖춘다는 데 있습니다. 오늘날 많은 교장 선생님들은 이렇게 푸념합니다. "학교가 뭘 하고 싶어도, 결국 행정과 예산이 안 따라주면 말뿐입니다." 서울형 자율-지원학교는 바로 이 대목을 정면으로 바꿉니다.

- **AI 행정지원**: 공문 기안, 보고서 작성, 데이터 취합과 요약 등 단순 반복 업무는 교육청이 구축한 서울형 AI 행정 플랫폼이 대신 처리합니다. "○○ 사업 결과보고서 작성", "학사운영 실태 조사 양식 제출" 같은 문서들은 AI가 NEIS와 학교 기록을 기반으로 1차 초안을 만들고, 교사는 핵심 내용만 검토 · 수정하는 구조로 전환합니다.
- **운영 지원 (시설/안전/계약)**: 시설 공사, 각종 계약, 안전 점검, 노동 관련 이슈 등은 학교가 가장 부담스러워하면서도 전문성이 부족한 영역입니다. 서울형 모델에서는 교육지원청 전담팀이 학교의 요청에 따라 직접 현장에 투입되고, 계획부터 진행, 점검까지 책임지는 시스템을 구축합니다.
- **학생 지원 (위기/갈등)**: 심각한 학교폭력, 자해 · 자살 위험이 있는 고위기 학생, 복잡한 가정 문제를 안고 있는 학생의 경우, 지금은 대부분 학교가 첫 대응부터 마지막 절차까지 떠맡고 있습니다. 서울형 자율-지원학교에서는 학교가 구조 요청(SOS)을 보내면 교육청의 위기대응팀, 전문상담사, 법률 자문팀이 학교와 함께 초기 조사부터 후속 조치까지 동행합니다.

"학교가 부르면 교육청이 응답한다." 이 문장은 단지 수사가 아니라, 서울형 모델이 반드시 지켜야 할 운영 원칙입니다.

③ 학교 내부 3대 전문조직 구조: "가르치는 일과 운영하는 일을 나누다" 지금까지 한국의 학교는 "교사가 할 수 있으면 교사가 하고, 안 되면 행정실이 도와주는 구조"에 머물렀습니다. 서울형 자율-지원학교는 학교 내부 조직을 기능별로 명확히 분리하여 전문성을 높이고, 책임을 명료하게 만듭니다.

- **교육 조직** (Teacher): 수업과 평가, 학생 상담과 코칭, 전문적 학습공동체 운영을 전담하는 조직입니다. 이 조직에서 교사는 "반 행정 서기"가 아니라 '수업 전문가'로 자리 잡습니다.
- **운영 조직** (Operations): 운영 조직은 기존의 '행정 보조' 수준을 넘어서 학교 운영을 전문적으로 책임지는 조직으로 재편됩니다. 하지만 이는 행정직원의 업무가 늘어난다는 뜻이 아닙니다. 우선 중복 보고, 관행적 문서 작업, 단순 입력 업무 등을 정리하고, AI 기반 자동화로 전체 행정업무의 총량을 줄인 뒤, 남은 핵심 업무만을 운영 전문 인력이 담당하는 구조입니다. 이 과정은 학교 전체의 업무 방식이 경량화 되고 전문화되는 전환을 통해 전문성과 위상을 높이는 방식입니다.
- **학생지원 조직** (Support): 상담교사, 보건교사, 학교사회복지사, 전문상담사, 생활지도 전담 인력 등으로 이루어진 학생지원팀을 별도의 축으로 세웁니다. 정서 지원, 갈등 중재, 학폭

예방 및 초기 개입, 위기 학생 관리를 전담합니다. 이 조직은 "생활지도 = 훈계 · 징계"가 아니라 "관계 · 회복 · 예방 중심"의 새로운 문화를 만드는 데 핵심 역할을 하게 됩니다.

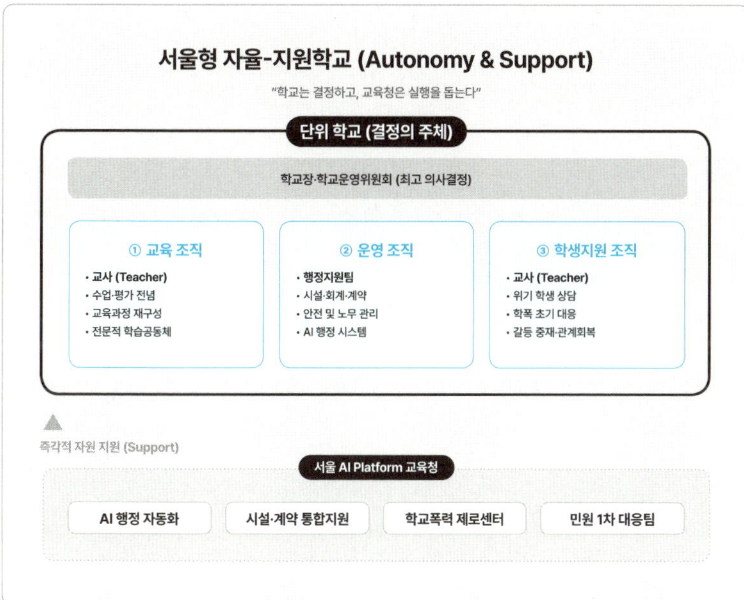

이 구조는 학교를 '가르치는 곳'이면서 동시에 '안전하게 운영되는 곳', '아이들을 돌보는 곳'이라는 세 가지 기능이 맞물려 돌아가는 작지만 완전한 하나의 시스템으로 만듭니다.

5. 해외 사례로 본 서울형 모델의 타당성

학교가 스스로 판단하고 결정할 수 있는 힘을 갖추는 일은 새로운 발상이 아닙니다. 이미 교육 선진국들은 오래전부터 이 방향으로 움직여 왔습니다. 이들은 모두 자율성은 대규모 지원에 의해 뒷받침 되었다는 공통점이 있습니다. 즉, "학교가 알아서 하라"는 방기가 아니라, 뒤에서 교육청 · 지자체가 대규모로 지원을 제공해 왔다는 것입니다. 이 점은 서울형 자율-지원학교를 이해하는 데 가장 핵심적인 배경이 됩니다.

첫째, 핀란드의 '자율+지원' 시스템입니다. 유럽연합 교육정보망(Eurydice)은 핀란드 학교들이 교육과정 편성, 예산 운용, 인사까지 광범위한 자율성을 행사한다고 설명합니다(Eurydice, 2024). 이는 중앙이 세부적인 지침을 내리는 대신, 각 학교와 지자체가 학생들의 특성과 지역 상황에 맞게 교육을 설계하도록 허용하는 체제입니다. 세계은행(World Bank) 역시 핀란드의 교원 인사권은 중앙정부가 아니라 지방 교육위원회(local education boards)가 행사한다는 점을 강조합니다(World Bank, 2022). 즉, 핀란드는 학교가 교육적 판단을 내릴 수 있도록 충분한 권한을 주고, 지자체가 그 결정을 실행해 낼 수 있는 조건을 보장하는 '자율+지원' 시스템을 오래전부터 정착시켜 온 셈입니다.

둘째, 캐나다 브리티시컬럼비아(BC)주의 '관계회복' 문화입니다.

이곳은 학교 안에서 일어나는 갈등과 생활 문제를 사법적 절차보다 '관계회복'을 중심에 놓는 독특한 문화를 만들어 왔습니다. BC주는 'Safe and Caring School Communities(안전과 돌봄학교 공동체)' 정책을 통해 학교가 학생의 행동을 이해하고 회복시키는 과정을 우선하도록 명시합니다(Government of British Columbia, 2024). 또한 캐나다의 '회복적 실천자료 프로젝트(Restorative Practice Resource Project(2019))'는 학교 내 갈등을 회복적인 방식으로 다룰 때 학생들의 정서적 안정과 공동체 의식이 오히려 강화된다는 보고를 남겼습니다. 이러한 접근이 북미 지역 전체로 확산되면서, 학교는 더 안전해지고 선생님은 학생과의 관계에 집중할 수 있게 되었습니다(Restoration Project, 2019; Kelty Mental Health, 2025).

셋째, 일본의 '행정 떼어내기' 실험입니다. 일본의 경우는 또 다른 측면을 보여 줍니다. 일본 문부과학성(MEXT)은 최근 보고서에서 일본 교사들이 OECD 국가 중 가장 긴 업무시간과 높은 행정·민원 부담을 안고 있다면서 근무방식 개혁(Work-Style Reform)을 핵심 과제로 제시했습니다(MEXT, 2024). 여기서 일본이 선택한 해법은 '행정을 교사에게서 떼어내기'였습니다. 행정전담 인력인 스쿨 클러크(School Clerk)를 확대 배치하고, 학교를 교육·행정·상담조직이 함께 움직이는 '팀 학교' 체제로 재구조화하려는 노력이 이어졌습니다(Mainichi, 2025; Education International, 2025). 일본의 변화는 한 가지 사실을 분명히 보여줍니다. 교사가 모든 일을 떠맡는 구조로는 교육의 질을 유지하기 어렵다는 것입니다.

넷째, 네덜란드의 '투명한 자율성'입니다. 네덜란드는 학교 운영 자율성을 이야기할 때 빠지지 않는 나라입니다. OECD는 네덜란드를 "학교 운영 · 예산 · 교육과정에서 세계적으로 가장 높은 수준의 자율성을 가진 국가"라고 평가합니다(OECD, 2016). 한편 Stevenson과 Honingh(2021)의 연구는 네덜란드의 학교이사회(School Boards)가 여러 학교를 관할하면서도 강한 자율성과 책임을 동시에 가진 독특한 구조를 설명합니다. 이 구조는 중앙정부가 학교의 세부를 직접 통제하지 않고, 학교이사회가 필요한 결정을 내리되 운영의 투명성과 책임성을 엄격히 관리하는 방식입니다(Stevenson et al., 2021). 또한 네덜란드 공공관리 스쿨(NSOB)의 분석은 네덜란드 교육을 "중앙 통제의 최소화와 분산된 자율성(distributed autonomy)의 결합"이라고 정의합니다(Steen, 2018).

이 네 나라의 사례를 관통하는 공통점은 분명합니다. 학교가 학생을 가장 가까이에서 보고 이해하는 만큼 학교가 교육적 결정을 내릴 권한을 가져야 한다는 믿음입니다, 그리고 그 결정을 실행할 수 있도록 뒷받침하는 교육청 · 지자체의 강력한 지원 구조가 있어야 한다는 것입니다. 서울형 자율-지원학교 모델은 바로 이 지점에서 출발합니다.

6. 자율-지원학교가 만들어낼 변화

서울형 자율-지원학교가 정착되면 학교는 어떻게 달라질까요?

학생들에게는 "나를 보는 어른이 늘어나는 학교"가 됩니다. 더 따뜻하고 세심한 학교가 됩니다. 선생님이 행정 업무에 치여 나를 못 본 척하는 일이 줄어듭니다. 내 이야기를 들어줄 상담 선생님, 중간에서 조정해 줄 생활지원 선생님이 실제로 곁에 있게 됩니다. 학교는 통제와 처벌의 공간이 아니라 안전하고 예측 가능한 공간이 됩니다.

교사들에게는 "수업 전문가로 다시 서는 학교"가 됩니다. 교사가 자존감을 되찾는 학교가 됩니다. "내가 교사인지 행정 서기인지 모르겠다"는 자조 대신, "나는 수업을 설계하고, 학생을 성장시키는 전문가"라는 정체성을 회복하게 됩니다. 불필요한 잡무에서 해방되어 아이들의 눈을 맞추고, 수업을 연구하고, 동료 교사와 함께 공부하는 진짜 교사의 삶을 살 수 있게 됩니다.

행정직원들에게는 "학교 운영 전문가로 인정받는 학교"가 됩니다. 단순히 교사 뒤를 치워주는 보조 인력이 아니라, 학교의 예산 · 시설 · 안전을 책임지는 '학교 운영 전문가(School Operations Officer)'로 자기 역할이 재정의됩니다. 업무가 늘어나는 것이 아니라, 업무의 성격이 "잡무 중심"에서 "전문 업무 중심"으로 바뀌는 것입니다.

학부모들에게는 "믿을 수 있는 학교"가 됩니다. 학교 운영이 보다 투명하게 공개되고, 문제가 발생했을 때 학교와 교육청이 어떻게 함께 대응하는지 절차와 책임이 보다 명확해집니다. "우리 아이를 맡겨도 되겠다"는 신뢰는 결국 학교 시스템에 대한 신뢰에서 나옵니다.

7. 결론: 통제에서 신뢰로, 서울형 자율-지원학교가 여는 미래

우리는 지금까지 서울교육이 갇혀 있던 '통제의 감옥'과, 그 빗장을 풀고 나아갈 '자율의 광장'에 대해 이야기했습니다. 긴 논의를 마치며, 저는 '서울형 자율-지원학교'가 우리 교육에 던지는 시사점을 다시 한번 명확히 하고자 합니다.

첫째, 이것은 행정의 효율화를 넘어선 '교육 본질의 회복' 선언입니다. 서울형 자율-지원학교 모델은 단순히 학교 행정실에 사람 몇 명 더 뽑아주는 차원의 이야기가 아닙니다. 교사가 행정 업무를 내려놓는다는 것은 단순히 몸이 편해진다는 뜻이 아닙니다. 그것은 교사가 아이들의 눈빛을 읽고, 그들의 고민을 듣고, 수업을 고민할 '정신적 여유'를 되찾는다는 것을 의미합니다. 선생님이 아이를 깊이 있게 바라볼 때 비로소 '지 · 덕 · 체(Thinking-Being-Living)'의 전인적 교육이 시작될 수 있습니다. 행정의 칸막이를 걷어낸 자리에 우리는 교육의 본질을 다시 채워 넣어야 합니다.

둘째, 획일적인 '붕어빵 교육'과의 결별입니다. 그동안 우리는 "모든 학교가 똑같이 움직여야 공정하다"는 잘못된 믿음을 가지고 있었습니다. 그러나 강남의 학교와 강북의 학교, 주거 밀집 지역의 학교와 구도심의 학교가 처한 상황은 너무나 다릅니다. 권한을 학교로 내려 보내고, 학교가 스스로 처방전을 쓰게 하는 것. 그리고 교육청은 그 처방이 잘 작동하도록 강력하게 뒷받침하는 것. 이것이 진정한 의미의 공정이며 다양성입니다. 1,300개의 학교가 1,300개의 다른 색깔로 빛날 때, 우리 아이들의 꿈도 다양해질 수 있습니다.

셋째, '감시와 처벌'에서 '지원과 성장'으로의 거버넌스 대전환입니다. 학교 내부의 전문성을 조직적으로 분리하여 교육 · 행정 · 복지가 톱니바퀴처럼 맞물리게 하는 것, 이것은 서울교육의 판을 완전히 새로운 구조로 재정렬하는 '구조 개혁'입니다. 더 이상 학교를 잠재적인 피감기관으로 보지 않고, 교육청의 동반자이자 플랫폼의 주체로 격상시키는 것입니다. 신뢰받은 학교는 성장합니다. 지원받은 교사는 열정을 불태웁니다.

이 모델은 서울교육이 지난 수십 년간 유지해 온 '지시 · 감독 · 통제 체계'를 마감하고, '학교 중심 · 자율 혁신 체계'로 나아가는 대전환을 의미합니다. 인구 절벽과 AI의 파도가 밀려오는 지금, 우리에게는 머뭇거릴 시간이 없습니다. 과거의 낡은 관행을 답습하며 서서히 침몰할 것인가, 아니면 과감하게 닻을 올리고 새로운 교육의 바다로 나아갈 것인가. 답은 정해져 있습니다.

학교가 살아야 교육이 삽니다. 학교가 결정하고, 교육청이 돕는 이 새로운 질서 위에서, 서울의 교육 르네상스는 비로소 꽃피울 수 있을 것입니다. 이것은 선택이 아니라, 우리 교육이 살아남기 위한 유일한 길입니다.

III부

도구와 미래 :
단 한 명의 우주를 위한 설계도

– AI와 데이터, 그리고 시민의 힘으로 여는 10년

제9장.

AI 시대의 학교

위협받는 교실, 기회의 교실

1. 들어가는 글: 2024년 5월, 어느 교무실의 풍경

(1) 의심과 신뢰 사이에서 길을 잃다

2024년 5월, 서울의 한 고등학교 교무실. 창밖에는 라일락이 피었지만, 20년 차 국어 교사 김 선생님의 책상 위에는 무거운 침묵이 흐릅니다.

김 선생님은 2학년 3반 박민수(가명) 학생이 제출한 수행평가 에세이를 30분째 들여다보고 있습니다. 주제는 'AI 윤리와 인간의 존엄성'.

"인간의 존엄성은 알고리즘으로 환원될 수 없는 고유한 주체성에서 기인하며…"

문장은 유려하고 논리는 빈틈이 없습니다. 각주까지 달려 있습니다. 대학원 논문에서나 볼 법한 표현이 자연스럽게 흘러나옵니다. 그런데 김 선생님은 알고 있습니다. 지난 3월부터 민수가 써 온 글들, 쪽지시험의 짧은 문장들, 수행평가 초안에서 드러난 어휘력과 문체를. 문장의 호흡, 쉼표의 위치, 단어 선택까지 모든 것이 낯섭니다.

"이걸 민수가 썼을까? 아니면 챗GPT가 썼을까?"

의심이 고개를 듭니다. 그러나 그 의심을 입 밖으로 꺼내는 순간, 교실의 공기는 완전히 달라집니다. "민수야, 이거 네가 쓴 거 맞니?"라는 한 마디는 단순한 확인이 아니라, 아이에게 "너를 믿지 못하겠다"는 선언처럼 들릴 수 있습니다. 학부모 민원도 머릿속을 스칩니다.

"선생님이 우리 아이를 처음부터 컨닝범으로 보는 거냐"

그렇다고 그냥 만점을 줄 수도 없습니다. 밤새워 도서관에서 자료를 찾고, 서툴지만 자기 언어로 문장을 만들어 온 다른 학생들의 노력이 떠오릅니다. 공정성은 어디에 두어야 할까요?

이것이 AI 시대 교실의 딜레마입니다. 예전에는 붉은 펜으로 문장을 고치고, "여기 표현이 좋다"라고 칭찬해 주면 그만이었지만, 이제 교사는 눈에 보이지 않는 제3의 필자, 생성형 AI의 그림자를 늘 의식해야 합니다. 물증 없는 심증이 교실을 떠돕니다. AI라는 보이지 않는 유령이 교사의 권위와 평가의 공정성을, 그리고 교사-학생 사이의 신뢰 관계를 서서히 잠식하는 순간입니다.

사실 이 문제는 개인 교사의 도덕성이나 학생의 양심을 넘는, 구조적 문제입니다. 교육부는 "AI 활용교육을 장려하라"고 하고, 입시와 평가 시스템은 여전히 "너의 순수한 개인 능력을 증명하라"고 요구합니다. "AI를 쓰라"와 "절대 쓰면 안 된다"는 두 개의 상반된 메시지가 같은 교실에서 동시에 울리는 셈입니다. 아이와 교사는 그 사이에서 매일 줄타기를 합니다.

(2) 영혼이 파괴된 아이들

같은 시각, 옆 반 담임선생님은 사색이 되어 있습니다. 손에 쥔 스마트폰 화면을 차마 똑바로 보지 못합니다. 우리 반 여학생의 얼굴이 합성된 딥페이크 음란물이 텔레그램 방에 유포되었다는 제보를 받았기 때문입니다.

더 충격적인 것은 가해자로 지목된 아이가 평소 조용하고 모범적이었던 같은 반 남학생이라는 사실입니다. 피해 학생은 "학교에 가기 싫다, 그냥 죽고 싶다"며 울부짖고, 가해 학생은 "그냥 장난이었다, 합성이 신기해서 해봤을 뿐이다"라며 고개를 숙입니다.

경찰청의 최근 집중단속 결과를 보면, 딥페이크 성범죄 피의자의 상당수가 10 · 20대 청소년 · 청년층입니다. 2024년 경찰청은 딥페이크를 포함한 사이버성폭력 4000여 건을 단속하며, 피의자 중 절반 가까이가 10대였다고 발표했습니다. 특히 딥페이크 성범죄의 경우 10~20대가 90% 이상을 차지한다는 분석도 나옵니다.(경향신문, 2025. 11. 16.)

우리가 "디지털 네이티브"라고 부르며 기술 친숙성을 자랑스러워하던 아이들이, 그 기술을 '재미'와 '장난'의 이름으로 남의 인격을 파괴하는 도구로 쓰고 있는 현실입니다.

기술은 교실의 가장 밑바닥에 있는 '신뢰'와 '안전'을 산산조각 냅니다. 어제까지 함께 웃고 떠들던 친구가, 오늘은 내 얼굴을 훔쳐 음란물을 만드는 세상. 아이들은 서로를 잠재적 가해자로 의심합니다. "내 사진도 어딘가에 돌아다니고 있는 건 아닐까?" 하는 공포가 교실 공기를 지배합니다.

학교의 대응은 한 발 뒤에 있습니다. 가해 계정은 해외 서버를 우회하고, 영상은 몇 분 만에 수십, 수백 개의 채널로 퍼져 나갑니다. 그런데도 학교폭력 매뉴얼은 여전히 "진술서 작성 – 대질 조사 – 화해 권고 – 심의위원회 개최"라는 20세기 절차에 머물러 있습니다. 딥페이크라는 21세기형 폭력 앞에, 우리는 20세기식 연필과 종이로 대응하고 있는 셈입니다.

지금 학교는 거대한 'AI 쓰나미' 앞에 서 있습니다. 교육부와 에듀테크 기업들은 AI가 가져올 '맞춤형 교육'과 '학습 혁명'을 이야기합니다. OECD와 유네스코도 AI가 학습 맞춤화와 교사 지원에 잠재력이 크다고 인정하면서도, 공정성과 윤리, 개인정보 보호, 불평등 심화를 동시에 경고합니다.(OECD Digital Education Outlook 2023)

AI는 학교를 구할 구원자일까요, 아니면 공교육을 붕괴시킬 파괴자일까요? 분명한 사실은 하나입니다. 우리가 머뭇거리는 사이, 기술은 이미 학교의 담장을 넘어 아이들의 삶과 관계, 그리고 영혼

깊숙한 곳까지 파고들고 있다는 것입니다.

2. 첫 번째 파도: 위협받는 교실 (Fact Check &Diagnosis)

(1) 딥페이크, 장난이 아니라 '영혼의 살인'

딥페이크 성범죄는 더 이상 가십 기사로 소비할 수 있는 사건이 아닙니다. 피해자의 얼굴과 이름은 익명으로 가려지지만, 그들이 겪는 공포와 수치심, 삶의 붕괴는 너무도 구체적입니다. 어떤 피해자는 "온라인 어디를 가도 내 얼굴이 따라오는 것 같다"고 고백합니다. 삭제해도 삭제되지 않는 상흔, 데이터로 남는 폭력입니다.

경찰청과 언론 보도를 보면, 딥페이크 허위영상물 범죄는 매년 가파르게 늘고 있습니다. 2021년 156건이던 관련 범죄 발생 건수가 2024년에는 상반기만 300건 가까이 되는 것으로 보고되었고, 경찰은 별도의 특별단속을 벌일 정도로 긴급성을 느끼고 있습니다.(경찰청 누리집 보도자료, 2024. 8. 27)

여기서 중요한 것은, 가해자의 다수가 청소년·청년이라는 점입니다. "재미로 했다", "이 정도가 범죄인 줄 몰랐다"는 말은 변명이 되지 않지만, 동시에 우리 교육이 얼마나 기술과 윤리에 대한 기본 교육을 소홀히 해 왔는지 보여주는 지표이기도 합니다.

딥페이크는 두 가지 차원에서 학교를 위협합니다.

첫째, 피해자의 삶을 송두리째 흔듭니다. 신체 접촉이 한 번도 없었더라도, 피해자는 자신의 몸과 얼굴이 디지털 공간에서 '강간당했다'고 느낍니다. 교실과 복도, SNS와 채팅방 곳곳이 불안한 공간이 됩니다. 친구의 시선, 선생님의 시선도 믿기 어렵습니다.

둘째, 교실 전체의 신뢰를 붕괴시킵니다. 아이들은 "누가 나를 찍고 있을지 모른다"는 불안을 갖게 되고, 서로를 잠재적 가해자로 의심합니다. 또한 가해자로 지목된 아이 역시 "그냥 합성이 신기해서 해봤다"는 말 뒤에 숨어 있지만, 디지털 시민으로서의 책임감과 공감 능력이 얼마나 결핍되어 있는지 드러납니다.

이 문제는 기술의 문제가 아니라 '윤리와 시민성 교육의 실패'입니다. 지금까지의 정보교육은 코딩, 엑셀, 파워포인트, 자격증 준비에 치우쳐 있었습니다. 하지만 AI 시대의 정보교육은 "기술을 잘 쓰는 법"이 아니라 "기술로 타인의 존엄을 침해하지 않는 법", 즉 디지털 인권과 윤리를 중심에 두어야 합니다.

시사점은 명확합니다.

딥페이크 · 사이버폭력을 학교폭력의 핵심 카테고리로 재정의하고, 정보 · 도덕 · 사회 과목 전반에 디지털 시민성(Digital Citizenship) 교육을 통합해야 하며, 학교 · 교육청 · 경찰 · 플랫폼 기업이 함께 대응하는 통합 보호 시스템이 필요합니다.

(2) 2026 수능과 평가의 종말: "암기는 끝났다"

AI는 폭력만이 아니라 '평가의 의미'도 흔들어 놓고 있습니다. 한국은 2028학년도 대학입시제도 개편을 예고하며, 수능 과목 구조와 등급 체계를 바꾸고 있습니다. 그러나 정작 더 근본적인 질문, "AI 시대에 무엇을 평가해야 하는가"에 대해서는 아직 충분한 사회적 합의가 이뤄지지 않았습니다.

이미 대학에서는 변화의 전조가 나타나고 있습니다. 몇몇 대학은 챗GPT 사용을 허용한 오픈북 시험, 프로젝트형 평가를 시도했습니다. 흥미로운 사실은, AI에게 답을 쓰게 한 학생보다, AI가 준 답을 비판적으로 분석하고 재구성한 학생이 더 좋은 평가를 받았다는 점입니다. 결국 "정답을 빨리 찾아오는 능력"보다 "질문을 잘 던지고, 자료를 해석하고, 맥락 속에 재구성하는 능력"이 더 중요한 시대가 온 것입니다.

반면 초·중·고 학교 현장은 여전히 '기기 압수–비밀번호 제출–부정행위 색출'이라는 낡은 프레임에 매달립니다. 머지않아 안경, 시계, 콘택트렌즈, 심지어 소형 보청기 형태로 AI 비서가 탑재될 것입니다. 이 모든 것을 물리적으로 통제하는 것은 사실상 불가능합니다.

학생들은 묻습니다. "선생님, 검색하면 0.1초 만에 나오는 연도를 왜 제가 외워야 하죠?" 이 질문은 단순히 시험 범위를 줄여달라는 요구가 아닙니다. '인간이 해야 할 일'과 '기계가 대신해도 되는 일'의 경계를 다시 그어달라는 요구입니다.

AI 시대의 평가는 다음과 같이 변화해야 합니다.

무엇을 아는가(What)에서 어떻게 생각하는가(How)로, 결과(Output)에서 과정(Process)으로, 개인의 머릿속 지식에서 AI를 포함한 도구 활용 능력으로.

영국의 자격시험 감독청(Ofqual)은 2024년 'AI 활용에 대한 규제 원칙'을 발표하며, AI가 평가에 개입할 때 공정성과 투명성, 책임성을 어떻게 확보할지에 대한 기준을 제시했습니다.(영국정부 Ofqual 정책보고서, 2024. 4. 24.) 우리도 "AI를 쓰면 부정행위, 안 쓰면 모범생"이라는 이분법을 넘어서, AI를 포함한 환경에서 학생이 어떤 역량을 발휘하는지를 측정하는 방향으로 평가를 재설계해야 합니다. 시사점은 분명합니다. 지금 우리가 바꾸지 않으면, AI가 아니라 입시제도가 공교육을 무너뜨릴 것입니다.

3. 두 번째 파도: 격차의 확대 — '사교육 AI' vs '공교육 AI'

(1) 사교육 시장의 'AI 튜터': F1 레이싱카를 탄 아이들

이미 대치동과 온라인 사교육 플랫폼에서는, AI가 일상을 넘어 "입시의 엔진"이 되었습니다. 월 구독료 10만~20만 원대의 AI 학습 서비스는 다음과 같이 진화하고 있습니다.

학생의 풀이나 오답 데이터를 수천 개 이상 쌓아 오답 패턴을 분석하고, "너는 음수 계산에서 부호를 자주 틀린다", "도형 문제는 잘 풀지만 분수 텍스트 문제에 약하다"는 진단을 내리며, 그 학생만을 위한 맞춤 문제 세트와 복습 계획을 즉시 제시합니다.

과거 고액 과외 선생님이 하던 역할을 AI가 맡고 있는 셈입니다.

경제력과 정보력이 있는 집단은 이 'AI 튜터'를 자녀의 두 번째 두뇌로 붙여주고 있습니다.

여기에 AI 기반 진로 · 진학 컨설팅까지 결합하면, 상위계층 학생들은 "학습 – 입시 – 진로"의 전 과정에서 고성능 레이싱카를 타고 질주하게 됩니다. OECD와 여러 연구는 AI 기술이 교육에서 새로운 불평등(디지털 · AI 디바이드)을 초래할 수 있다는 점을 반복해서 경고하고 있습니다.(OECD Digital Education Outlook 2023)

(2) 공교육의 현실: 바퀴 빠진 자전거를 탄 아이들

반면 공교육은 어떻습니까?

교육청은 "디지털 전환"과 "1인 1기기"를 내세우며 예산을 투입하지만, 기기를 나눠주는 것과 실제 학습의 질을 높이는 것 사이에는 큰 간극이 있습니다.

여러 시 · 도에서 태블릿 PC를 보급했지만, 현장 이야기를 들어보면 이런 말이 나옵니다.

"태블릿을 켜면 쓸만한 건 유튜브 뿐입니다." "30명이 동시에 접속하면 와이파이가 먹통이 돼요." "기기 고장 · 충전 · 업데이트 관리만으로도 하루가 갑니다."

하드웨어는 있지만, 질 높은 공공용 AI 소프트웨어는 부족합니다. 무료 앱은 광고와 개인정보 문제에 취약하고, 수준 높은 에듀테크 서비스는 유료라 학교 단체계정으로 사용하기 어렵습니다. 결국 부유한 집 아이는 집에서 '사교육 AI'를 통해 정교한 학습을 계속하고, 그 외의 아이들은 학교에서 지급한 기기로 영상 플랫폼을 소비하는 시간만 늘어나는 악순환이 생길 위험이 큽니다.

(3) AI 디바이드: 새로운 계급의 탄생

AI를 잘 쓰는 아이와 그렇지 못한 아이, AI에 접근할 수 있는 집과 그렇지 못한 집 사이의 격차는 단순한 성적 차이를 넘어 "인생 궤적의 차이"로 이어질 수 있습니다.

OECD는 AI가 교육에 미치는 영향을 분석하면서, 가장 중요한 과제가 "공정한 접근과 활용(Equity of access and use)"이라고 강조합니다. AI가 공교육의 일부가 되지 못하면, AI 교육은 곧 '부모의 소득 수준에 따라 갈리는 사교육 특권'이 되어버립니다.

시사점은 분명합니다. 사교육이 먼저 선점한 AI를 공교육이 뒤쫓는 구조로는 절대 격차를 줄일 수 없습니다. 국가와 교육청이 주도해 "공공 AI 플랫폼"을 구축하고, 모든 학생에게 일정 수준 이상의 AI 튜터 · 진로상담 · 학습분석 서비스를 무상 제공해야 합니다. AI는 선택과목이 아니라, "공교육이 책임져야 할 기본권 인프라"가 되어야 합니다.

4. 기회의 교실: 공교육, AI의 등에 올라타라

그렇다면 우리는 AI를 학교에서 추방해야 할까요? 스마트기기를 걷어내고 칠판과 분필로 돌아가야 할까요?

답은 명확합니다. 파도를 막을 수 없다면, 파도 타는 법을 배워야 합니다.

AI는 공교육이 오랫동안 꿈꾸었지만, 비효율과 예산 문제 때문에 구현하지 못했던 두 가지를 가능하게 합니다.

- 완전학습(Mastery Learning) — "이 아이가 이 개념을 정말 이해했는가?"를 끝까지 책임지는 수업
- 개별화 교육(Personalised Learning) — "이 아이에게 지금 필요한 것은 무엇인가?"에 따라 진도 · 자료 · 설명을 달리하는 수업

(1) '하이터치 하이테크(High Touch, High Tech)' 혁명

AI와 교사의 역할을 구분해 보면 훨씬 선명해집니다. AI는 지식 전달 · 연습 문제 생성 · 채점 · 패턴 분석을 잘합니다. 교사는 동기 부여 · 관계 형성 · 정서 지원 · 의미 부여를 잘합니다.

미국 교육부는 'AI와 교직의 미래' 보고서에서 AI가 교사를 대체하는 것이 아니라, 오히려 교사의 시간을 되찾아 줄 수 있다고 분석합니다.(2023. 5) 중요한 것은 AI를 '교사 대신' 쓰느냐, '교사를 돕는 비서'로 쓰느냐 입니다.

앞서 제시한 수학 수업 시나리오는 하나의 예입니다. 예전에는 교사가 분필로 판서를 하며 25명을 한꺼번에 설명해야 했습니다. 이제는 AI가 각자의 수준에 맞는 문제와 설명을 제공하고, 교사는

"어디서 어려움을 겪는지" 실시간 대시보드로 확인하며 필요한 학생에게 다가갑니다. AI가 Teaching(설명 · 연습)을 맡고, 교사는 Coaching(동기 · 관계 · 전략)을 맡는 구조입니다. 이것이 AI 교육의 기본 원칙, **'하이터치 하이테크'**입니다.

(2) 평가의 대전환: 결과에서 과정으로

AI가 1분 만에 완성도 높은 에세이를 써주는 시대에, "에세이 결과물"만으로 학생의 역량을 평가하는 것은 더 이상 의미가 없습니다. 이제 평가는 "그 에세이를 만들어 가는 과정"으로 옮겨가야 합니다.

예를 들어, 수업 시간에 학생에게 이렇게 과제를 줄 수 있습니다. "환경오염에 대해 AI에게 물어보고, AI의 답변 중 틀린 정보가 무엇인지 찾아보세요. 그리고 여러분의 생각을 덧붙여 결론을 정리하세요. 이 대화 기록 전체를 함께 제출하세요."

여기서 평가의 대상은, 어떤 질문을 던졌는지, 어떤 근거로 정보를 검증했는지, AI의 답변을 어떻게 비판적으로 재구성했는지, 자신의 언어로 결론을 어떻게 정리했는지 입니다. 결과물이 아니라 사고의 궤적이 평가의 중심이 되는 것입니다.

이는 한국만의 새로운 실험이 아닙니다. 여러 OECD 국가들이 "AI와 함께하는 평가 환경에서 어떤 역량을 측정해야 하는가"를 논의하며, 비판적 사고 · 창의성 · 협업능력 · 메타인지 등을 핵심 역량으로 제시하고 있습니다.(OECD Digital Education Outlook 2023)

(3) 공정성을 지키는 AI: 'AI-Double Check' 시스템

과정 중심 평가로 가면, 학부모들이 늘 걱정하는 문제가 있습니다.

"선생님 마음먹기에 따라 점수가 달라지는 것 아니냐"

이를 풀기 위해 저는 'AI-Double Check' 평가 시스템을 제안합니다. 1차 평가는 교사가 합니다. 학생의 토론 · 질문 · 과정 기록을 바탕으로 정성적으로 평가합니다.

2차로 AI가 그 결과를 분석해, "유사한 활동을 한 학생과 비교했을 때 이 평정이 지나치게 후하거나 박하지 않은지", "논리 · 근거 · 참여도 요소가 균형 있게 반영되었는지"를 점검합니다.

영국 Ofqual이 평가에서 AI의 활용을 규제하면서도, 일정 부분 채점 보조 · 패턴 분석 도구로의 활용 가능성을 열어두는 것과 같은 맥락입니다.(영국정부 Ofqual 정책보고서, 2024. 4. 24.) 이렇게 되면, 교사의 전문성은 존중하면서도, AI가 "보조 재판관"처럼 공정성을 뒷받침해 줄 수 있습니다.

5. 가상 청문회: 현장의 우려에 답하다

AI 도입과 관련해 교실에서 실제로 나올 법한 질문들을 미리 꺼내 보겠습니다.

Q1. *"AI가 아이들의 사고력을 떨어뜨리지 않을까요?"*

계산기가 등장했을 때도 같은 걱정이 있었습니다. 하지만 오늘날 우리는 더 복잡한 수학을 다룹니다. 핵심은 "무엇을 인간이 하고, 무엇을 도구에 맡길 것인가"를 재정의하는 것입니다.

AI에게 질문을 던지고, 그 답을 검증하고, 맥락에 맞게 재구성하는 훈련은 오히려 사고력의 상한선을 끌어올리는 경험이 될 수 있습니다. 문제는 무분별한 사용이 아니라, 문해력(literacy) 교육이 부재한 상태에서 아이들을 AI 앞에 방치하는 것입니다. 따라서 국어 · 사회 · 정보를 아우르는 'AI 리터러시 교육'이 학교 교육과정의 필수 요소가 되어야 합니다.

Q2. *"AI가 더 똑똑하면, 교사의 권위는 어떻게 되나요?"*

지식 전달만 놓고 보면, AI가 교사보다 더 잘할 수 있습니다. 이 사실을 부정할 필요는 없습니다. 그러나 교사의 권위는 "정보를 독점하고 있다"는 데서 나오지 않습니다. 아이의 삶을 함께 걷고, 방향을 제시하는 사람이라는 데서 나옵니다.

AI는 정답을 줄 수 있지만, 실패한 아이를 다시 일으켜 세우는 말, 친구와 갈등했을 때 관계를 회복시키는 중재, 진로 고민을 함께 들어 주고 "너는 이런 강점이 있다"고 말해 주는 눈빛은 인간 교사만이 할 수 있습니다. AI 시대의 교권은 "관계와 돌봄의 전문가", "비판적 사고력과 창의력 증진 전문가"라는 새로운 모습으로 재정립되어야 합니다.

Q3. *"예산이 너무 많이 들지 않습니까?"*

AI 교육 플랫폼을 구축하는 데 예산이 필요한 것은 사실입니다. 그러나 우리는 다른 질문을 던져야 합니다.

"지금 쓰고 있는 예산이 정말 교육의 본질에 쓰이고 있는가?"

전시성 행사를 위한 예산, 쓰지 않는 기자재 구매, 중복되는 행정 시스템 등은 적지 않습니다. 이 예산을 통합해 "공공 AI 플랫폼"에 투자하면, 중장기적으로는 사교육비 절감, 학습효과 향상, 행정 효율화라는 사회적 편익이 훨씬 큽니다.

실제로 한국 정부도 2025년 'AI 교육 종합계획'을 발표하며, AI 기반 학습 · 평가 시스템 도입과 교원 연수를 확대하겠다고 밝힌 바 있습니다.(KBS World News, 2025. 11. 10) 방향은 잡혔지만, 이제 중요한 것은 "누가, 어떤 철학으로, 어떤 기준을 가지고 이 시스템을 설계하느냐"입니다.

6. 맺음말: 두려움을 넘어 주도권으로

AI 시대의 학교는 선택지가 두 개뿐입니다. 두려움 때문에 기술을 외면하고, 아이들을 사교육 시장과 유해한 알고리즘의 손에 맡기는 길과 위험을 직시하되, 규칙과 윤리, 공공성을 가지고 기술을 길들이는 길.

교육 르네상스와 AI 교육 혁신은 두 번째 길을 택하자는 제안입니다. 딥페이크와 사이버폭력 앞에서 눈 감지 않고, 기술 윤리 ·

디지털 시민성 교육을 국영수보다 중요한 생존 교육으로 격상시키는 것입니다. 그리고 상위 10%만 누리는 사교육 AI에 맞서, 모든 아이에게 공평한 AI 학습 파트너를 제공하고, 교사를 행정에서 해방시켜, 아이의 삶을 함께 설계하는 멘토로 서게 하는 것입니다. 위협받는 교실을 기회의 교실로 바꾸는 힘은 AI 그 자체가 아닙니다. 그 기술을 아이들을 위해 어떻게 사용할지에 대해 학교가, 교육청이, 시민이 얼마나 치열하게 고민하고, 함께 원칙을 세우느냐에서 나옵니다.

서울교육이 AI 시대의 실험장이 아니라, 모범 사례가 되려면 우리는 이제 질문을 바꿔야 합니다. "AI 때문에 학교가 무너질까?"가 아니라 "AI 시대에, 어떤 학교를 아이들에게 선물할 것인가?"

이 책의 다음 장들은 그 질문에 대한 보다 구체적인 답, 즉 서울형 공공 AI 플랫폼, AI-Double Check 평가, 학생성장계획(SGP), 자율-지원학교 모델을 하나씩 펼쳐 보일 것입니다. AI는 이미 교실에 들어와 있습니다. 이제 선택은 우리에게 달려 있습니다. 우리가 두려움 대신 주도권을 쥐는 순간, AI 시대의 학교는 위협의 공간이 아니라 아이 한 명 한 명의 가능성이 열리는 새로운 교실이 될 수 있습니다.

제10장.

공교육 신뢰인증제

자율이 흔들리지 않도록 세우는 '보호의 기둥'

1. 들어가는 글: 우리는 왜 '평가'라는 단어 앞에서 침묵하게 되었는가

(1) 2012년 11월, 어느 교무부장의 낡은 다이어리

"선생님, 이번 주말은 모두 반납해야 할 것 같습니다. 죄송합니다."

10여 년 전, 서울의 어느 초등학교 교무실. 밤 10시가 넘었지만 불은 꺼지지 않습니다. 퀭한 눈의 교무부장 선생님이 후배 교사들에게 미안한 표정으로 피자를 돌립니다. 다음 주가 바로 '학교평가' 주간이기 때문입니다. 교실 뒤편 캐비닛에는 지난 3년 치의 서류가 산더미처럼 쌓여 있습니다. 수업 지도안 300개, 학부모 상담 일지 50권, 동아리 활동 결과 보고서, 심지어는 급식 잔반 처리 현황 그래프까지.

선생님들은 아이들의 눈을 맞추며 수업 고민을 해야 할 시간에, 먼지 쌓인 서류를 꺼내 줄을 맞추고 오타를 검수하고 있었습니다. 평가 지표 중 하나인 '학부모 연수 실적'을 채우기 위해, 급하게 강사를 섭외하고 학부모들에게 "제발 와 달라"고 읍소 문자를 보내기도 했습니다. 화려한 가죽 표지를 씌운 보고서 수십 권이 트럭에 실려 교육청으로 떠나던 날, 교장 선생님은 안도의 한숨을 쉬었지만, 젊은 교사는 자조 섞인 목소리로 말했습니다."교장 선생님, 우리가 지난달에 아이들과 땀 흘려 했던 체육대회는 기록에 안 남고, 서류 몇 장 더 만든 게 점수가 되네요. 이게 교육입니까?"

몇 달 뒤, 학교에는 등급이 매겨진 성적표가 날아왔습니다. 'B등급'. 학교 구성원들의 1년 노력이 알파벳 한 글자로 재단당하는 순간이었습니다. 그때의 평가는 학교의 본질을 보지 않았습니다. 서류의 두께를 보았고, 행정의 줄 맞춤을 보았습니다. 상처받은 현장은 마음의 문을 닫았습니다. **"평가는 교육을 방해하는 가장 큰 적이다."** 이것이 2010년대를 관통하며 대한민국 선생님들의 가슴에 새겨진, 지워지지 않는 트라우마입니다.

(2) 2024년의 풍경: 자율이라는 이름의 '거대한 침묵'

그 깊은 상처를 치유하기 위해 지난 10년, 우리는 평가의 칼날을 무디게 만들었습니다. 진보 교육감 시대를 거치며 도입된 '학교자율운영체제'는 교육청의 간섭을 획기적으로 줄였습니다. 학교는 스스로 목표를 정하고, 스스로 점검하고, 결과도 내부적으로만 공유하게 되었습니다.

겉보기엔 평화가 찾아온 듯했습니다. 살인적인 서류 작업도 줄어들고, 줄 세우기 식 등급도 없어졌습니다. 하지만 2024년 현재, 우리는 또 다른 위기를 마주하고 있습니다. 바로 '깜깜이 학교'의 위기입니다.

자율성이 주어진 담장 안에서 무슨 일이 일어나는지 아무도 모릅니다. 어떤 학교는 열정적인 교장 선생님과 교사들이 똘똘 뭉쳐 기적 같은 교육 과정을 만들어내지만, 그 성과는 학교 담장을 넘지 못합니다. 반대로 어떤 학교는 무기력증에 빠져 기초학력 미달 학생을 방치하거나, 학교폭력 사안을 함구하기에 급급하지만, 외부에서는 알 방법이 없습니다. 교육청은 "학교가 알아서 잘하고 있다"는 자체 보고서 한 장만 믿고 손을 놓고 있습니다.

그 불안은 오롯이 학부모의 몫이 되었습니다. "혁신학교라는데, 자유학기제라는데, 도대체 학교에서 뭘 배우는지 알 수가 없어요. "알 수 없는 불안감은 사교육 시장으로 발길을 돌리게 합니다. 학부모의 불안은 민원이 되어 학교로 돌아오고, 학교는 다시 방어적으로 변해 문을 걸어 잠급니다.

우리는 지금 '과거의 통제'에서는 벗어났지만, '미래의 책임'으로는 나아가지 못한 채 '방임의 늪'에 빠져 있습니다. 자율이 방종이 되지 않도록, 자유가 무책임이 되지 않도록 붙잡아줄 '기준점'이 사라진 것입니다.

(3) 제3의 길: 공교육 신뢰인증제의 제안

그러니 제가 "공교육 신뢰인증제"를 제안했을 때, 현장이 긴장하는 건 당연합니다. "그 끔찍했던 2012년의 서류 지옥으로 돌아가자는 것 아니냐", "결국 학교 줄 세우기 부활 아니냐".

하지만 서울형 신뢰인증제는 과거로의 회귀가 아닙니다. 이것은 학교를 감시하는 CCTV가 아니라, **학교의 자율권을 지켜주는 튼튼한 성벽이자 학부모의 불안을 잠재우는 투명한 유리창**입니다. '통제'와 '방임' 사이에서 길을 잃은 서울교육에, '지원'과 '신뢰'라는 새로운 길을 내는 작업입니다.

2. 왜 지금인가? 기술이 연 '평가 자동화'의 시대

"취지는 좋습니다. 하지만 결국 일을 해야 하는 건 사람 아닙니까? 평가하려면 근거가 있어야 하고, 근거를 만들려면 교사가 또 기록해야 하잖아요. AI가 한다고 해도 결국 입력은 사람이 하는 거고요."

이것이 현장의 가장 날카롭고 현실적인 반론입니다. 맞습니다. 만약 우리가 10년 전의 기술 환경에 살고 있다면, 이 정책은 필연적으로 '교사 혹사 정책'이 될 것입니다. 하지만 지금은 다릅니다. **기술이 평가의 패러다임을 근본적으로 바꿨기 때문입니다.**

(1) 기록의 혁명: '작성하는 것'에서 '수집되는 것'으로

서울형 신뢰인증제에서 학교는 기록의 주체가 아닙니다. 기록은 시스템이 합니다. 이것은 제9장에서 다룰 '서울형 AI 플랫폼 교육청'의 기술력이 뒷받침되기에 가능한 약속입니다. 우리는 이것을 '무자각 데이터 수집(Silent Data Collection)'이라고 부릅니다.

[시나리오 비교: 인증 평가를 일주일 앞둔 학교의 풍경]

- **교무실 풍경**
- (과거 2010년대) 밤 11시까지 야근하며, 3년 치 문서 박스를 정리하고 제본하느라 분주함.
- **(미래 서울형 신뢰인증제)** 오후 4시 30분 퇴근, 평소와 다름없는 일상을 보냄. 별도 준비 없음.
- **수업 데이터**
- (과거) 교사가 '수업 운영 일지'를 매번 수기로 작성하고 결재를 받아 보관함.
- **(미래)** 학생이 태블릿으로 과제를 제출하면, 수업 참여율과 성취도가 시스템에 자동 저장됨.
- **상담 데이터**
- (과거) '상담 기록부' 엑셀 파일에 상담 날짜, 내용, 조치 사항을 일일이 타이핑하여 입력함.
- **(미래)** 상담 시 켜둔 AI 펜이 대화 내용을 요약해 자동 텍스트

변환(STT) 및 저장(비식별화 처리).

- **행정 데이터**
- **(과거)** 학교폭력 처리 건수, 시설 보수 내역 등을 엑셀로 통계 내어 보고서를 새로 작성함.
- **(미래)** 교육청 NEIS 및 행정 시스템에서 실시간으로 필요한 데이터가 자동 추출됨.
- **평가단 방문**
- **(과거)** 평가위원 앞에 서류 100권을 쌓아두고 "이건 이렇습니다"라고 방어하며 설명함.
- **(미래)** 평가위원은 이미 클라우드 데이터를 보고 옴. 빈손으로 와서 교사, 학생과 대화만 나눔.

(2) 평가의 혁명: '감사'에서 '컨설팅'으로

평가단이 학교에 와서 하는 질문도 달라집니다. 과거에는 "왜 이 서류가 없습니까?"를 물었다면, 이제는 "데이터를 보니 3학년 아이들의 정서 지수가 작년보다 낮아졌네요. 현장에서 느끼시는 가장 큰 어려움은 무엇입니까?"를 묻습니다. 학교가 해야 할 일은 서류를 만드는 것이 아니라, **"우리는 아이들을 이렇게 가르치고 있습니다"라고 설명하는 일뿐**입니다. 서울형 인증제는 '업무 증가형'이 아니라, **'업무 자동화형'** 제도입니다.

서울형 공교육 신뢰인증제 – 구조도(Overview)

---

① 데이터 자동 수집(AI · NEIS–SGP · 상담 · 출결 · 생활)
– 학교가 따로 입력하지 않고 플랫폼이 수집 · 정리

② 학교 자기진단(Self Assessment)
– 교사 · 학생 · 학부모가 함께 강점 · 과제를 점검

③ 외부 전문평가단(Professional Review)
– 수업 · 학교문화 · 지원체계 관찰 및 인터뷰
– '감독'이 아닌 '개선 코칭' 중심

④ 개선계획 수립(Improvement Plan)
– 학교 주도, 교육청은 자원 · 전문성 제공

⑤ 지원 투입(Edu–Support)
– 인력 · 예산 · 전문가 프로그램 즉시 연계

⑥ 공개 · 소통(Transparency)
– 순위 · 점수 공개가 아니라 강점과 개선방향 중심의 '신뢰보고서' 형식으로 시민과 공유

---

3. 세계의 교실은 어떻게 신뢰를 얻는가: 4개국 현장 리포트

"평가는 곧 징계"라는 한국적 고정관념과 달리, 교육 선진국에서 인증제는 학교를 돕는 가장 강력한 수단이자 학교의 자존심입니다. 우리보다 앞서 '자율과 책임'의 조화를 이룬 나라들의 현장을 가보겠습니다.

(1) 핀란드: "평가는 학교의 연례 건강검진입니다"

핀란드 헬싱키 외곽의 비키(Viikki) 종합학교. 매년 11월, 첫눈이 내릴 때쯤이면 교장과 교사, 학부모 대표, 학생 대표가 모여 '**학교 자체평가**(Self-evaluation)' 회의를 엽니다. 분위기는 사뭇 진지하지만 무겁지는 않습니다.

"올해 우리 학교 5학년의 문해력 데이터가 작년보다 조금 떨어졌네요. 도서관 활용 수업이 줄어서일까요?" "네, 예산 문제로 사서 선생님 근무 시간이 줄어든 영향이 큽니다. 이 데이터를 교육청에 보내서 추가 예산 지원을 요청합시다."

핀란드 교육법은 모든 학교에 자체평가를 의무화하고 있습니다(Eurydice, 2024). 그들은 평가를 '혼나는 날'이 아니라 '학교의 건강을 체크하는 날'로 여깁니다. 마치 우리가 1년에 한 번 건강검진을 받고 "운동을 더 해야겠구나" 다짐하는 것과 같습니다. 평가 결과는 학교를 줄 세워 신문에 공개하는 데 쓰이지 않습니다. 대신 지자체 교육국과 공유되어 지원(Support)을 끌어내는 근거로 쓰입니다. **"우리가 부족하다는 것을 드러내는 것이 부끄러운 게 아니라, 감추는 것이 부끄러운 것이다."** 이것이 핀란드 교육의 자율성을 지탱하는 힘입니다.

(2) 영국(Ofsted): 감시자가 아닌 '비판적 친구(Critical Friend)'

영국의 학교 평가 기관 Ofsted(교육기준청)의 평가관이 런던의 한 중등학교를 방문합니다. 그는 교장실로 직행하여 장부를 검사하는 대신, 운동장으로 가서 아이들에게 말을 겁니다.

"안녕, 학교에서 가장 좋아하는 장소가 어디니?", "왕따를 당하면 누구에게 말할 수 있니? 선생님이 바로 도와주시니?"

그리고 교사들과 마주 앉아 묻습니다."최근 3년간 가장 힘들었던 수업은 무엇이었나요?" "학교 리더십이 당신의 수업 연구를 충분히 지원해 주나요? 아니면 불필요한 행정 업무를 시키나요?"

영국 교육부 매뉴얼은 평가관의 역할을 "판단(Judge)이 아니라 개선(Improve)을 위한 점검"이라고 정의합니다. 평가관은 학교의 적이 아닙니다. 학교 내부에서는 익숙해서 보지 못하는 문제점을 제3자의 눈으로 날카롭게 지적해 주는 '비판적 친구'입니다. 평가가 끝나면 학교에는 벌점이 아니라 '학교 개선 제안서'가 남습니다. 영국 교사들은 말합니다. "Ofsted가 다녀가면 몸은 힘들지만, 학교가 한 단계 업그레이드되는 느낌을 받습니다. 우리가 놓치고 있던 사각지대를 찾아주니까요."

(3) 네덜란드: "불이 난 곳에 소방차가 간다"

네덜란드 '국가교육감시청(Inspectorate)'의 철학은 '위험 기반 점검(Risk-based Inspection)'입니다. 이는 선택과 집중의 원리입니다.

그들은 모든 학교를 획일적으로 괴롭히지 않습니다. 평소에는 데이터(학업 성취도 추이, 학부모 만족도, 재정 건전성 등)를 모니터링만 합니다. 그러다 데이터에 '빨간불'이 들어오는 학교, 즉 문제가 감지되는 학교에만 집중적으로 개입합니다. 잘하고 있는 학교에는 "당신들을 신뢰합니다. 마음껏 교육하십시오"라며 간섭하지 않습니다. 반면, 위기 학교에는 전문가 팀을 투입해 정상화될 때까지 집중 컨설팅을 제공합니다. "불이 난 곳에 소방차가 가야지, 멀쩡한 집에 가서 소방 점검을 하느라 시간을 낭비하지 않는다"는 지극히 상식적인 원칙입니다.

(4) 캐나다 온타리오: 데이터가 지원으로 직결되다

캐나다 온타리오주의 '학생 성공(Student Success)' 팀은 인증과 지원을 하나로 묶었습니다. 각 학교의 인증 데이터는 교육청 상황실로 실시간 전송됩니다. 만약 A 학교의 고교 중도 탈락률이 높아지는 징후가 보이면, 교육청은 다음날 바로 '학생 성공 교사(Student Success Teacher)'를 추가 배정합니다.

"평가가 끝났으니 결과가 나올 때까지 기다리세요"가 아닙니다. "데이터가 나왔으니 즉시 지원합니다"입니다. 인증이 곧 지원의 시작점이 되는 구조, 이것이 서울형 모델이 지향하는 바입니다.

4. 서울형 신뢰인증제: 학교가 성장하는 4단계 여정

서울형 인증제는 점수와 등수로 끝나는 일회성 이벤트가 아닙니다. 학교가 성장하는 4단계의 순환 과정(Cycle)입니다.

1단계: 무자각 데이터 수집 (The Silent Collection)

- 학교는 평소대로 교육 활동을 합니다.
- AI 플랫폼이 출결, SGP 기록, 수업 활동, 행정 처리 현황을 자동으로 수집하여 대시보드에 시각화합니다.
- 이 단계에서 교사의 추가 업무는 '0'입니다.

2단계: 입체적 관찰과 경청 (Deep Observation)

- 3년에 한 번, 외부 전문가 그룹(퇴직 교장, 교육학 교수, 현장 교사, 학부모 대표 등)이 학교를 방문합니다.
- 그들은 서류를 보지 않습니다. 수업을 참관하고, 급식실에서 아이들과 밥을 먹고, 교무실 분위기를 느낍니다.
- 숫자 데이터가 놓친 학교의 '문화', '관계', '표정'을 읽어냅니다.

3단계: 성장 중심 대화 (Growth Dialogue)

- "왜 점수가 이것밖에 안 됩니까?"라는 추궁은 없습니다.
- "데이터를 보니 선생님들이 번아웃 위기네요. 어떤 행정 지원이 가장 시급합니까?"
- "기초학력 부진 학생이 늘고 있는데, 교육청의 튜터링 프로그램을 연결해 드릴까요?"
- 평가자와 학교 구성원이 마주 앉아 질책이 아닌 '해결책'을 논의합니다.

4단계: 맞춤형 패키지 지원 (Targeted Support)

- 인증의 결과는 상장이 아닙니다. '지원 예산'과 '인력'입니다.

- 시설이 낡은 학교에는 시설 개선비가, 정서 위기 학생이 많은 학교에는 전문 상담 인력이, 행정이 마비된 학교에는 행정 지원팀이 즉각 투입됩니다.
- 학교는 "평가받길 잘했다. 덕분에 앓던 이가 빠졌다"고 느끼게 됩니다.

서울형 공교육 신뢰인증제 – 운영 절차(Workflow)

STEP 1 플랫폼 자동 데이터 수집
– NEISAI 행정 · 수업 · SGP · 상담 · 출결 정보 통합

STEP 2 학교 자기진단
교사 · 학생 · 학부모 설문 및 워크숍
– "우리가 잘하는 것 / 도움이 필요한 것" 정리

STEP 3 전문평가단 방문 · 관찰 · 인터뷰
– 교실 수업, 학생 · 학부모 · 교사 대화
– 서류 준비 · PPT 제작 없음

STEP 4 강점 · 개선 요인 도출 및 협의
– 학교와 평가단이 함께 개선 우선순위 설정

STEP 5 교육청 지원 투입
– 추가 인력, 예산, 컨설팅, 프로그램 즉시 배치

STEP 6 1년 성장보고서 공개 · 환류
– 낙인이 아닌 '성장 스토리' 중심 공개
– 다음 주기 자율 · 지원 정책의 근거로 활용

5. 심층 토론: 현장의 우려에 답하다 (Q&A)

이 정책이 발표되었을 때 예상되는 현장의 가장 날카로운 질문들을 모아 가상의 청문회 형식으로 답해드립니다.

Q1. 아무리 AI가 한다고 해도, 결국 보여주기식 수업을 준비해야 하는 것 아닙니까? 평가단이 오는 날만 '쇼'를 할 수도 있는데요.

A. 그것이 바로 기존 평가의 한계였습니다. 하지만 서울형 인증제는 '한 번의 공개 수업'으로 평가하지 않습니다. 평소 플랫폼에 축적된 3년 치의 수업 데이터와 학생들의 반응 추이를 봅니다. 하루 잘한다고 해서 3년의 데이터가 바뀌지 않습니다. 또한, 평가단은 학생들을 인터뷰합니다. 아이들은 거짓말을 하지 않습니다. "평소에도 이렇게 수업하니?"라는 질문 하나면 진실은 드러납니다. 오히려 '평소대로' 꾸준히 하는 것이 가장 좋은 평가를 받는 지름길이 되도록 설계됩니다.

Q2. 인증 결과가 나쁜 학교는 '부실 학교'라고 낙인찍히는 것 아닙니까? 학부모들이 기피하게 될 텐데요.

A. 절대 그렇지 않습니다. 인증 결과는 대외적으로 '등급(S/A/B/C)'으로 공개되지 않습니다. 학교 내부와 교육청만 공유합니다. 결과가 나쁜 학교는 '혼나야 할 학교'가 아니라 '도와줘야 할 학교'입니다. 지원을 통해 학교가 정상화되고 일정 수준에 도달했을 때,

그때 비로소 '서울형 신뢰 인증 마크'를 부여합니다. 우리의 목표는 낙인이 아니라 '모든 학교의 회복'입니다.

Q3. 자율-지원학교라면서 왜 굳이 인증을 받아야 합니까? 그냥 믿고 맡기면 안 됩니까?

A. 자율에는 반드시 책임이 따르기 때문입니다. 여기서 책임이란 사고가 났을 때 지는 책임이 아니라, '전문적 설명책임(Accountability)'입니다. 학부모와 사회를 향해 "우리는 이런 철학을 가지고 이렇게 교육하고 있습니다"라고 투명하게 보여줄 때, 교사의 권위는 더 단단해집니다. "우리 학교는 인증 받은 학교입니다"라는 말은 외부의 부당한 간섭이나 민원을 막아내는 가장 강력한 '방패'가 될 것입니다.

6. 맺음말: 신뢰인증제, 학교의 품격을 높이는 약속

교육은 본질적으로 '보이지 않는 것을 믿는 행위'입니다. 아이들의 성장은 눈에 잘 보이지 않고, 선생님의 헌신도 당장은 성적으로 드러나지 않습니다. 그래서 불신이 싹트기 쉽고, 오해가 생기기 쉽습니다.

서울형 공교육 신뢰인증제는 이 보이지 않는 가치를 보이게 만드는 기술입니다.

- 묵묵히 아이들을 사랑하는 선생님의 노력을 데이터로 증명하는 기술입니다.
- 학교가 말하지 못하는 어려움을 교육청이 먼저 알아채고 달려가는 기술입니다.
- 학부모가 막연한 불안감 대신 확실한 데이터를 보고 학교를 믿게 하는 기술입니다.

우리의 여정은 이렇게 이어집니다. 제9장에서 학교에 '권한'을 돌려주었고, 제10장에서 그 권한이 흔들리지 않도록 '신뢰'라는 기둥을 세웠으며, 이제 제11장에서 그 모든 시스템의 중심에 '학생 한 명의 성장(SGP)'을 놓을 것입니다.

이 견고한 구조 속에서 공교육 신뢰인증제는 서울교육 대전환을 완성하는 가장 섬세하고도 단단한 주춧돌이 될 것입니다. 감시받지 않아도 신뢰받는 학교, 통제하지 않아도 성장하는 학교. 이것이 신뢰인증제가 꿈꾸는 서울교육의 미래입니다.

제11장.

학생성장계획(SGP)

'평균'을 넘어 '고유한 우주'를 기록하다

1. 텅 빈 교탁, 무엇으로 채울 것인가: 구조 개혁의 진짜 목적

지난 6장과 7장을 통해 우리는 학교를 짓누르던 불필요한 행정 업무를 걷어내고, 교육청의 통제 시스템을 지원 시스템으로 바꾸는 거대한 구조 개혁에 대해 논의했습니다. 선생님의 손에서 공문서가 사라지고, 학교장의 책상 위에서 교육청의 지시 사항이 치워졌습니다. 자, 이제 교탁은 비워졌고 학교는 가벼워졌습니다. 여기서 우리는 가장 본질적이고도 두려운 질문을 마주해야 합니다.

"그렇게 확보된 시간과 권한을, 과연 무엇으로 채울 것인가?"

행정이 줄어든 자리에 다시 또 다른 잡무가 들어차서는 안 됩니다. 그 빈 공간은 오직 하나, 학생 한 명 한 명의 삶으로 채워져야 합니다. 그렇지 않다면 우리가 말해온 "행정업무 경감"은 단지 할 일을 바꾸는 수준의 미세조정에 그칠 뿐, 교육의 본질을 회복하는 데까지 나아가지 못할 것입니다.

지금까지 우리 공교육은 거대한 '평균의 함정'에 빠져 있었습니다. 평균 점수, 평균 진도, 평균적인 행동 발달… 학교라는 공장은 '평균적인 학생'을 가정하고 돌아갑니다. 하지만 교실 문을 열고 들어가 보십시오. 그곳에 '평균적인 아이'는 단 한 명도 존재하지 않습니다. 어제 친구와 다퉈 마음이 상해 수업에 집중 못 하는 아이, 수학 도형은 기가 막히게 이해하지만 단순 연산은 힘들어하는 아이, 꿈이 너무 많아 진로가 고민인 아이 등 저마다 울퉁불퉁하고 고유한 우주를 가진 개인들만 있을 뿐입니다.

그동안 교사들이 아이들을 몰라서 안 본 것이 아닙니다. 행정 업무에 쫓겨서, 30명을 한꺼번에 끌고 가야 하는 진도 압박 때문에, '평균'에서 벗어난 아이들의 신호를 놓칠 수밖에 없었던 것입니다. 교사가 느끼는 가장 큰 괴로움 중 하나는 "저 아이에게 신경 써줘야 한다는 걸 알면서도, 시간과 에너지가 도저히 따라주지 않는다는 사실"입니다. 이 지점에서 행정업무 경감과 조직 개편이 아무리 잘 되어도, 학생 한 명 한 명의 삶을 바라보는 새로운 도구가 없다면, 결국 학교의 일상은 다시 '평균 중심의 수업 + 사후 대응'으로 회귀하고 맙니다.

이제 학교가 해야 할 일은 명확합니다. 행정가를 위한 보고서를 쓰는 대신, 학생을 위한 성장 기록을 남기는 것.

이것이 바로 제가 제안하는 서울형 학생성장계획(Student Growth Plan, 이하 SGP)의 출발점입니다. SGP는 단순한 성적표가 아닙니다. 6장과 7장의 구조 개혁이 지향하는 최종 목적지이자, 아이들의 삶을 입체적으로 담아내는 내비게이션입니다. "학교가 누구를 위해 존재하는가?"라는 질문에 대해, SGP는 매우 분명하게 대답합니다. "한 명 한 명의 아이를 위해."

2. 끊어진 사다리: 매년 리셋되는 아이들의 역사

학부모님들은 매년 3월이면 묘한 긴장감을 느낍니다. "올해 담임 선생님은 우리 아이를 잘 파악하실까?"

그래서 상담 주간에 학교를 찾아가 아이의 성격, 알레르기, 친구 관계의 어려움, 학습 습관 등을 구구절절 설명해야 합니다. 작년에도 했던 이야기입니다. 재작년에도 했고요. 어떤 부모는 초등학교 1학년 입학부터 중학교 졸업까지 비슷한 이야기를 열 번, 스무 번 반복했다고 말합니다. 왜 학부모님은 매년 똑같은 이야기를 다시 꺼내야 할까요?

기록이 단절되어 있기 때문입니다.

현재의 학교 시스템에서 아이에 대한 정보는 학년이 바뀌면 사실상 '리셋'됩니다. 작년 담임 선생님이 파악했던 아이의 섬세한 정서적 특성, 상담 선생님이 공들여 발견한 난독의 징후, 교과 선생님이 찾아낸 숨겨진 재능 같은 귀중한 정보들이 해가 바뀌면 공기 속으로 증발해 버립니다. 새 학년 담임 선생님은 다시 백지상태에서 아이를 파악해야 합니다. 마치 400미터 이어달리기에서 앞 주자가 뒷 주자에게 바통을 넘겨주지 않고, 뒷 주자가 다시 출발선으로 돌아가 처음부터 뛰는 것과 같습니다. 이 비효율 속에서 아이의 성장은 연속성을 잃습니다.

물론 한국에도 훌륭한 제도가 있습니다. 바로 '개별화 교육계획(IEP)'입니다. 하지만 현행 특수교육법 제22조에 따라 이는 특수교육 대상 학생에게만 적용됩니다. 대다수의 일반 학생들을 위한 보편적 개별 성장 관리 시스템은 사실상 부재합니다(국내 IEP 문헌 분석 연구, 2019). 특수교육 대상 학생에게 적용되는 IEP조차도, 실제 현장에서는 교사 업무 과중, 서류 중심 운영, 실행 · 점검의 불균형 등 여러 한계를 지니고 있다는 연구 결과들이 계속해서 보고되고 있습니다(같은 연구, 2019).

아이들은 저마다 다른 속도로 자랍니다. 어떤 아이는 3월에 꽃을 피우고, 어떤 아이는 11월이 되어서야 봉오리를 맺습니다. 학교의 시계가 모든 아이에게 똑같은 속도로 흘러갈 때, 늦게 피는 꽃들은 '부진아'라는 낙인을 찍히고 시들어갑니다. SGP는 이 획일적인 시계를 멈추고, 아이들 각자의 시계에 맞춰 교육을 지원하겠다는 약속입니다.

SGP의 핵심은 "아이의 역사를 끊지 않겠다"는 선언입니다. 1학년 담임이 쌓아 올린 관찰과 기록이 2학년 담임에게 바통으로 전달되고, 중학교, 고등학교로 이어지는 '성장의 사다리'를 복원하는 일입니다. 이 사다리가 없을 때, 아이들의 삶은 매년 3월마다 다시 시작되는 것처럼 보이지만, 실제로는 그 사이에 쌓인 상처와 성장, 변화들이 제대로 반영되지 않은 채 방치됩니다. '서울형 SGP'는 바로 이 '끊어진 사다리'를 다시 잇는 작업입니다.

3. 세계는 이미 '한 명'을 위해 시스템을 움직인다

"너무 이상적인 이야기 아닌가요?"이렇게 반문하실 수 있습니다. 그러나 눈을 들어 세계를 보면, 이는 공상이나 이상이 아니라 이미 검증된 현실입니다. 교육 선진국들은 오래전부터 '집단'이 아닌 '개인'의 성장을 기록하고 관리하는 체계를 기본값(Default)으로 설정해 두었습니다.

(1) 핀란드의 '빌마(Wilma)'와 48시간의 약속

핀란드 교육의 힘은 교과서가 아니라 '기록'과 '공유'에서 나옵니다. 핀란드의 거의 모든 학교는 '빌마(Wilma)'라는 웹 인터페이스를 통해 학생의 학습, 생활, 출결, 복지 정보를 교사, 학부모, 학생이 실시간으로 공유합니다. 이 플랫폼은 학교와 가정을 잇는 일종의 '교육 허브' 역할을 합니다.

더 놀라운 것은 대응 속도입니다. 핀란드 학교는 학생에게서 작은 학습 부진이나 정서적 어려움의 신호가 감지되면, 즉각적으로 '개별학습계획(Pedagogical Plan)'을 가동합니다. 핀란드 국가교

육청(FNBE)과 유럽연합 교육정보망(Eurydice) 자료에 따르면, 문제가 발견되면 48시간 내에 담임교사, 특수교사, 심리학자, 지자체 복지 전문가가 머리를 맞대고 "이 아이를 위해 누가, 무엇을, 어떻게 지원할 것인가"를 논의하여 계획을 수립하는 것을 원칙으로 하고 있습니다(Eurydice, Finland National Overview, 2024).

"댁의 자녀가 산만하니 가정지도가 필요합니다."라는 통신문 한 장 보내고 끝내는 우리의 현실과는 차원이 다릅니다. 핀란드에서 개별지원계획은 서류가 아니라 '즉각 개입을 촉발하는 신호 시스템'으로 작동합니다. 시스템이 함께 아이를 키우는 것입니다.

(2) 영국의 SEND Code와 졸업하지 않는 기록

영국은 '특수교육 및 장애(SEND) 실행 규정(Code of Practice)'을 통해 학생 지원의 법적 근거를 마련해 두고 있습니다. 영국의 개별화 교육계획(IEP)은 단순히 성적을 관리하는 문서가 아니라, 학습, 정서, 행동, 친구 관계, 가족 배경까지 포함하는 '학생 지원의 중심 문서(Core Document)'로 작동합니다(UK Department for Education, SEND Code of Practice, 2015).

이 기록은 아이가 초등학교를 졸업하고 중학교에 진학할 때, 중학교 교사에게 고스란히 전달됩니다. 중학교 선생님은 입학 첫날부터 이 학생이 어떤 과목에서 어려움을 겪는지, 어떤 상황에서 불안을 느끼는지 이미 알고 시작합니다. **기록이 학교의 담장을 넘어, 아이와 함께 진학하는 것입니다.** 그래서 영국에서는 "아이의 기록이 아이를 따라간다"고 표현하기도 합니다.

(3) 캐나다의 '학생 성공(Student Success)' 팀

캐나다 온타리오주는 각 학교에 '학생 성공 팀(Student Success Team)'을 둡니다. 교장, 진로 교사, 특수 교사, 상담교사로 구성된 이 팀은 SGP와 유사한 데이터를 기반으로 '낙오 위기에 처한 학생'을 조기에 찾아내는 역할을 합니다. 성적이 떨어진 학생을 꾸중하기보다, "이 학생의 데이터가 보여주는 하락의 원인이 무엇인가?"를 분석합니다. 그리고 수업 구성, 시간표 조정, 온라인 · 오프라인 혼합 수업 등 학생에게 맞는 맞춤형 학습 계획을 세웁니다.

이 세 나라의 공통점은 분명합니다. 아이의 성장을 교사 개인의 기억이나 학부모의 눈치에 의존하지 않고, '시스템의 기록'으로 관리한다는 점입니다. 서울형 SGP는 이러한 국제적 흐름을 서울의 맥락에 맞게 번역한 모델입니다. "우리도 이제 한 명의 학생을 위해 시스템을 움직이겠다"는 선언입니다.

4. 서울형 SGP: 아이의 삶 전체를 담는 5가지 렌즈

그렇다면 서울형 SGP는 구체적으로 어떤 모습이어야 할까요? 저는 학생의 성장을 단순히 국 · 영 · 수 점수로 환산하지 않고, 삶

전체를 조망하는 5가지 영역으로 기록할 것을 제안합니다. 이는 파편화된 아이의 모습을 하나의 온전한 인격체로 재구성하는 과정입니다.

첫째, 학습 성장(Learning Profile) – 결과가 아닌 과정의 기록

"수학 80점"이라는 숫자는 별다른 정보를 주지 못합니다. 이 점수만으로는 아이가 어떤 부분에서 어려움을 겪고 있는지, 어떤 방식으로 도움을 받아야 하는지 알 수 없습니다. 반면 SGP는 "도형 지각 능력은 뛰어나나, 복잡한 연산 과정에서 실수가 잦음. 시각적 자료를 활용할 때 이해도가 2배 높음"과 같이 구체적인 학습 패턴과 강 · 약점을 기록합니다. 이 기록은 다음 학년 선생님에게 가장 훌륭한 인수인계 자료가 됩니다. "이 아이는 설명만 듣는 수업보다 문제를 같이 풀어보는 수업에서 이해도가 확실히 올라간다", "혼자 문제를 풀게 하면 불안해하지만, 짝과 함께하면 시도 자체가 늘어난다." 이런 정보가 누적되면, 교사는 '추측'이 아니라 '근거'를 가지고 수업을 설계할 수 있습니다.

둘째, 정서 · 관계(Emotion &Social) – 보이지 않는 마음의 지도

학교폭력은 어느 날 갑자기 하늘에서 떨어지지 않습니다. 대부분 서서히 쌓이는 갈등과 고립의 과정이 있습니다. 그러나 지금 학교에서 이 과정은 거의 기록되지 않습니다.

SGP는 아이의 감정 기복 패턴, 교우 관계의 변화, 사회성 발달

과정을 시간의 흐름 속에서 기록합니다. "최근 2주간 점심시간에 혼자 있는 시간이 늘어났음", "체육 시간 참여도가 급격히 떨어짐", "눈 맞춤과 대화 시도에 소극적 반응이 증가함" 같은 기록은 선생님이 아이에게 말을 걸어야 할 결정적인 타이밍을 알려줍니다. 정서 · 관계 영역의 기록은 단순한 '문제 학생 관리'가 아니라, 모두를 위한 일종의 정서 안전망입니다.

셋째, 진로 · 적성(Career Path) – 꿈의 발자취를 남기다

단편적인 직업 흥미 검사 결과(예: "당신은 예술가형입니다")만으로 진로를 결정하기에는 세상이 너무 복잡해졌습니다. 서울형 SGP는 아이가 어떤 동아리 활동에서 눈을 반짝였는지, 어떤 프로젝트 수업에서 리더십을 발휘했는지, 어느 순간 "이 일이 재미있다"고 말했는지를 기록합니다.

3년, 6년, 12년의 데이터가 쌓이면, 아이 스스로도 몰랐던 자신의 적성이 선명하게 드러날 수 있습니다. 진로 선택이 "성적에 맞춘 배치"가 아니라, "나라는 사람의 궤적에 대한 이해" 위에서 이루어지는 것입니다.

넷째, 생활 · 건강(Life &Health) – 시민으로 성장하기 위한 기초 체력

출결 상황뿐만 아니라 수면 습관, 운동량, 식사 패턴, 디지털 기기 사용 시간 등은 학습 역량과 정서 안정에 직접적인 영향을 미칩

니다. 예를 들어, "평균 수면 시간 5시간 미만, 오전 수업 집중도 저하", "하루 4시간 이상 스마트폰 사용, 숙면 방해 호소"와 같은 정보는 학부모와 함께 생활 리듬을 재구성해야 할 분명한 신호입니다.

SGP는 이처럼 생활 · 건강 정보를 교육의 주변부가 아닌 핵심 요소로 끌어올립니다. 건강한 시민으로 자라기 위한 기본 체력이 향후 학습과 진로, 인간관계의 토대가 된다는 점을 분명히 보여주는 것입니다.

다섯째, 지원 기록(Support History) – "약속의 이행"을 남기는 장부

마지막이자 가장 중요한 영역이 바로 지원 기록입니다. 아이의 어려움을 해결하기 위해 학교와 전문가가 언제, 어떤 개입을 했고, 그 결과가 어떠했는지를 시간 순으로 기록합니다. "2024년 5월, 수학 학습 부진으로 주 2회 보충수업 실시", "6월, 보충수업 후 중간고사 성적 20점 향상, 자기효능감 증가 보고" 이런 기록이 쌓이면, 학교는 "우리가 이 아이를 위해 무엇을 했는가"를 스스로 되돌아볼 수 있습니다. 개입은 했지만 후속 점검이 없었던 것은 아닌지, 같은 실수를 반복하고 있지는 않은지를 확인할 수 있습니다.

지원 기록은, 말 그대로 '책임의 증거'입니다. 교육청도, 학교도, 교사도, 학부모도 이 기록을 함께 보면서 "아이를 위해 무엇을 더 할 수 있을까?"를 논의하는 출발점으로 삼을 수 있습니다.

SGP(Students' Growth Plan) 통합 구조

영역	주요 내용
학습·성장	과목별 이해 패턴, 수행평가 반응, 강점 · 약점, 피드백 이력
정서·관계	감정 기복, 또래 관계, 갈등 신호, 상담 내용
진로·적성	흥미 · 적성 검사, 프로젝트 · 동아리 활동, 진로 탐색 기록
생활·건강	출결, 수면 · 식습관, 운동, 스마트폰 · SNS 사용 패턴
지원 기록	학교 · 전문가 · 학부모 지원 내용과 변화 결과

5. SGP가 바꾸는 교실 풍경: '추측'에서 '확신'으로

이 시스템이 학교 현장에 도입되면, 교실의 풍경은 어떻게 달라질까요? 몇 가지 장면을 상상해봅시다.

(1) 초등학교: '발견'이 빨라지는 교실

3학년 민수(가명)가 갑자기 학교 가기를 싫어한다고 가정해 봅시다. 예전 같으면 담임선생님은 "단순 꾀병인가?"라고 추측했을 가능성이 큽니다. 다른 업무에 쫓기다 보면, 민수의 변화는 그저 "요즘 좀 예민한가 보다" 정도로 지나가기 쉽습니다. 그러나 SGP가 있는 학교에서 담임은 먼저 민수의 기록을 확인합니다. 최근 2주간 민수의 정서 그래프가 급격히 하락했고, 보건실 방문이 부쩍 늘었으며, 국어 시간 발표 횟수가 0으로 떨어져 있다는 데이터가 눈에 들어옵니다. 우연이 아니라 "어떤 일이 벌어지고 있다"는 신호

입니다. 담임은 이 데이터를 근거로 상담교사와 협의하고, 민수와 개별 면담을 진행합니다. 그 결과 최근 가정환경의 급격한 변화가 있었음을 알게 됩니다. 이때 학교는 민수를 혼내는 대신, "어떤 도움을 줄 수 있을까?"를 함께 고민하는 출발선에 설 수 있습니다.

SGP는 이렇게 문제를 '발견'하는 속도 자체를 앞당깁니다. 아이가 "도와달라"고 말하기 전에, 기록이 먼저 말하게 되는 것입니다.

(2) 중학교: '격차'가 '낙인'이 아니라 '전략'이 되는 교실

수학을 포기하려던 중2 학생에게 선생님은 더 이상 "넌 수학 머리가 없어"라고 말하지 않습니다. 대신 SGP의 학습 분석 데이터를 펴놓고 이렇게 말합니다. "보렴. 너는 함수 개념만 약할 뿐, 기하 영역과 통계 영역은 아주 훌륭해. 이 그래프를 보면, 문제 푸는 속도와 정확도도 분명히 좋아지고 있어. 이번 방학에는 함수 기초만 집중해서 다시 해보자." 막연한 패배감이 구체적인 학습 전략으로 바뀌는 순간, 아이는 다시 연필을 잡게 됩니다.SGP는 아이를 '0점 아니면 100점'이라는 흑백 논리에서 건져 올려, "어디서부터, 어떻게 다시 시작하면 좋을지"에 대한 실질적인 경로를 보여줍니다.

(3) 고등학교: '불안'이 '설계'로 전환되는 진로 탐색

고3 진로 상담 시간. 과거에는 "성적에 맞춰 아무 대학이나 가라"는 조언이 흔했습니다. 그러나 SGP가 누적된 학교에서는 대화의 무게가 달라집니다. 담임 선생님과 학생 앞에는 12년간 쌓인 SGP

데이터가 펼쳐져 있습니다. 아이의 초등 시절 관심사, 중학생 때 몰입했던 프로젝트, 고등학교에서 선택해 온 과목과 비교과 활동이 한눈에 들어옵니다. 아이가 언제 가장 즐겁게 공부했고, 언제 가장 길을 잃은 표정을 지었는지, 데이터가 고스란히 말해 줍니다. 이때 진로 선택은 성적표 한 장을 놓고 벌이는 단판 승부가 아니라, 삶 전체를 돌아보며 설계하는 과정이 됩니다. “너는 이 방향으로 가야 한다”가 아니라, “우리가 함께 돌아본 너의 발자국은 이 방향을 가리키고 있다”는 설득력 있는 안내가 가능해집니다.

6. 어떻게 실현할 것인가: AI, 교사를 돕는 비서

여기서 현장 선생님들의 우려 섞인 목소리가 들리는 듯합니다. “취지는 좋은데, 그 많은 걸 언제 다 기록합니까? 또 다른 업무 폭탄 아닙니까?”

맞습니다. SGP가 “종이 서류를 하나 더 늘린다”는 의미라면, 이 정책은 시작도 하기 전에 실패해야 마땅합니다. 교사에게 기록 노동을 떠넘기는 순간, SGP는 좋은 취지에도 불구하고 ‘또 하나의 행정’으로 전락할 것입니다. 그래서 SGP의 성공 열쇠는 역설적이게도 AI(인공지능) 기술에 있습니다.

출결, 과제 수행률, 온라인 학습 플랫폼 접속 이력, 도서 대출 기록, 건강 검진 결과 같은 정량적 데이터는 학교 행정 시스템과 AI

가 연동해 자동으로 수집하고 분석할 수 있습니다. 선생님이 엑셀 파일을 열어 일일이 입력할 필요가 없습니다.

더 나아가, 선생님이 수업 중에 관찰한 내용을 스마트폰이나 태블릿에 음성으로 툭 던지듯 메모하면, AI가 이를 텍스트로 변환해 해당 영역에 정리해 주는 기술(STT · NLP)[1)]을 도입할 수 있습니다.

"오늘 철수가 모둠 활동에서 친구의 의견을 아주 잘 경청했음."
"민지는 발표는 적었지만, 친구의 발표 내용에 가장 먼저 박수를 쳤음."

이런 메모를 남기면, AI는 이를 학생의 SGP 중 '소통 역량', '공동체성' 항목에 자동 분류 · 기록합니다. 교사는 데이터를 입력하는 '행정가'가 되어서는 안 됩니다. AI가 정리해 준 데이터를 해석하고, 그 데이터를 바탕으로 아이의 눈을 맞추며 상담하는 멘토, 코치, 안내자가 되어야 합니다. 기술은 교사를 대체하는 것이 아니라, 교사가 인간적인 교육에 집중할 수 있도록 돕는 도구여야 합니다.

물론 개인정보 보호는 타협할 수 없는 대전제입니다. 아이들의 내밀한 성장 기록은 그 무엇보다 소중한 자산입니다. 따라서 강력한 암호화와 접근 권한 관리, 학생 · 학부모 동의 없는 열람 금지, 졸업 이후 데이터 소유권의 학생 이양, 목적 외 사용 금지와 같은 원칙이 법과 제도, 기술 설계 전 단계에 녹아 있어야 합니다. SGP는 학생을 돕는 도구이지, 학생을 통제하거나 평가하는 '감시 장치'

1) STT(Speech-to-Text)와 NLP(Natural Language Processing)는 음성 · 언어를 텍스트로 변환하거나, 텍스트를 이해하고 생성하는 인공지능 기술

가 되어서는 안 됩니다.

학생성장계획(SGP) 개별기록 양식 예시

학생명: ________ 학년/반: ____ 학년 ____ 반 담임: ________
[1] 학습 성장 예) 수학: 개념 이해 빠름, 심화 학습 필요 예) 영어: 독해 기초 부족 주1회 개별 리딩 · 피드백
[2] 정서 · 관계 예) 친구와 사소한 갈등 잦음→ 상담 1회, 또래중재 프로그램 참여
[3] 진로 · 적성 예) 공학 계열 흥미 높음, 메이커 프로젝트 2회 참여
[4] 생활 · 건강 예) 수면시간 평균 5.5시간→ 학부모와 수면 조정 계획 수립
[5] 지원 기록 예) 학습코칭 4주 프로그램 배정, 정서조절 프로그램 연계

7. 결론: 문제 대응에서 성장 설계로, 교육의 문법을 바꾸다

SGP는 단순한 문서 양식이 아닙니다. 서울교육의 문법을 "문제 발생 후 대응(Reaction)"에서 "선제적 성장 설계(Design)"로 바꾸는 거대한 전환입니다. 지금까지 학교는 사고가 터지면 수습하고, 성적이 떨어지면 보충 학습을 하는 '사후약방문'식 교육에 머물러 있었습니다. 어떤 학생은 이미 마음이 떠난 뒤에야 상담실 문을 열었고, 어쩌면 평생 잊지 못할 상처를 얻은 뒤에야 제도가 움직였습니다.

그러나 SGP가 도입된 학교에서는 상황이 달라집니다. 아이들이 보내는 작은 신호—표정의 변화, 참여도의 변화, 생활 리듬의 변화—를 데이터와 기록을 통해 미리 포착할 수 있습니다. 그리고 그 신호를 바탕으로 학교와 가정, 지역사회가 함께 개입할 수 있습니다.

누구도 소외되지 않는 교육, 한 명 한 명의 고유한 색깔이 존중받는 교육은 구호로 이루어지지 않습니다. 그것은 아이를 섬세하게 바라보고, 끈기 있게 기록하며, 끊임없이 지원하는 시스템과 문화 위에서만 가능합니다.

SGP는 바로 그 시스템과 문화를 만들어 가는 첫 걸음입니다. 교사는 "내가 교사인지 행정 서기인지 모르겠다"는 자조에서 벗어나, 학생의 성장 이야기를 함께 써 내려가는 동반자가 됩니다. 부모는 "학교가 우리 아이를 제대로 알고 있을까?"라는 불안을 내려놓고, 학교의 기록과 노력을 신뢰할 수 있게 됩니다. 학생은 "나는 왜 이럴까?"라는 막연한 혼란에서 벗어나, 자신이 걸어온 길과 앞으로의 가능성을 함께 바라보며 미래를 그려나갈 수 있습니다.

SGP는 '평균'이라는 낡은 지도를 버리고, '한 명의 아이'라는 새로운 별을 따라가는 서울교육의 나침반입니다. 우리가 꿈꾸는 교육 르네상스는 화려한 구호가 아니라, 이처럼 촘촘하고 따뜻한 기록 위에서 비로소 피어날 것입니다.

제12장.
AI 시대, 서울교육은 어디로 가야 하는가

'서울 AI 플랫폼 교육청'이라는 새로운 설계도

1. 2026 수능과 SKY 대학의 혼란이 던진 질문: "AI는 틀리지 않았다"

2025년 11월, 수능 시험이 끝난 직후 교육계는 묘한 충격에 휩싸였습니다. 수험생 커뮤니티와 각종 SNS에는 "이번 수능, AI도 틀렸다"라는 자조 섞인 농담이 돌았지만, 전문가들이 내놓은 분석 결과는 정반대였습니다.

한 입시 전문기관이 생성형 AI인 '챗GPT-5.1'에게 올해 수능 국어 영역 문제를 풀게 한 결과, 1등급 수준의 점수가 나왔습니다. 더 주목할 만한 것은 그 과정이었습니다. AI에게 단순히 "정답을 말해줘"라고 했을 때는 9등급 수준의 낮은 성적이 나왔지만, "단계별로 논리적으로 추론해서 풀어줘"라고 구체적인 지시(프롬프트)를 내리자 성적이 수직 상승해 1등급에 도달했습니다.

이 실험 결과는 우리 교육에 두 가지 묵직한 질문을 던집니다. 첫째, 우리가 '변별력'이라 칭하며 수십만 학생을 한 줄로 세우는 그 어려운 문제들이, AI에게는 그저 적절한 명령만 입력되면 순식간에 해결되는 '데이터 조합'에 불과하다는 사실입니다. 둘째, AI 시대의 진짜 실력은 정답을 맞히는 것이 아니라, AI에게 올바른 질문을 던지고 결과를 이끌어내는 '질문 능력'에 있다는 점입니다.

대학가에서도 파열음이 들려오고 있습니다. 2025년 2학기, 연세대, 고려대, 서울대 등 소위 명문대에서 학생들이 생성형 AI를 활용해 과제와 시험을 치른 정황이 대거 적발되었습니다. "나만 안 쓰면 손해"라는 말이 학생들 사이에서 공공연하게 오갔고, 교수들은 'GPT 킬러' 같은 탐지 프로그램을 돌리며 숨바꼭질을 벌였습니다. 하지만 탐지 프로그램조차 AI가 쓴 글을 완벽하게 걸러내지 못했습니다.

이 혼란은 무엇을 말해줍니까? AI가 학교를 망가뜨린 것이 아닙니다. AI는 원래부터 취약했던 우리 교육의 구조적 한계를 적나라하게 드러냈을 뿐입니다. 정답 찾기, 암기 중심, 과제량 위주의 평가, 형식적인 교육 과정. AI는 이 낡은 구조를 가장 빠르고 효율적으로 우회하는 도구가 되어버렸습니다.

이제 우리는 질문을 바꿔야 합니다. "어떻게 하면 학교에서 AI를 막을 것인가?"라는 방어적인 질문에서 벗어나야 합니다. 대신 "AI를 중심에 두고 학교와 시스템을 어떻게 다시 설계할 것인가?"라는 건설적인 질문을 던져야 합니다. 여기서부터 제가 제안하는 '서울 AI 플랫폼 교육청' 구상이 시작됩니다.

2. 금지와 방치 사이에 갇힌 학교, 세 번째 길이 필요하다

지금 한국 학교의 AI 대응은 크게 두 가지 양상으로 나뉩니다. 하나는 '금지형'이고, 다른 하나는 '방치형'입니다.

금지형은 수행평가나 시험에서 "AI 사용 금지"를 엄격하게 선언하고, 적발 시 0점 처리나 징계 위주로 접근하는 방식입니다. 하지만 이는 현실성과 지속가능성이 떨어집니다. 집에서 하는 과제, 온라인 시험, 리포트 작성 과정에서 학생이 AI를 사용했는지 여부를 완벽하게 통제하거나 검증하는 것은 사실상 불가능에 가깝습니다. 창과 방패의 소모적인 싸움만 반복될 뿐입니다.

반면 방치형은 학교 차원의 명확한 원칙이나 가이드라인 없이 교사 개인의 판단에 AI 사용 여부를 맡기는 방식입니다. 이는 교육 불평등을 심화시킵니다. AI를 잘 다루는 학생, 사교육 시장에서 고액의 'AI 활용 컨설팅'을 받은 학생만 더 많은 이득을 보게 되고, 공교육 안에서도 정보 격차에 따른 새로운 계급이 발생하게 됩니다.

서울시교육청도 이 문제를 인지하고 있습니다. 이미 2024년에 'AI 교육 선도교사단 사례집', '에듀테크 기반 교육 사례집', '생성형 AI 교육자료(챗GPT 사례 중심)', 그리고 '서울형 인공지능 윤리교육자료(초 · 중용)' 등을 제작해 일선 학교에 보급했습니다. 또한, 중등학교 서 · 논술형 평가를 지원하기 위해 AI 채점 및 피드백 도구 개발의 타당성 연구도 진행 중입니다.

이미 AI를 교육 안으로 들여오려는 준비는 조용하지만 꾸준히 진행되고 있는 셈입니다. 그렇다면 이제 필요한 것은 무엇일까요? 개별적인 사업이나 사례집의 나열이 아닙니다. 전체 시스템을 아우르는 거대한 설계도입니다. 제가 구상하는 '서울 AI 플랫폼 교육청'은 바로 이 지점에서 의미를 갖습니다.

3. 서울 AI 플랫폼 교육청: 구조부터 바꾸는 접근

이 책에서 말하는 '서울 AI 플랫폼 교육청'은 단순한 구호나 나열이 아닙니다. 서울교육 시스템 전체를 AI 중심으로 재설계하는 하나의 청사진입니다.

핵심 아이디어는 단순합니다. "AI를 학교 행정이나 수업의 개별적인 기능으로 쓰는 것이 아니라, 교육청–학교–학생을 한 번에 관통하는 통합 플랫폼으로 만든다"는 것입니다. 이를 위해 저는 세 단계 구조를 제안합니다.

1단계: 교육청(기반) – 행정과 지원 시스템의 AI 전환

2단계: 학교(실행) – 수업 · 평가 · 학교 운영의 AI 전환

3단계: 학생(성장) – 학습 · 진로 · 삶 전반의 AI 지원

이 세 단계가 유기적으로 연결될 때, 비로소 AI는 교육의 걸림돌이 아니라 가장 강력한 디딤돌이 될 수 있습니다. 하나씩 풀어 보겠습니다.

■ 1단계: 교육청 – "행정은 AI가, 지원은 교육청이"

첫 시작은 교육청입니다. 지금의 교육청과 학교는 방대한 행정 업무, 보고 체계, 공문 작성에 엄청난 인력과 시간을 쏟아 붓고 있습니다. 교육행정정보시스템(NEIS)에 수십 년간 축적된 방대한 데이터는 사실상 '기록용 창고'에 방치된 수준으로만 활용되고 있습니다.

'서울 AI 플랫폼 교육청'은 여기서 출발선을 바꿉니다. NEIS와

연동된 '행정용 AI 두뇌', 즉 'AI 어드민 시스템(AI Admin System)'을 구축하는 것입니다.

해외 사례를 봅시다. 영국의 오크 내셔널 아카데미(Oak National Academy)는 교사들의 업무 경감을 위해 AI 기반의 수업 계획 및 자료 생성 도구인 'Aila'를 개발하여 보급했습니다. 교사들은 이 도구를 통해 수업 준비 시간을 주당 3~4시간씩 절약하고 있습니다. (출처: Greenhouse Learning, 2025)

미국의 **매직스쿨**(MagicSchool AI) 역시 루브릭 생성[2], 이메일 작성, 개별화된 피드백 작성 등 교사의 행정 업무를 돕는 50개 이상의 도구를 제공하여 교사들의 번아웃을 막고 있습니다. (출처: MagicSchool AI Case Studies)

서울시교육청도 이러한 흐름을 주도해야 합니다.

첫째, **공문 초안 자동 작성** 기능입니다. 기존의 수많은 공문과 보고서 양식을 학습한 AI가, 담당자가 목적, 대상, 기한 등 핵심 키워드만 입력하면 공문 초안을 자동으로 생성해줍니다. 담당자는 이를 검토하고 수정하여 확정하기만 하면 됩니다. 단순 반복적인 문서 작업 시간이 획기적으로 줄어듭니다.

둘째, **민원 응대 AI 챗봇**의 도입입니다. 입학, 전학, 돌봄, 장학금 신청, 기본적인 상담 등 학부모와 시민들이 반복적으로 묻는 민

---

2) 라틴어 rubrica(붉은 흙 · 붉은 잉크)에서 유래했으며, 중세에는 문서의 제목이나 중요한 부분을 붉은 글씨로 강조하는 뜻이었다. 이 의미는 오늘날 '권위적인 규칙 · 표제'를 가리키는 확장된 용어로도 쓰인다. 루브릭 생성은 평가 기준과 성취 수준을 표 형태로 정리해 학생의 성과를 객관적으로 평가하는 도구를 만드는 과정을 말한다.(루브릭 뜻 : 네이버 검색)

원을 AI 챗봇이 1차적으로 응대하고 해결합니다. 미국 애리조나 주립대(Arizona State University)는 2024년 대학 최초로 오픈AI와 파트너십을 맺고, 입학 상담부터 수강 신청, 진로 상담까지 AI 챗봇을 전면 도입하여 행정 효율을 극대화했습니다. (출처: ASU Enterprise Technology, 2024) 서울시교육청도 복잡하고 민감한 사안만 담당자가 이어받아 처리하는 구조로 전환해야 합니다.

셋째, **데이터 기반 정책 분석**입니다. 학교별 학업성취도, 정서 상태, 출결 현황, 건강 데이터 등을 익명화하여 AI가 종합적으로 분석합니다. 이를 통해 "어떤 지역, 어떤 학교에 지금 당장 어떤 지원이 필요한지"를 보여주는 정책 리포트를 교육감과 정책 입안자들에게 상시로 제공합니다. 감에 의존하는 행정이 아니라 데이터에 기반한 과학적 행정이 가능해집니다.

이것은 단순한 행정 편의 기능이 아닙니다. 교육 행정 인력 구조를 근본적으로 바꾸는 출발점입니다. 행정 업무가 AI로 간소화되면, 교육청과 교육지원청의 인력 구조를 '지원 중심'으로 재편할 수 있습니다. 단순 문서 수발이나 보고 업무 인력을 줄이고, 학교 현장을 직접 찾아가 돕는 수업 컨설턴트, 평가 전문가, 정서 상담사, 진로 코디네이터 인력을 늘릴 수 있습니다. 지금까지는 학교가 행정 처리를 위해 존재하는 것 같은 주객전도의 구조였다면, AI 플랫폼 도입 이후에는 행정이 학교를 위해 존재하는 정상적인 구조로 전환할 수 있는 여지가 생깁니다.

■ 2단계: 학교 - "평가는 공정하게, 교실은 스마트하게"

두 번째 단계는 학교입니다. 여기서 가장 중요한 키워드는 '공정성'과 '질 높은 수업'입니다.

먼저 '공정 평가 더블 체크(Double Check) 시스템'입니다. 연세대, 고려대, 서울대에서 발생한 생성형 AI 부정행위 사건은 "학생들이 나쁘다"는 차원을 넘어, "도대체 지금의 평가는 무엇을 평가하고 있는가"라는 근본적인 질문을 던집니다. 단순 암기나 정보 검색 수준의 과제는 AI 시대에 더 이상 변별력을 갖지 못한다는 뜻입니다.

서울 AI 플랫폼은 이 지점에서 'AI와 교사의 협업'을 통한 이중 평가 구조를 제안합니다. 1차적으로 서 · 논술형 답안이나 수행평가 결과물을 AI가 정밀 분석합니다. 내용의 적합도, 논리적 구조, 그리고 무엇보다 표절이나 AI 의존 가능성 등을 데이터에 기반해 객관적으로 평가합니다. 그리고 2차로 교사가 최종 검토를 합니다. 교사는 AI의 분석 결과와 학생의 평소 수업 태도, 성장 과정, 맥락 정보를 종합하여 최종 점수를 확정합니다.

이 구조를 통해 AI가 놓치기 쉬운 정성적이고 인간적인 요소는 교사가 보완하고, 교사가 놓치기 쉬운 편향이나 피로로 인한 실수는 AI가 보완합니다. 이것은 단지 기술 혁신이 아니라, 무너진 평가의 공정성과 신뢰를 회복하는 중요한 정치적, 사회적 장치가 될 것입니다.

다음은 '과정 중심 수업'과 'AI 수업 설계 도우미'입니다. 칸 아카데미(Khan Academy)의 AI 튜터 '칸미고(Khanmigo)'는 이미 미국 전역의 교실에서 교사의 수업 설계를 돕고 있습니다. 교사가 수업 주제를 입력하면, 칸미고는 학생들의 흥미를 유발할 수 있는 도입 질문, 토론 주제, 심화 학습 자료 등을 순식간에 제안합니다. 또한 학생들의 학습 데이터를 분석하여 어떤 학생이 어떤 개념에서 막히고 있는지를 교사에게 실시간으로 알려줍니다. (출처: Khan Academy Case Studies)

서울의 교실도 이렇게 변해야 합니다. AI가 교과서와 지도서, 그리고 전 세계의 우수한 수업 사례를 학습한 뒤, 교사에게 맞춤형 수업 설계 조력자로 붙습니다. 이렇게 되면 교사는 밤새워 교재를 만들거나 검색하는 데 시간을 쓰는 '자료 제작자'가 아니라, 수업을 기획하고, 학생을 관찰하며, 관계와 성장의 흐름을 설계하는 진정한 '교육 전문가'로 역할이 이동하게 됩니다. 핵심은 AI가 수업을 대신하는 것이 아닙니다. AI는 수업의 질을 높이는 강력한 도구가 되고, 교사는 그 도구를 활용해 '학생'에게 더 집중할 수 있게 만드는 것입니다.

■ 3단계: 학생 – "진로는 확실하게, 몸과 마음은 건강하게"

마지막 세 번째 단계는 교육의 주인공인 학생입니다. 여기서는 입시와 진로, 학습, 그리고 삶을 통합적으로 지원합니다.

첫째, "내 손안의 AI 입시 코디네이터"입니다. 지금 입시 정보는 강남의 고액 사교육 시장과 일부 인터넷 커뮤니티에 편중되어 있습니다. 정보가 곧 권력이고 돈인 세상입니다. 서울 AI 플랫폼이 성공한다면, 이 정보의 중심을 공교육 안으로 가져오는 것이 목표입니다. 전국의 대학 입시 요강, 전형 결과, 합격자 데이터, 학생부 및 수능·내신 패턴 등을 AI가 종합 분석하여 학생 개개인에게 맞는 최적의 진로·진학 설계 초안을 제시합니다. 사교육 컨설팅 업체에 가서 수백만 원을 주지 않아도, 학교와 교육청이 제공하는 AI를 통해 최소한의 정보 격차를 줄일 수 있습니다. 이는 "정보의 공정성"이라는 측면에서 매우 중요한 의미를 갖습니다.

둘째, "질문하는 AI 튜터, 생각하는 학생"입니다. 학습 측면에서 AI 튜터는 정답을 알려주는 기계가 아니라 질문을 던지는 파트너가 되어야 합니다. 싱가포르 교육부는 국가 학습 플랫폼인 'SLS(Student Learning Space)'에 AI 기반의 적응형 학습 시스템(ALS)과 피드백 도우미를 탑재했습니다. 이 시스템은 학생이 문제를 틀리면 정답을 알려주는 대신, 왜 틀렸는지 스스로 생각하게 만드는 힌트를 제공합니다. (출처: MOE Singapore, EdTech Masterplan 2030)

서울의 AI 튜터 역시 마찬가지여야 합니다. "이 문제 답이 뭐니?"라고 물으면 "답은 3번이야"라고 말해주는 AI는 아이를 망칩니다. 대신 "어디서 막혔는지 말해줄래?", "다른 풀이 방법을 상상해볼래?"라고 되묻는 AI 튜터가 필요합니다. 이런 질문형 AI 모드가 단순 풀이형 AI 모드보다 학습 효과와 사고력 향상에 훨씬 더 도움이 된다는 연구 결과들이 이미 보고되고 있습니다. AI 튜터는 학생의

'생각하는 힘(Thinking)'을 확장하는 두 번째 선생님이 되고, 교사는 AI가 포착하지 못하는 정서와 관계(Being, Living)를 담당하는 첫 번째 선생님이 되는 구조입니다.

셋째, "디지털 리터러시와 몸 · 마음 · 생각의 균형"입니다. 학생에 대한 AI 정책은 단순히 기술을 잘 쓰는 것을 넘어, 전인적 성장과 연결되어야 합니다. 서울 AI 플랫폼 학교에서는 SNS, 유튜브, 게임을 건강하게 사용하는 법, AI와 인간의 역할 차이를 이해하는 윤리 교육, 친구 관계 회복 프로그램과 연계된 정서 교육, 그리고 신체 활동과 수면, 식습관 데이터를 디지털 사용 습관과 연계하여 관리하는 생활 교육까지 포괄합니다. 즉, AI를 잘 쓰는 능력(Skill)만이 아니라, AI 시대를 건강하게 견디고 주체적으로 살아가는 힘(Living & Being)을 함께 기르는 것입니다.

4. AI 플랫폼과 지 · 덕 · 체(Thinking – Being – Living)의 연결

앞 장에서 다루었던 지 · 덕 · 체(생각 – 마음 – 몸)의 철학을 다시 떠올려 봅시다. 서울 AI 플랫폼 구상은 기술적인 시스템 구축을 넘어, 이 지 · 덕 · 체의 가치를 현대적으로 구현하는 도구입니다.

- **행정** AI는 교사의 몸과 마음(Living & Being)을 지키는 장치입니다. 불필요한 행정 노동을 줄여 교사가 아이를 바라볼 수

있는 시간과 에너지를 회복시켜 줍니다.

- **평가 · 수업** AI는 학생의 생각(Thinking)을 더 깊이 있게 들여다보기 위한 도구입니다. 정답보다 사고 과정을, 결과보다 성장 경로를 볼 수 있게 해줍니다.
- **입시 · 진로** AI는 학생의 삶(Living)을 주체적으로 설계하는 데 쓰여야 합니다. 단순히 "어떤 대학에 가느냐"를 넘어 "어떤 삶을 살고 싶은지"를 묻고 탐색하는 도구가 되어야 합니다.

결국 방향은 하나입니다. 언행일치(말과 행동의 일치)를 넘어서, **몸–마음–생각**의 일치로 나아가는 교육. AI는 그 길을 방해하는 장애물이 아니라, 오히려 그 길을 더 정교하게 설계하고 지원할 수 있게 해주는 새로운 인프라가 될 수 있습니다.

5. 마무리: AI를 중심에 두면, 사람의 자리가 더 분명해진다

2026 수능의 AI 실험 결과와 SKY 대학가의 AI 부정행위 논란은 얼핏 보면 AI가 교육을 망친다"고 비판하기 쉬운 소재입니다. 하지만 조금만 관점을 달리해서 보면, 이 사건들은 지금까지의 우리 교육 구조가 가지고 있던 약점—정답 중심 평가, 과제 위주 수업, 형식적인 공정성, 불평등한 정보 격차—을 적나라하게 보여주는 계기이기도 합니다. 위기는 곧 기회입니다. 낡은 시스템이 무너지는

소리는, 새로운 시스템을 지으라는 신호입니다.

'서울 AI 플랫폼 교육청'이라는 구상은 AI를 단순히 교실에 노트북 몇 대 더 들여놓는 수준으로 도입하는 것이 아닙니다. 교육청의 행정 구조, 학교의 수업과 평가, 그리고 학생의 학습과 삶 전체를 동시에, 그리고 유기적으로 바꾸어보자는 거대한 제안입니다.

역설적이게도, AI가 교육의 중심에 들어올수록 사람의 역할은 더 분명해집니다. 교사는 행정 노동자가 아니라 아이의 삶과 성장을 지켜보는 전문가가 되고, 학교는 지식을 전달하는 공장이 아니라 몸-마음-생각의 일치를 도와주는 성장의 공간이 되며, 교육청은 위에 군림하는 기관이 아니라 AI 인프라를 통해 학교와 학생을 든든하게 뒷받침하는 플랫폼이 됩니다.

이 장은 단순히 아이디어를 던지고 학교를 실험하자는 얘기가 아닙니다. 서울교육이 AI 시대에 어떤 그림으로 나아갈 수 있을지를 시민의 눈높이에서 그려본 하나의 미래 설계도입니다. "선생님에겐 가르칠 시간을, 아이들에겐 미래를"이라는 모토는 단순한 정치적 슬로건이 아닙니다. 그것은 AI 시대 공교육이 생존하기 위해 스스로에게 던져야 할 치열한 질문이자, 반드시 도달해야 할 목표입니다.

선생님이 정말 아이들을 가르치고 사랑할 수 있도록, 아이들이 정말 자기 미래를 주체적으로 설계할 수 있도록, AI를 어디에, 어떻게 배치할 것인가. 그 질문에 대한 가장 구체적이고 현실적인 답이 바로 이 '서울 AI 플랫폼 교육청'입니다. 이제 우리는 두려움을 넘어, AI라는 거인의 어깨 위에 올라타 새로운 교육의 지평을 열어야 할 때입니다.

제13장.

교육대전환 사회협약

시민이 여는 서울교육 10년

1. 왜 다시 '사회협약'인가: 4년짜리 교육이 아닌 10년짜리 교육을 위해

서울의 초등학교 1학년 아이가 고등학교 3학년이 될 때까지는 12년이 걸립니다. 그러나 서울시교육감의 임기는 4년입니다. 이 단순한 숫자의 차이 속에 한국 교육이 가진 구조적 불안이 숨어 있습니다. 교육감이 바뀔 때마다 혁신학교 정책은 요동쳤고, 고교학점제와 진로 · 직업교육의 방향은 미세하게 또는 대폭적으로 조정되었습니다. 자사고와 외고 정책 역시 정권과 교육감 교체 때마다 롤러코스터를 타듯 흔들렸습니다.

이 변화의 사이를 통과하는 것은 학생과 학부모입니다. 부모는 매번 "우리 아이는 어느 제도 아래서 졸업하게 될까"를 가늠해야 하고, 아이들은 자신이 선택하지 않은 제도 변화의 실험대가 되었습니다. 교육은 어느새 한 세대의 삶을 설계하는 공적 약속이 아니라, 4년마다 바뀌는 "정책 상품"처럼 느껴지기도 합니다.

물론 서울교육이 아무런 방향 없이 움직이고 있는 것은 아닙니다. 서울시교육청은 2025년 주요업무계획에서 "모두를 위한 맞춤형 교육", "자치와 참여의 교육공동체", "공감과 소통의 찾아가는 행정"을 5대 정책 방향 가운데 핵심 축으로 제시하며, 70여 개에 이르는 세부 실천 과제를 발표했습니다(서울특별시교육청, 2025). 여기에는 AI · 디지털 기반 개별 맞춤교육, 학교자치협의회 신설, 학교행정지원센터 시범 운영, 시민과 함께하는 교육대전환 포럼 등이 포함되어 있습니다. 방향성과 과제 목록만 놓고 보면 이미 상당한 청사진이 제시된 셈입니다.

그러나 이 문서들은 어디까지나 "교육청의 계획"입니다. 법률이 아니라 행정계획이기 때문에, 교육감이 바뀌면 얼마든지 수정되거나 폐기될 수 있습니다. 어떤 교육감은 혁신학교를 확대하고, 어떤 교육감은 이를 축소하거나 이름을 바꾸려 할 것입니다. 한 세대의 삶을 관통하는 교육의 방향이, 이런 식으로 "정권과 교육감"에 종속되어야 하는가라는 질문이 자연스럽게 뒤따를 수밖에 없습니다.

이 책의 마지막 장에서 제안하고자 하는 것은, 교육청의 계획을 뛰어넘는 새로운 단계입니다. 그것은 서울시교육청 단독으로 작성하는 업무계획이 아니라, 서울 시민 전체가 함께 서명하는 교육대전환을 위한 10년짜리 사회협약입니다. 유네스코가 2021년 『교육을 위한 새로운 사회계약』에서 강조하듯, 오늘날 교육은 단순한 공공서비스가 아니라 "사회 전체가 다시 합의해야 할 공동 약속의 핵심 축"입니다(UNESCO, 2021). OECD 또한 "교육은 민주주의와 사회적 연대의 기반인 동시에, 잘못 설계될 경우 불평등을 재생산할 위험을 안고 있다"고 경고하며, 단기 정책이 아니라 사회계약 수준의 장기 비전이 필요하다고 지적했습니다(OECD, 2020).

서울이 준비해야 할 것은, 특정 교육감 개인의 공약집이 아니라 "서울 시민과 교육공동체가 함께 합의한 10년짜리 약속"입니다. 이 장에서 말하는 "교육대전환 사회협약"은 바로 그 약속의 이름입니다.

2. 조각난 참여에서 '하나의 약속'으로

다행히 서울은 전혀 빈손에서 출발하는 것이 아닙니다. 이미 여러 조각의 "사회협약의 씨앗"을 가지고 있습니다.

주민참여예산위원회는 시민이 교육재정의 방향을 논의할 수 있는 창구입니다. 위원들은 예산 항목을 심의하며 교육재정이 어디에, 어떻게 쓰이는지에 대해 의견을 제시합니다(서울특별시교육청, 2024). 서울교육 시민참여단은 상시적으로 정책 제안과 공론 의제 제시, 정책 모니터링을 수행하는 온라인 · 오프라인 참여 채널입니다. 서울형 혁신교육지구는 서울시 · 교육청 · 자치구 · 지역 주민이 함께 공교육 혁신 모델을 만들기 위해 운영하는 지역 기반 거버넌스입니다(서울시, 2023). 학부모 · 시민 참여 한마당은 학부모, 교직원, 학생, 시민이 함께 교육 경험을 나누는 연례 축제로 자리 잡고 있습니다. 최근 시작된 "교육대전환 포럼"은 조기 사교육, 교육 양극화, 공교육 신뢰 회복 등을 주제로 시민과 함께 숙의형 정책개발을 시도하고 있습니다(파이낸스투데이, 2025).

2025년 서울교육 주요업무에는 "자치와 참여의 교육공동체", "공감과 소통의 행정"이라는 방향 아래 학교자치협의회, 학교행정지원센터, 학교폭력제로센터, 디지털성범죄 원스톱 지원체계 등이 포함되어 있습니다(서울교육소식, 2025). 이 모든 요소는 사회협약으로 나아가기 위한 중요한 구성 조각이다.

문제는 이 조각들이 아직 하나의 큰 그림으로 연결되어 있지 않다는 점이다. 주민참여예산은 재정 논의에만 머무르고, 시민참여단은 정책 제안 플랫폼에 머무르기 쉽습니다. 포럼은 일회성 행사로 끝나기 쉽고, 혁신교육지구는 일부 자치구에 한정되며, 학부모 · 시민 한마당은 축제의 성격을 가지면서도 정책과 직접적인 연결고리가 약합니다.

이제 필요한 것은 이 조각난 참여 구조들을 하나의 큰 틀, 곧 "교육대전환 사회협약"이라는 우산 아래 엮어 내는 일입니다. 그렇게 될 때 비로소 "서울교육의 10년, 시민이 연다"는 메시지가 추상적인 슬로건을 넘어, 제도와 운영 체계로 구현될 수 있을 것이다.

3. 교육대전환 사회협약의 세 축: 원칙, 내용, 구조

제가 제안하는 서울형 교육대전환 사회협약은 크게 세 개의 축을 가집니다.

첫째는 "원칙"입니다. 우리는 무엇을 위해 함께 약속하는가?

둘째는 "내용"입니다. 어떤 구체적인 과제를 10년 동안 함께 밀고 갈 것인가?

셋째는 "구조"입니다. 그 약속을 누가, 어떻게 지키고 점검할 것인가?

3-1. 네 가지 원칙

첫 번째 원칙은 **학생의 권리와 성장을 최우선 가치로 두는 것**입니다. 모든 의사결정은 "이 선택이 학생의 안전 · 성장 · 존엄에 어떤 영향을 미치는가?"라는 질문을 통과해야 한다. OECD의 '러닝 컴퍼스 2030'이 강조하듯, 교육의 최종 목표는 지식의 축적이 아니라 학생의 주체성과 웰빙이다(OECD, 2019). 사회협약에 포함되는 모든 조항은 결국 학생의 삶을 중심에 두고 다시 점검될 필요가 있다.

두 번째 원칙은 **정권 · 교육감 교체와 무관한 장기성**입니다. 사회협약에 담기는 10년 과제는 선거 때마다 흔들리는 공약이 아니라, 서울시의회 · 교육청 · 시민사회가 함께 서명한 "장기 구조개편 과제"가 되어야 합니다. 교육감이 바뀔 수는 있지만, 사회협약이 가리키는 방향은 유지되어야 합니다. 새로운 교육감은 이 큰 방향 속에서 세부 정책을 조정하는 수준에 머물도록 제도 설계가 필요합니다.

세 번째 원칙은 **자율과 지원의 균형**입니다. 이미 7장에서 제안된 '서울형 자율-지원학교' 모델과 자연스럽게 이어지는 원칙입니다. 학교에 권한을 넘긴다는 이유로 방치해서도, 신뢰인증제와 같은 제도를 이유로 다시 과도한 통제 체제로 회귀해서도 안됩니다. 학교는 결정하고, 교육청은 지원하는 구조 속에서 자율과 책무성이 함께 작동하는 균형 감각이 중요합니다.

네 번째 원칙은 **투명성과 데이터 공개**입니다. 사회협약에 담긴 목표와 지표, 실행 정도는 매년 시민에게 공개되어야 합니다. 이것은 교육감의 개인성과가 아니라 서울 시민의 공동 프로젝트로 평가받아야 합니다. 시민이 교육의 주체로 참여하기 위해 필요한 것은 무엇보다 정보의 투명한 공개와 이해 가능한 방식의 시각화입니다.

3-2. 10년 동안 함께 할 10대 공동 약속

사회협약의 내용은 이 책 전반에서 다뤄 온 의제들을 하나의 지도로 묶어내는 작업입니다. 예를 들어 다음과 같은 10대 약속을 상정해 볼 수 있습니다.

첫째, **공교육 신뢰인증제**입니다. 학교의 신뢰도와 교육의 질을 규제로 관리하는 것이 아니라, 지원과 협력을 위한 기준으로 삼는 인증제입니다. 이 제도는 학교를 줄 세우는 것이 아니라, 각 학교의 강점을 파악하고 필요한 자원을 연결하는 장치가 되어야 합니다.

둘째, **서울형 자율–지원학교의 전면 도입**입니다. 행정업무를 경감하고, 교사 · 행정 · 학생지원이라는 세 개의 전문 조직을 갖추어, 학교가 교육과정과 예산, 생활규정을 스스로 설계할 수 있도록 합니다.

셋째, **교사 업무 50% 경감**입니다. 원 인풋 원칙, NEIS와 행정 전산망 통합, AI 행정 지원 도입을 통해 학교를 "수업과 상담 중심 공간"으로 재구성하는 것이 목표입니다.

넷째, **서울 AI Platform 교육청의 구축**입니다. 행정, 수업, 평가, 진로 · 진학 기능을 하나의 공공 플랫폼 안에서 통합하여, 사교육 시장에서만 활용되는 AI가 아니라, 공교육용 AI 인프라를 서울 시민 모두의 자산으로 만드는 계획입니다.

다섯째, **학생성장계획(SGP)의 전면 도입**입니다. 학생을 평균점수로만 보는 것이 아니라, 한 명 한 명의 학습 · 정서 · 관계 · 진로 · 건강 궤적을 기록하고 지원하는 시스템을 정착시킵니다.

여섯째, 학교폭력과 **디지털 성범죄의 통합 대응 체계**입니다. 학교폭력제로센터, 디지털성범죄 원스톱 지원, 회복적 정의에 기반한 학교문화 전환 등을 통해, 학교가 아이들에게 가장 안전한 공간이 되도록 만드는 것이 목표입니다(서울특별시교육청, 2025).

일곱째, **공교육 · 마을 · 시민의 연계 강화**입니다. 혁신교육지구, 지역 직업교육 혁신지구, 시민학습 네트워크 등을 하나의 큰 프레임에서 재배치함으로써, 학교 밖 공간이 학교 교육의 확장된 교실이 되도록 합니다(서울시, 2023).

여덟째, **교육재정의 투명성과 참여 확대**입니다. 주민참여예산위원회, 시민참여단, 학생 · 학부모 예산학교 등을 결합하여, 시민이 예산 우선순위에 실질적으로 참여하도록 만드는 “참여 예산 2.0” 모델을 구상할 수 있습니다.

아홉째, **교사 전문성과 노동 환경의 혁신**입니다. AI · 디지털 리터러시 연수, 심리 · 정서 지원, 교권과 학생 인권이 상충이 아니라 공존하는 학교 문화를 구축하는 과제들이 여기에 포함됩니다.

열 번째, **지속가능성과 기후위기 대응 교육**입니다. 탄소중립 학교, 생태전환 교육, 도시와 환경을 잇는 프로젝트형 학습 등은 단순한 환경교육을 넘어, 미래 세대를 위한 생존교육에 가깝습니다(서울교육소식, 2024).

이 10대 약속은 어디까지나 예시일 뿐입니다. 중요한 것은 각 약속에 대해 명확한 지표, 타임라인, 책임 주체, 예산 출처를 설정하고, 이를 10년 로드맵으로 시각화하는 일입니다.

4. 새로운 거버넌스: 학생 · 교사 · 학부모 · 시민이 함께 앉는 테이블

사회협약이 선언문에 그치지 않으려면, 이를 뒷받침할 거버넌스 구조가 반드시 필요합니다. 지금도 서울에는 다양한 참여 기구가 존재하지만, 이들을 가로로 연결하는 상위 구조는 아직 약한 편입니다.

하나의 제안으로, **"서울교육 사회협약위원회(가칭)"**를 상정해 볼 수 있습니다. 이 위원회는 서울시교육청 직속 상설기구이면서, 동시에 서울시 · 시의회 · 시민사회가 공동 참여하는 독립적인 공론기구의 성격을 갖게 됩니다. 구성은 학생 대표(서울학생의회 및 학교 학생자치 대표), 교사 대표(교원단체와 공모를 통한 현장 교사), 학부모와 시민 대표(학부모회, 주민참여예산위원, 시민단체 등), 교육청 · 시의회 · 서울시 담당 부서, 교육 · 사회정책 · 데이터 전문가들로 이뤄질 수 있습니다.

이 위원회의 역할은 네 가지 정도로 요약할 수 있습니다. 첫째, 교육대전환 사회협약 초안을 작성하고 이를 시민과 함께 공론화합니다. 둘째, 10개년 로드맵을 매년 점검하면서 현실에 맞게 보완합니다. 셋째, 대입 개편, 고교체제 개편, AI 교육 도입 등 교육의 큰 방향을 좌우하는 현안을 시민숙의 방식으로 다룹니다. 넷째, 사회협약 이행 상황에 대한 연차보고서를 발간하여 시민 앞에 성과와 한계를 투명하게 공개합니다.

유네스코는 "교육의 새로운 사회계약"에서 미래 교육은 국가와 지자체만으로는 유지될 수 없으며, 시민 · 학생 · 교사가 동등한 주체로 참여하는 협력적 거버넌스 위에서만 지속가능하다고 말합니다(UNESCO, 2021). 서울교육 사회협약위원회는 유네스코의 협력적 거버넌스의 한국판이 될 수 있습니다.

위원회 아래에는 네 개의 "현장 테이블"을 둘 수 있습니다. 첫 번째는 학생 · 청소년 테이블입니다. 서울학생의회와 각급 학교 학생자치 대표, 청소년단체 등이 참여하여 매년 "서울교육 학생총회"를 열고, 사회협약 이행 상황을 평가하며 제안을 내놓는 구조입니다. 두 번째는 교사 · 교육노동자 테이블이다. 교원단체, 기간제 · 비정규직, 행정직 등 다양한 교육노동자가 모여 교사업무 경감, AI 도입, 학교자치 · 평가 혁신 등의 쟁점을 논의합니다. 세 번째는 학부모 · 시민 테이블입니다. 학부모회, 시민단체, 기업, 대학, 지역 문화기관 등이 참여하여 사교육비, 돌봄, 방과후, 지역 연계 프로젝트 등을 함께 설계합니다. 네 번째는 데이터 · 지표 테이블입니다. 연구자, 통계전문가, 시민 데이터활동가 등이 모여 사회협약 지표를 설계하고, 공개 데이터 포털을 운영하며, 시민에게 친숙한 형태로 시각화하는 일을 맡습니다.

이 네 개의 테이블에서 올라온 제안과 평가를 사회협약위원회가 다시 종합 · 조정하고, 매년 "서울교육 사회협약 연차보고서" 형태로 발표하는 구조를 상상해 볼 수 있습니다. 이미 서울시교육청이 운영 중인 주민참여예산위원회, 시민참여단, 교육대전환 포럼, 학부모 · 시민 한마당 등은 이 네 개 테이블 안으로 자연스럽게 흡수 · 연계될 수 있습니다.

5. 10년 로드맵: 네 단계로 설계하는 서울교육의 미래

서울교육 사회협약은 "10년 동안 이것을 하겠다"는 선언만으로는 의미를 갖기 어렵습니다. 실제로 작동하려면 몇 가지 원칙을 충족하는 로드맵이 필요합니다.

첫째, 시간 단위는 학생의 성장주기에 맞춰야 합니다. 초등 1학년이 고3이 되기까지 12년이 걸린다는 사실을 떠올려 보면, 4년 임기에 맞춘 계획이 아니라 "한 세대에 걸친 변화"를 상정하는 구조여야 합니다. 둘째, 어느 교육감이 오더라도 쉽게 되돌릴 수 없는 제도적 장치를 마련해야 합니다. 시민 공동 거버넌스, 공개 지표, 법 · 조례 수준의 합의가 그 핵심입니다. 셋째, 교육청 중심의 하향식이 아니라 학교중심의 상향식 구조가 되어야 합니다. 관료 중심 개혁이 아니라 학교의 자율과 책임, 교육청의 지원 원칙이 로드맵 전반에 관철되어야 합니다. 넷째, 시민참여가 설계 · 집행 · 평가 전 과정에 제도적으로 포함되어야 합니다. 다섯째, 사회협약의 핵심 목표들은 매년 지표로 측정되고 공개되어야 합니다.

이러한 원칙 위에서 서울교육 사회협약의 10년 로드맵은 네 단계로 구성될 수 있습니다.

1~2년 차는 "기반 구축기"입니다. 이 시기에는 사회협약위원회를 설립하고, 교육자치 조례를 개정하여 사회협약을 법적 의무로 명시하는 작업이 필요합니다. 시민참여단, 학부모회, 학생의회, 교원단체 등 약 3천 명 규모가 참여하는 공론장을 통해 10대 공동과

제의 초안을 도출합니다. 동시에 자율-지원학교 100개교를 시범 운영하면서, 교사 행정업무 30% 경감과 학생성장계획(SGP)을 시범 도입합니다. NEIS, 행정전산망, 학폭 전산 등을 통합하는 AI 행정지원 1단계를 시작하고, 공교육 신뢰인증제의 기준을 설계하여 30개 학교에서 파일럿으로 적용해 봅니다.

3~5년 차는 "구조 전환기"입니다. 이 시기에는 자율-지원학교를 초 · 중 · 고의 60% 수준까지 확대하고, 교사 행정업무 50% 경감을 실질적으로 달성합니다. 학교장은 교육과정, 예산, 생활규정에 대해 실질적인 자율권을 행사하게 됩니다. 서울 AI Platform 교육청은 행정 자동화 기능을 넘어 수업 지원, 평가, 진로 · 진학 서비스를 포괄하는 공공 플랫폼으로 진화합니다. 공교육 신뢰인증제는 1차 평가 및 결과 공개를 통해 단순한 통제가 아니라 지원의 근거로 활용됩니다. 학생성장계획은 모든 학교에 전면 도입되어 학습 · 정서 · 관계 · 진로 · 건강 데이터를 누적 · 분석하게 됩니다. 학교폭력과 디지털 성범죄에 대한 통합 지원 체계도 이 시기에 완성되어, 징벌 중심에서 회복과 재발 방지 중심으로 학교 문화를 전환해 나갑니다.

6~8년 차는 "고도화기"이다. 시민참여 기반 예산 · 정책 구조가 정착되고, 주민참여예산, 학교자치협의회, 시민참여단이 서로 연동됩니다. 교육정책 시민배심원단과 같은 기제를 도입해 교육청의 주요 정책을 시민이 심의하는 구조를 만들 수 있습니다. AI 기반 공정평가, 이른바 AI-Double Check 시스템이 전면 시행되어

교사의 정성적 평가와 AI의 정량적 분석이 만나는 새로운 평가 체계가 구축됩니다. 교육 · 복지 · 돌봄 통합 플랫폼을 마련해 아동복지, 정서지원, 학교상담, 보건, 방과후가 하나의 "학생지원 통합창구" 안에서 작동하도록 합니다. 이 시기에는 자율–지원학교 전환이 100% 완료되어, 모든 학교가 자율과 지원 구조를 기본값으로 삼게 됩니다. 공교육 신뢰인증제도 1차 운영 결과를 반영해 2차 개편을 실시하고, 학교의 교육철학과 자율성을 반영한 정성 평가 요소를 강화할 수 있습니다.

9~10년 차는 "정착기"이자 "다음 10년을 준비하는 시기"입니다. 서울교육은 이 시기에 학교 신뢰도, 학생 웰빙지수, 교사 전문성 만족도, 시민 참여지수, 지역 간 격차지수 등을 종합한 "서울교육 신뢰지수"를 발표할 수 있을 것입니다. 핀란드, 네덜란드, 캐나다, 싱가포르 등의 도시 · 국가와 비교 연구를 진행하여 서울형 모델의 국제적 위치를 점검합니다. 지난 10년간의 변화를 정리한 사회협약 연차보고서 완성판을 발간하며, 정책별 성과와 한계를 시민과 함께 평가합니다. 동시에, 지금의 초등 1학년이 고3이 되는 새로운 세대를 상정하며, AI 고도화와 기후위기, 도시 구조 변화 등을 반영한 "차기 10년 사회협약" 초안을 공개하고 시민 공론장을 통해 채택하는 과정이 이어질 것입니다.

6. 사회협약과 "서울 AI Platform 교육청"의 만남

앞 장들에서 우리는 "서울 AI Platform 교육청"이라는 새로운 행정 · 학습 인프라를 구상했습니다. 이 플랫폼은 단순한 기술 프로젝트가 아닙니다. 교육대전환 사회협약을 실제로 구현하고 모니터링하는 핵심 도구가 될 수 있습니다.

첫째, AI 플랫폼은 사회협약 지표의 실시간 모니터링 도구가 될 수 있습니다. 학생성장계획(SGP) 데이터, 학교폭력 및 상담 지원, 수업 · 평가 혁신 사례, 교사업무 경감 실적 등을 익명 · 집계형으로 분석해 "서울교육 대시보드"를 만들면, 시민은 언제든지 이 대시보드를 통해 사회협약의 진척 상황을 확인할 수 있습니다. 이는 교육행정의 투명성을 크게 높이는 장치가 될 것입니다.

둘째, 이 플랫폼은 시민 참여의 새로운 공간이 될 수 있습니다. 사회협약 관련 정책 제안, 우선순위 투표, 예산 시뮬레이션 등을 시민이 온라인으로 직접 참여할 수 있는 시스템을 구축한다면, 지금까지는 공청회에 참석해야만 가능했던 참여가 일상생활 속으로 들어올 수 있습니다. 이미 서울시교육청은 온라인 시민참여단 게시판과 정책 제안 창구 등을 운영하고 있는데, 이를 통합해 "교육 사회협약 플랫폼"으로 발전시킬 수 있습니다.

셋째, AI 플랫폼은 교육청의 역할 자체를 변화시킵니다. 교육청은 관리 · 감독 기관이 아니라, 플랫폼 운영자이자 촉진자로 이동합니다. 학교가 자체적으로 설정한 목표와 사회협약의 지표를 연결해 필요한 인력 · 예산 · 컨설팅 · AI 도구를 "맞춤형 패키지"로 제공하는 구조가 가능해집니다. 이렇게 되면 사회협약은 추상적 선언이 아니라, AI와 데이터, 시민 참여 구조를 통해 "살아 움직이는 약속"으로 전환될 수 있습니다.

7. 해외의 교육 사회계약 논의와 서울의 길

유네스코는 "새로운 사회계약으로서의 교육"을 이야기하며, 교육이 단지 경제 성장의 수단이 아니라 "공통의 미래를 함께 상상하고 재구성하는 공간"이 되어야 한다고 강조합니다(UNESCO, 2021). OECD 역시 교육을 한 세대만의 과제가 아니라, 세대를 관통하는 장기 공공투자로 보고 있습니다(OECD, 2020).

핀란드의 경우, PISA 1위와 행복한 학생이라는 이미지 뒤에는 40년 넘게 유지된 국가 교육협약이 있습니다. 1970년대 종합학교 개편 당시부터 "교육은 특정 정당의 프로젝트가 아니라 사회 전체의 합의이며, 개혁은 10~15년 단위로 실행한다"는 원칙이 세워졌습니다. 교육과정 개편 과정에는 교사, 학부모, 학생이 폭넓게 참여했고, 국가교육위원회는 정권 성향과 무관하게 시민 숙의를 기반으로 정책을 설계했습니다. 정치의 주기가 아니라 학생의 성장

주기에 맞춘 장기 계획만이 교육의 일관성을 지킬 수 있다는 사실을 보여줍니다.

캐나다 온타리오주의 "Student Success Strategy"는 2003년부터 10년 넘게 유지된 정책입니다. 학교, 교사, 학생, 지역사회, 기업, 대학이 참여해 학생 조기 이탈을 예방하고 개별 학습 경로를 설계하며, 지역사회 기반 직업교육을 연계했습니다. 정권이 중간에 교체되었음에도 이 전략은 "공동의 교육목표"로 인정되어 지속되었습니다. 한 지역의 교육 시스템이 변하려면 정책이 정부의 것이 아니라 시민과 학교 공동의 자산, 다시 말해 "민주적 소유권(shared ownership)"을 가져야 한다는 점을 보여줍니다.

네덜란드는 세계에서 가장 분권화된 교육 거버넌스를 가진 나라 중 하나입니다. 학교운영위원회(School Board)는 단순 자문기구가 아니라 예산, 인사, 교육 방향, 지역사회 협력 구조까지 결정하는 실질적 권한을 가집니다. 학부모, 시민, 교육 전문가, 교원 대표가 함께 학교 운영을 책임지는 구조입니다. 이 때문에 정권이 바뀌어도 학교는 학교 나름의 정체성을 지켜갈 수 있습니다. 학교 자율과 교육청 지원, 시민 거버넌스가 결합된 모델이 어떤 효과가 있는지를 잘 보여줍니다.

영국에서는 지난 20년 동안 Teaching School Alliance, Local Partnership Board, SEND 네트워크 등 다양한 교육 파트너십 구조가 발전해 왔습니다. 이 네트워크들은 학교의 자율성을 보장하면서도 시민사회와 공공기관을 연결하는 고리 역할을 합니다. 특히 "SEND Code of Practice(2015)"는 장애와 정서 · 특수 교육을 포함한 학교-지자체-가정-커뮤니티의 공동 책임 원칙을 법으로 명시했습니다. **법 · 제도 기반 위에 시민의 감시와 참여가 결합될 때 사회협약의 실질적 힘이 생긴다**는 점을 확인할 수 있습니다.

뉴질랜드는 1989년 "Tomorrow's Schools" 개혁을 통해 학교 자치를 대폭 강화했습니다. 이후 30년 동안 이 시스템은 여러 세부 개편을 거치면서도 유지되어 왔고, 국가교육 거버넌스의 사회적 계약으로 자리 잡았습니다. 학교는 자율적 학습 공동체, 교육청은 지원기관, 지역사회는 운영의 파트너, 국가는 교사 전문성 강화의 책임자로 역할을 나누었습니다. 장기 개혁의 힘은 자율과 지원, 시민 참여가 구조적으로 결합될 때 비로소 발휘된다는 사실을 보여주는 사례입니다.

해외 사례를 종합해 보면 몇 가지 공통된 골격이 나타납니다. 교육정책은 더 이상 정부의 독점물이 아니라 학생 · 교사 · 학부모 · 시민이 공동으로 소유하는 사회적 자산이란 사실입니다. 장기 계획은 참여와 데이터, 제도의 세 가지 요소가 결합될 때에만 실효성을 가질 수 있습니다. 학교 자율, 교육청 지원, 시민 감시 · 참여가 삼각축을 이룰 때 개혁은 지속성을 갖습니다. 그리고 10년 단위 목표와 연차별 점검 체계를 제도화해야 정권과 교육감 교체에도 방향이 흔들리지 않습니다.

서울은 이미 혁신교육지구, 시민참여단, 학부모 참여 한마당, 교육대전환 포럼 등 "조각난 사회계약"들을 실험해 왔습니다. 이제

해야 할 일은 이 조각들을 10년짜리 사회협약으로 엮어 내는 일입니다.

8. 사회협약이 현장에 가져올 변화: 몇 가지 장면

사회협약이라는 말이 여전히 추상적으로 느껴진다면, 구체적인 학교 현장의 장면을 떠올려볼 수 있습니다.

한 초등학교 학교장은 학부모 설명회 자리에서 "우리 학교의 10년 목표"를 이야기합니다. 그는 교육대전환 사회협약의 10대 과제와 우리 학교의 교육과정이 어떻게 연결되어 있는지를 차분하게 설명합니다. 학부모는 "이 학교가 4년 뒤 교육감이 바뀌어도 우리 아이의 초등과 중학교 시기를 일관된 방향으로 책임지려 하는구나"라는 신뢰를 느낄 것입니다.

한 중학교의 교무회의에서는 내년도 교육과정 편성이 논의될 때, 사회협약 지표 중 우리 학교가 특히 책임지고자 하는 세 가지 목표가 함께 거론됩니다. 교사들은 더 이상 "교육청 사업을 몇 개 나눠 맡을 것인가"를 두고 논쟁하지 않습니다. 대신 "우리가 시민과 함께 약속한 의제를, 이 학교의 현실과 학생의 삶에서 어떻게 구체화할 것인가"를 놓고 의견을 나눕니다.

교육청의 정책국 회의에서도 변화가 일어납니다. 정책 담당자들은 "올해 새로운 사업을 몇 개 더 만들 것인가"가 아니라, "사회협약 10개 과제 중 어떤 지표가 정체되어 있고, 이를 위해 기존 사업을 어떻게 통합하거나 폐지하며 재설계할 것인가"를 토의합니다. 사업의 수가 아니라 약속의 이행 정도가 정책의 평가 기준이 되는 것입니다.

한 교육시민단체의 회의에서도 대화의 초점이 달라집니다. 이 단체는 더 이상 "어떤 교육감이 되느냐"만을 중심으로 활동하지 않습니다. 매년 발표되는 사회협약 연차보고서와 서울교육 대시보드를 분석하며, 이행률이 낮은 영역을 찾아내고 구체적인 개선안을 제시합니다. 공청회와 토론회는 교육감을 향한 일방적인 비판의 장이 아니라, 시민이 공동 설계자이자 감시자로 참여하는 자리로 바뀝니다.

이런 장면들이 자연스러워지는 순간, 교육은 더 이상 "누가 교육감이 되는가"에 따라 좌우되는 정치 이슈가 아니라, "시민이 함께 책임지는 공동의 미래 프로젝트"가 될 것입니다.

9. 에필로그: 천 개의 학교, 천 개의 색깔이 피어나는 서울

이 책은 서울교육의 10년을 상상하는 여정이었습니다. 그러나 이 여정은 단순한 개혁 아이디어 모음집이 아닙니다. 1장부터 13장까지를 관통하는 메시지는 한 문장으로 요약할 수 있습니다.

"교육은 구조이며, 구조는 약속이고, 약속은 시민이 만든다."

초반부에서 우리는 평균의 함정에 빠진 한국 교육의 현실을 바라보았습니다. 정서 문제는 증가하고, 학습격차는 심화되었으며, 디지털 환경은 아이들의 삶을 빠른 속도로 흔들고 있었습니다. AI의 등장은 위기이자 기회로 다가왔고, 정권이 바뀔 때마다 교육정책은 불안하게 흔들렸습니다. 이 모든 상황 속에서 교육 르네상스", 곧 아이 한 명 한 명을 고유한 우주로 바라보는 철학적 전환의 필요성이 제기되었습니다.

중반부에서는 서울교육이 제자리걸음을 하는 가장 깊은 이유가 "권한은 없고 책임만 있는 학교구조"라는 점을 확인했습니다. 행정노동에 짓눌린 교사, 진도 따라가기 기계가 된 학생, 상부 지시에 따라 움직이는 학교. 이 구조를 바꾸기 위해 서울교육 7대 구조문제를 직시하고, 교사 업무 50% 경감, 자율-지원학교, 학생성장계획(SGP)이라는 네 개의 기둥을 제시했습니다. 이것은 서울교육이 미래로 가는 최소한의 조건이자 출발점이었습니다.

후반부에서는 AI 시대의 위협과 기회 속에서 학교가 어떤 방향을 선택해야 하는지 살펴보았습니다. 딥페이크와 학업 부정행위, 사교육 AI의 폭발적인 성장 속에서도, 공교육이 AI를 공공재로 삼아 공정성과 효율성을 높이고, 인간적인 관계와 성장 설계를 중심에 두는 길을 찾을 수 있다는 가능성을 보여 주었습니다. 공교육 신뢰인증제와 서울 AI Platform 교육청 구상은 그 가능성을 제도와 기술의 언어로 풀어낸 시도였습니다.

마지막으로 제13장에서 우리는 이 모든 내용을 10년짜리 사회협약으로 엮어내려 했습니다. 합의와 기반을 만드는 1~2년, 학교 운영체제를 바꾸는 3~5년, 시민참여와 질관리 체계를 고도화하는 6~8년, 새로운 표준을 완성하고 다음 10년을 준비하는 9~10년. 이 네 단계의 로드맵은 서울교육이 더 이상 정치의 풍향계에 따라 흔들리지 않고, 시민이 함께 정한 방향을 따라 꾸준히 나아갈 수 있도록 돕는 장치입니다.

이 사회협약이 제대로 실천된다면, 서울의 천 개 학교는 똑같은 색깔을 가진 표준화된 공간이 아니라, 서로 다른 색깔로 피어나는 생태계가 될 것입니다. 어떤 학교는 예술을 중심으로, 어떤 학교는 AI와 기술을 중심으로, 또 다른 학교는 생태와 환경, 공동체와 인문을 중심으로 자신만의 색을 찾게 될 것입니다. 그 학교 안에서 배움의 리듬이 모두 다른 아이들은, 평균이라는 잣대 속에서 자신의 우주를 잃어버리는 대신, 각자의 길과 속도를 인정받으며 성장할 수 있을 것입니다.

우리가 지금 그리는 서울교육의 미래는 거창한 이상이 아닙니다. 이미 세계 여러 나라가 각자의 방식으로 시도해 온 길이며, 서울이 시민과 함께 마음만 모은다면 충분히 선택할 수 있는 길입니다. 우리가 지금 만드는 약속은, 언젠가 우리 아이들이 성인이 되었을 때 "서울에서 교육받았다는 것이 자랑스럽다"고 말할 수 있게 하는 약속입니다.

그리고 이 마지막 장은 끝이 아니라 시작입니다.

서울의 교육은 더 이상 "누가 교육감이 되는가"에 흔들리지 않을 것입니다.

이제 서울의 천 개 학교는,
시민이 함께 세운 약속 위에서,
각자의 자리에서,
천 개의 색깔로 피어날 것입니다.

3부 요약 인포그래픽

한 아이를 위한
학교의 탄생

4년마다 리셋되는 정책, 12년을 견디는 아이들.
이제 '평균'을 버리고 '단 한 명'을 구합니다.

12년
학생의 성장 시간

VS

4년
교육감 임기

1. 진단: 멈춰선 교실, '평균'의 폭력

화려한 슬로건 뒤에 숨겨진 학교의 민낯을 직시해야 합니다. 인구 절벽과 AI의 파도 앞에서도 우리 학교는 여전히 '평균적인 학생'을 가정한 19세기 공장형 시스템에 머물러 있습니다. 교사는 행정에 질식하고, 아이들은 정답 찾기 경쟁에 내몰립니다.

교사 행정업무 부담 실태 (OECD 비교)

한국 교사는 수업보다 행정에 더 많은 시간을 뺏기고 있습니다. (단위: 주당 시간)

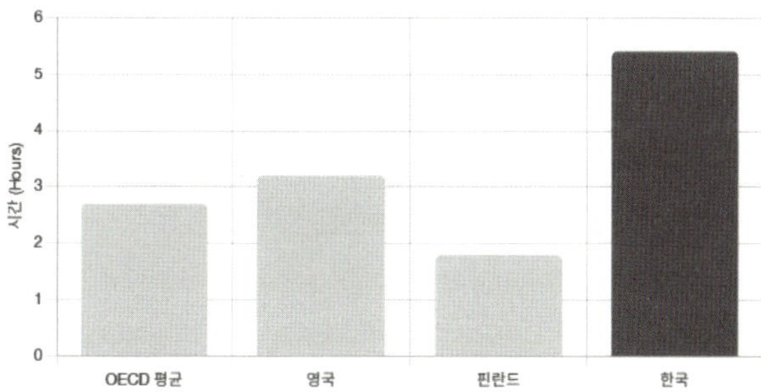

Insight: 한국 교사의 행정 업무 시간은 5.4시간으로 OECD 평균의 2배입니다. 이는 교사가 아이들과 눈을 맞출 시간을 뺏는 주범입니다.

인구 절벽: 생존을 위한 개별화

학령인구 급감은 '선별'에서 '모두의 성장'으로의 전환을 강요합니다.

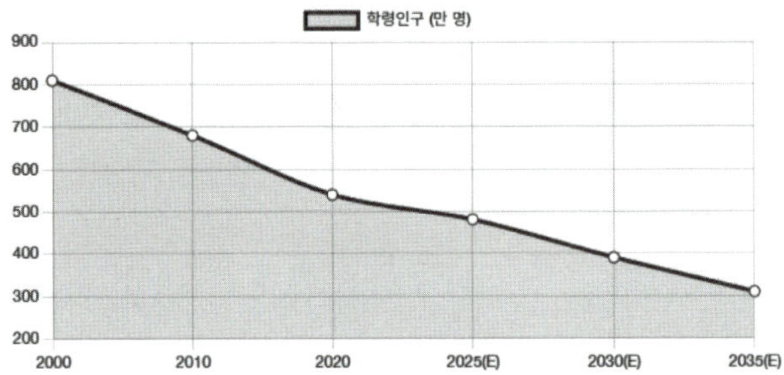

Insight: 2035년 학령인구는 2000년의 38% 수준으로 급감합니다. 미래의 아이 한 명은 과거 아이 두세 명 몫의 역량을 갖춰야 합니다. 단 한 명도 포기할 수 없습니다.

보도자료에 없는 학교: 노동과 안전의 위기

18.9%
서울 급식실 환기 개선율
(전국 최하위)

178명
급식실 폐암 산재 승인
(2023-2025)

2배
공무원 vs 공무직
명절휴가비 격차

Key Point: 15인치 모니터 밖 세상에서는 노동자들이 죽음의 일터에서 신음하고 있습니다. 예산이 없는 게 아니라 '우선순위'가 틀렸습니다.

2. 혁신: 통제탑 해체, 지원 플랫폼 구축

구조를 뒤집어야 합니다. 교육청이 지시(Top-down)하는 구조에서, 학교가 결정하고 교육청이 지원(Bottom-up)하는 구조로 대전환합니다. 핵심은 '행정 제로'와 '자율-지원'입니다.

행정 제로 스쿨 (Administrative Zero)

Step 1. 삭제 (Delete)
'원 인풋(One-Input)' 원칙: 한 번 입력한 정보는 다시 요구하지 않는다. 중복 보고 폐지.

Step 2. 자동화 (Automate)
AI 행정 플랫폼 도입: 기안, 품의, 정산 등 단순 반복 업무는 AI가 3초 만에 처리.

Step 3. 분리 (Separate)
업무 이관: 시설 관리, 계약 등 전문 행정은 '교육지원청 센터'가 전담. 교사는 수업만.

서울형 자율-지원 학교 모델

권한은 학교로 내리고, 책임은 시스템이 집니다.

과거 (책임학교)	권한 無, 사고 시 독박 책임 (공포)
↓	
미래 (자율-지원)	**권한 有 (교육과정·예산)** **+ 교육청의 즉각적 자원 지원**

학교 조직 재편: 3대 전문축

교육	**운영**	**지원**
수업/상담	행정/시설	학폭/위기

지·덕·체의 현대적 재해석 (New Competency)

Thinking (지)
정답 맞히기가 아닌,
AI와 협력해 문제를 해결하는 힘

Being (덕)
비교하지 않고 나로서 존재하는
자존감과 시민성

Living (체)
타인과 부대끼며 살아가는
공동체적 신체성

3. 미래: 단 한 명을 위한 도구와 약속

변화된 구조 위에서 AI와 데이터는 가장 따뜻한 도구가 됩니다. 그리고 이 모든 변화는 시민과의 10년 약속으로 완성됩니다.

SGP (학생성장계획) & AI 플랫폼

매년 리셋되는 기록은 이제 그만. 12년의 성장 서사를 잇습니다.

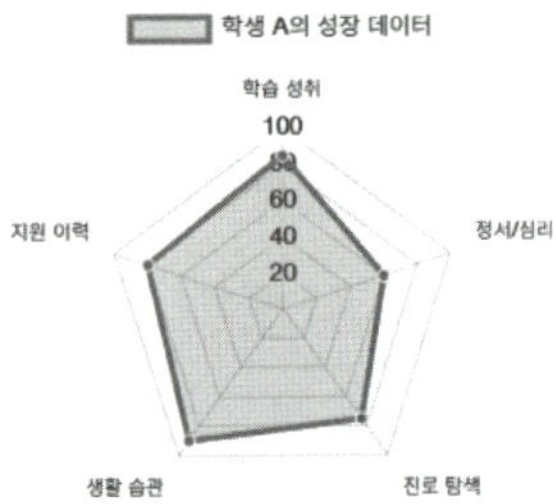

SGP 5대 영역: 학습, 정서, 진로, 생활, 지원이력을 AI가 통합 관리하여, 담임이 바뀌어도 단절 없는 맞춤형 지도를 제공합니다.

공교육 신뢰인증제

자율에는 책임이 따릅니다. 감사가 아닌 **데이터 기반 인증**으로 학교의 질을 보증합니다.

- **데이터 자동 진단:** 별도 보고서 없이 AI가 평소 활동 데이터 분석
- **인센티브 제공:** 우수 인증 학교(S/A등급)는 대학 입시 연계 혜택 부여
- **지원 중심:** 미흡 학교는 처벌 대신 예산과 전문가 즉시 투입

"학교만 믿어도 대학 간다"

신뢰인증제가 만드는 입시의 새로운 표준

10년 사회협약 로드맵 (2025~2035)

교육감이 바뀌어도 흔들리지 않는 약속. 시민, 교사, 학생, 학부모가 함께 만드는 서울 교육의 헌법입니다.

1단계: 기반 구축

1~2년차

- 사회협약위 설립
- 행정제로 100교 시범
- AI 플랫폼 1.0 설계
- SGP 모델 개발

2단계: 구조 전환

3~5년차

- 자율-지원 60% 확대
- **교사 행정업무 50%↓**
- AI 행정 자동화 완성
- 신뢰인증 1차 평가

3단계: 고도화

6~8년차

- AI 공정평가 전면화
- 시민참여 예산 제도화
- **수능 자격고사화 논의**
- 마을-학교 데이터 통합

4단계: 정착

9~10년차

- 서울교육 신뢰지수 발표
- 차기 10년 협약 준비
- **천 개의 학교, 천 개의 색깔 완성**

"서울교육의 10년, 이제 시민이 엽니다."

평균을 가르치는 학교에서, 단 한 명을 위한 학교로.
1,300개의 학교가 저마다의 빛깔로 피어나는 정원이 되는 그날까지,
우리의 약속은 계속됩니다.

부록

부록 1. 장별 참고문헌 (References)

부록 2. 서울교육 통계자료

부록 3. 컬럼 모음

부록 1. 장별 참고문헌 (References)

본 책에 인용된 통계, 연구 보고서, 정책 자료의 출처는 다음과 같습니다. 참고문헌은 독자들의 편의를 위해 챕터별로 분류하였으며, APA(American Psychological Association) 7판 스타일을 기준으로 표기하였습니다.

제1장. 교육 르네상스

평균의 시대가 끝나고 개인의 시대가 온다

- Eurydice. (2024). National Education Systems: Finland Overview. European Commission.
- OECD. (2019). OECD Future of Education and Skills 2030: OECD Learning Compass 2030. OECD Publishing.
- UNESCO. (2021). Reimagining our futures together: A new social contract for education. Paris: UNESCO.
- 교육부&한국교육개발원. (2023). 2023 교육통계연보. 한국교육개발원.
- 서울특별시교육청. (2024). 2024 주요업무계획: 공존의 교육, 더불어 행복한 서울교육.

제2장. 학교의 1순위는 무엇인가

학생우선원칙(Student First)

- 건강보험심사평가원. (2023). 최근 5년(2018~2022) 아동 · 청소년 우울증 및 불안장애 진료 현황. 보건의료빅데이터개방시스템.

- 통계청. (2022). 2022년 사망원인통계: 청소년 자살률 현황. 통계청.
- 한국교육과정평가원(KICE). (2023). 2023년 국가수준 학업성취도 평가 결과. 교육부.
- OECD. (2019). PISA 2018 Results (Volume III): What School Life Means for Students' Lives. OECD Publishing.
- UNICEF Office of Research-Innocenti. (2020). Worlds of Influence: Understanding What Shapes Child Well-being in Rich Countries. Florence: UNICEF.

제3장. 학교폭력과 관계의 붕괴

심판관이 된 선생님, 피고인이 된 아이들

- 교육부. (2023). 2023년 1차 학교폭력 실태조사 결과 발표. 교육부 학생생활문화과.
- 경찰청. (2023). 최근 5년간 소년범죄 발생 현황. 경찰청 범죄통계.
- UK Department for Education. (2015). Special educational needs and disability code of practice: 0 to 25 years. GOV.UK.
- Eurydice. (2024). Preventing Bullying and Violence in European Schools. European Commission.
- 푸른나무재단. (2023). 2023 전국 학교폭력 실태조사 보고서.

제4장. 보도자료에는 없는 학교

행정의 붕괴와 노동의 위기

- 국회 교육위원회. (2025). 2025년도 국정감사 결과보고서: 학교 급식실 환기시설 개선 현황. 대한민국 국회.
- 국가인권위원회. (2021). 교육공무직원 복리후생비 차별 시정 권고 (결정문 21진정0361200).
- 서울특별시교육청. (2021-2023). 서울특별시교육비특별회계 세입·

세출 결산서.
• 서울시교육청공무원노동조합. (2024). 늘봄학교 도입에 따른 지방공무원 인식 조사.
• 서울교사노동조합. (2023). 디지털 기기(디벗) 보급 및 관리 실태조사 결과.
• 한겨레21. (2024, July). 학교 급식실 노동강도 실태조사: 1인당 식수 인원의 현실. 한겨레21.

제5장. 지 · 덕 · 체의 재해석

생각하는 힘, 존재의 힘, 함께 사는 힘

• Biesta, G. (2010). Good Education in an Age of Measurement. Paradigm Publishers.
• OECD. (2021). Social and Emotional Skills: Well-being, connectedness and success. OECD Publishing.
• MEXT (Japan). (2020). The Course of Study: Zest for Living (Ikiru Chikara). Ministry of Education, Culture, Sports, Science and Technology.
• 서울시교육청 교육연구정보원. (2022). 서울형 미래역량 함양을 위한 교육과정 재구조화 방안.

제6장. 멈춰버린 10년

서울교육을 가로막는 7가지 구조적 대못

• OECD. (2020). Education at a Glance 2020: OECD Indicators. OECD Publishing.
• 한국교육개발원(KEDI). (2021). 지방교육자치와 학교 자율성: 현황과 과제.
• 서울특별시교육청. (2014-2024). 서울교육백서.

• 서울교육자치시민회의. (2025). 서울교육 거버넌스 혁신을 위한 시민 제안서.

제7장. 행정 제로(Zero) 스쿨

선생님을 행정에서 해방시켜라

• OECD. (2019). TALIS 2018 Results (Volume I): Teachers and School Leaders as Lifelong Learners. OECD Publishing. (한국 교사 행정업무 시간 데이터 참조)
• 교육부. (2023). 학교 행정업무 경감 및 효율화 방안.
• Estonian Ministry of Economic Affairs and Communications. (2020). The Once-Only Principle in Estonia.
• 한국행정연구원. (2022). 학교 행정업무 총량제 도입 방안 연구.

제8장. 자율-지원 학교

학교가 결정하고 교육청이 돕는다

• Eurydice. (2023). School Autonomy in Europe: Policies and Measures. European Commission.
• Finnish National Board of Education. (2020). Local Autonomy and National Steering in Education. FNBE.
• British Columbia Ministry of Education. (2022). Framework for Enhancing Student Learning. Government of BC.

제9장. 공교육 신뢰인증제

자율을 지켜내는 투명한 보호막

• Ofsted. (2023). School inspection handbook. UK Government.
• Inspectorate of Education (Netherlands). (2022). Risk-based in-

spection framework.
- OECD. (2013). Synergies for Better Learning: An International Perspective on Evaluation and Assessment. OECD Publishing.
- 서울특별시교육청 정책연구소. (2024). 학교 자체평가 내실화 및 지원 중심 평가체계 구축 방안.

제10장. AI 시대의 학교

위협받는 교실, 기회의 교실

- 경찰청 국가수사본부. (2024). 디지털 성범죄(딥페이크 등) 특별단속 수사 결과.
- MIT Teaching Systems Lab. (2023). Generative AI in K-12 Education. MIT.
- UNESCO. (2023). Guidance for generative AI in education and research.
- 교육부. (2024). AI 디지털교과서 추진방안.
- Arizona State University. (2022). Adaptive Learning Impact Report.

제11장. 학생성장계획(SGP)

12년의 성장을 잇는 데이터 내비게이션

- Ontario Ministry of Education. (2010). Growing Success: Assessment, Evaluation, and Reporting in Ontario Schools.
- Finnish National Agency for Education. (2024). Wilma: The concept of home-school communication.
- UK Department for Education. (2015). SEND Code of Practice: 0 to 25 years (Individual Education Plans).
- 서울시교육청 교육연구정보원. (2023). 학생 맞춤형 성장 지원을 위한

데이터 통합 관리 방안.

제12장. 서울형 AI 행정 플랫폼

데이터가 흐르는 교육청

• KERIS(한국교육학술정보원). (2023). 디지털 교육 플랫폼(K-Edu) 구축 마스터플랜.
• Estonian Ministry of Education and Research. (2021). Education Nation: Digital Solutions.
• World Economic Forum. (2022). Catalysing Education 4.0: Investing in the Future of Learning.
• 한국지능정보사회진흥원(NIA). (2023). 교육 분야 초거대 AI 도입 전략.

제13장. 교육대전환 사회협약

시민이 여는 서울교육 10년

• UNESCO. (2021). Reimagining our futures together: A new social contract for education.
• Pasi Sahlberg. (2015). Finnish Lessons 2.0: What Can the World Learn from Educational Change in Finland?. Teachers College Press.
• Ontario Ministry of Education. (2013). Student Success Strategy: Final Evaluation Report.
• New Zealand Ministry of Education. (2019). Tomorrow's Schools Review: Our Schooling Futures, Stronger Together.
• 국가교육위원회. (2024). 중장기 국가교육발전계획(시안).

부록 2. 서울교육 통계자료

1. 서울학령인구 변화

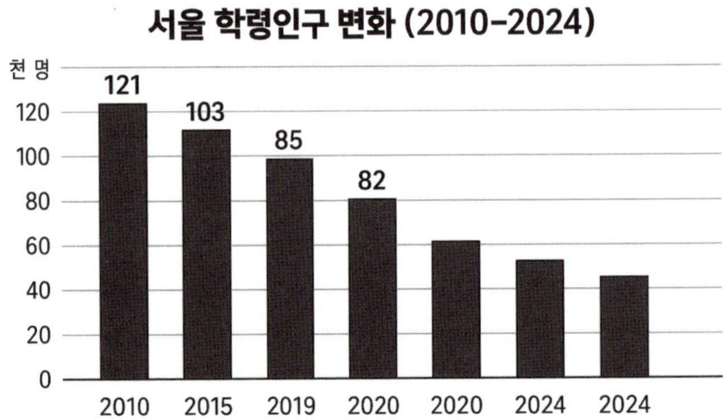

Data Source: 서울시교육청(2024) / OECD(2023)

2. 서울다문화학생 비율

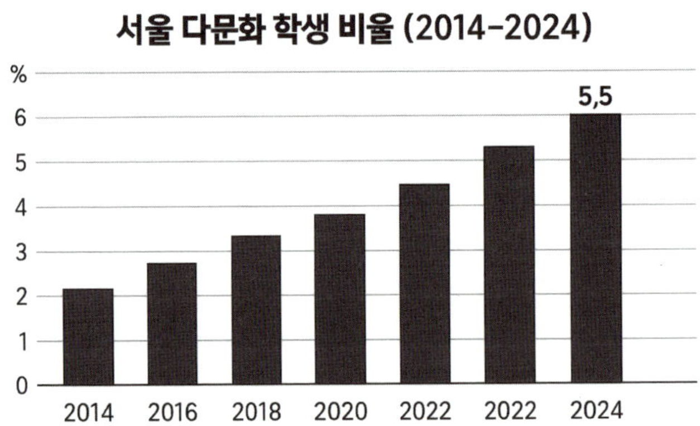

Data Source: 서울시교육청(2024) / OECD(2023)

3. 서울학생 1인당 교육비 지출

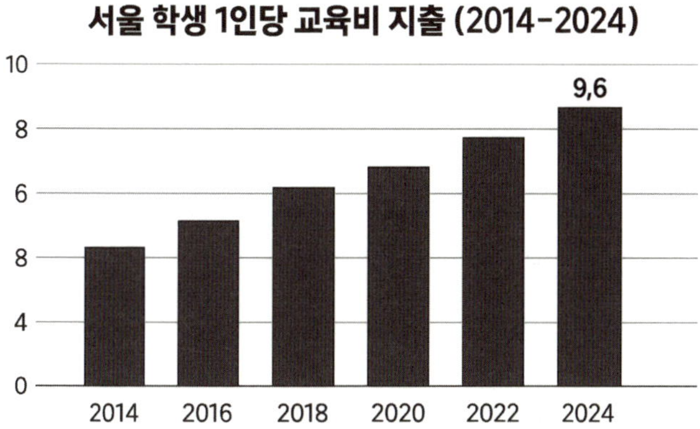

Data Source: 서울시교육청(2024) / OECD(2023)

4. 주당 평균 교사들의 행정업무

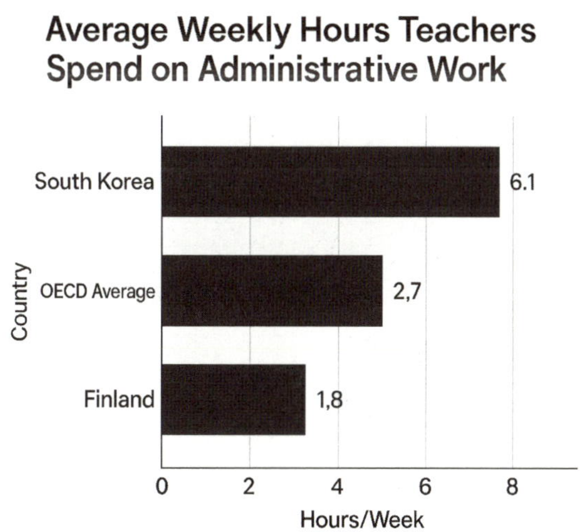

Data Source: 서울시교육청(2024) / OECD(2023)

5. 학생폭력 발생률 변화

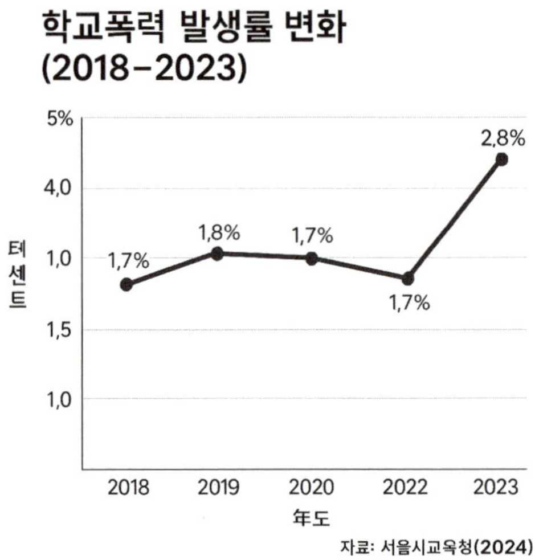

6. AI 기반 공교육과 사교육 비중 비교

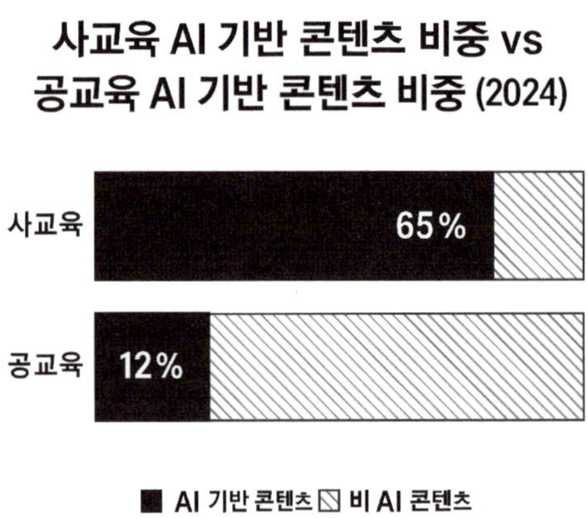

한국에듀테크 산압협히치9/(2024),
OECD Digital Education Outlolk(2023/2023),

7. 공교육 신뢰인증제 구조도

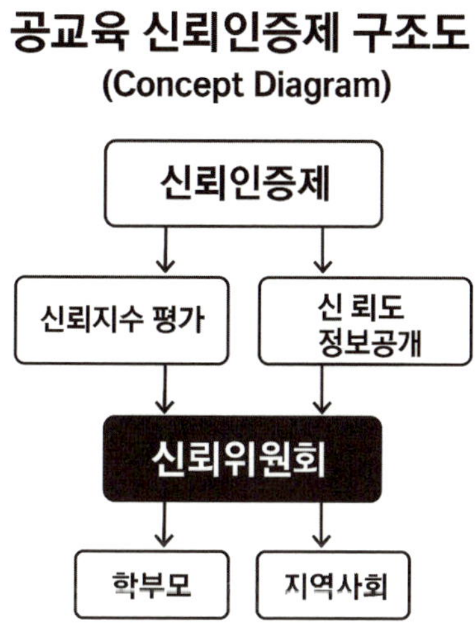

8. 서울형 자율-지원학교 운영 구조도

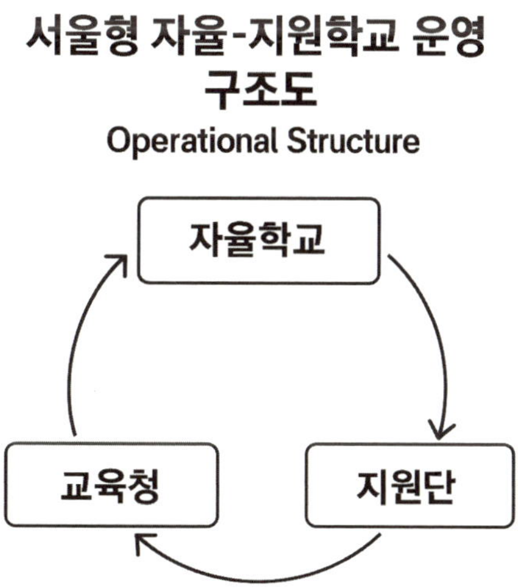

9. 학생성장계획 5대 영역

SGP(학생성장계획)
5대 영역
Operational Structure

Data Source: 서울시교육청(2024)

10. AI 더블 체크, 공교육 내부평가 보조시스템 흐름도

AI-Double Check:
공교육 내부 평가 보조 시스템 흐름도

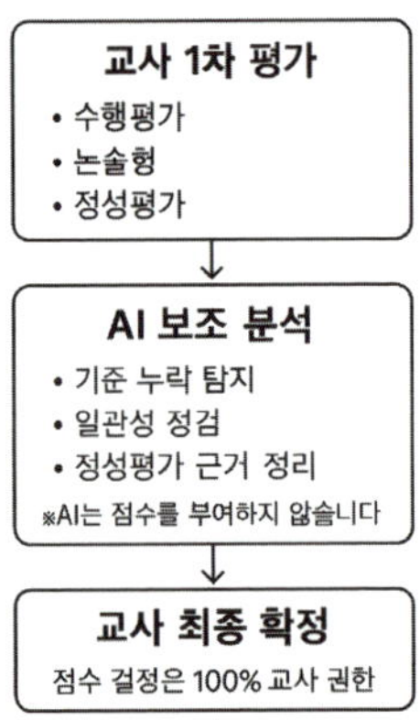

본 시스템은 공교육 내부 평가에만 적용되며 사교육 평가와는 부관합니다.

Data Source: 서울시교육정(2024), OECD TALIS(2023)

11. 10년 사회협약 로드맵

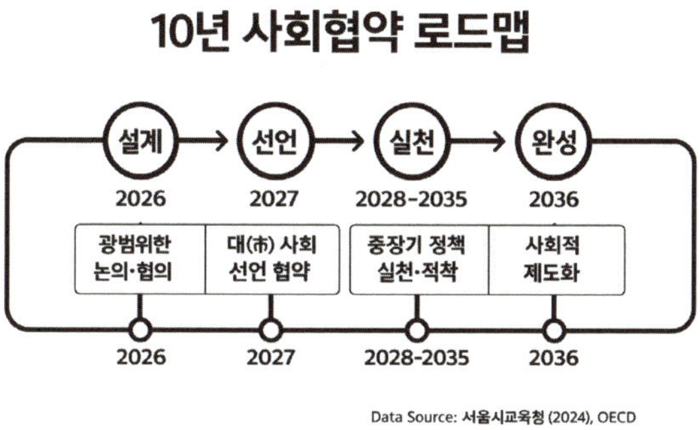

12. 서울교육 10년 비전

부록 3. 컬럼 모음

기울어진 학교를 바로 세우려면

(경향신문, 2023년 10월 25일)

올해 여름은 기록적인 폭염보다 더 뜨거웠던 전국 교사들의 함성으로 기억된다. 서울 서초동 초등학교 교사의 안타까운 죽음은 수십만명의 교사들이 참여한 교권회복 운동의 불씨가 돼 마침내 관련법을 통과시켰다. 하지만 우리는 알고 있다. 이것은 단지 시작일 뿐이란 것을. 왜 이렇게 됐을까?

요즘 모임에 나가면 가급적 정치나 종교 얘기는 꺼내지 않는 것이 상책이다. 주장만 있고 공유되거나 합의되지 않기 때문이다. 온라인은 더 이상 말할 필요도 없다. 근대의 탄생이 자아(ego)의 발견으로부터 시작되었다면 이건 나가도 너무 나갔다. 자아의 발견수준이 아니라 자아가 넘쳐서 터질 지경이다. 아무리 수십년간 군사독재의 폭압에서 민주화를 이뤘다고 하더라도 이제는 민주화만으로 더 이상 해결하기 어려운 지경에 이른 것이다. 이런 과잉자아의 문제는 비단 우리 사회에서만 나타난 문제는 아니다. 심지어 미국은 총기를 학교에서 난사하는 사고가 수시로 발생하고 있지 않은가.

자아폭발의 시대다. 자아가 돈과 권력을 향한 욕망 충족의 극대화로 치닫고 있다. 이 속에 합리와 이성이 설 자리가 없다. 이 문제를 합리적으로 설명한다는 자체가 무모한 상황이다.

우리의 근대문명은 인간의 욕망을 합리화했고, 이것을 극대화하면서 추동됐으니 그 끝자락은 '자아폭발의 시대'라고 규정할 수 있다. 인문의 실종, 사회 기강의 해이, 조직 윤리의 부패와 같은 문제들도 결국 자아폭발의 증상에 다름 아니다. 코로나19의 세계적 유행으로 인하여 잠시 잠잠했던 학교 폭력 문제나 악성 민원들도 모두 이러한 과잉자아들의 충돌과정이 아닐까.

교육과 학문은 공적이다. 내 것이 아니다. 내 마음대로, 원하는 대로, 하고 싶은 걸 하는 게 아니라는 것이다. 오히려 세상을 배우고, 세상 속에서 내가 할 일을 찾는 과정이다. 기능을 개선하는 계발(啓發)이 아니라 구조를 바꾸는 개발(開發)인 것이다. 자격증이나 기술 등으로 시장 가치를 높이는 처세술을 쌓는 게 아니라 인품을 바꾸고, 인격을 업그레이드하는 것이 교육의 목적이다. '나의 세상'이 아니라 '세상의 나'를 발견하는 것이다.

사적 욕망을 버리는 것이 교육인데 지금은 오히려 사적 욕망을 충족시키는 도구가 되고 있다. 자기를 중심에 두는 자이로는 교육관계, 사회적 관계 설정은 불가능하다. 급격한 교육 시장화로 인해 학생과 교사, 학부모들이 상호권리 투쟁으로 치닫는 것은 어쩌면 예상된 결과이기도 하다.

서초동 초등학교 사건은 이러한 교육적인 목적이 전도된 상황에서 벌어진 안타까운 죽음이다. 학생과 교사, 학부모의 권리 간 상호 균형점을 맞춘다고 해결될 문제가 아닌 것이다. 학교 구성원의 권리가 부족해서 벌어진 일이 아니라 교육의 목적과 방향이 틀렸음을 알려주는 경종인 것이다.

기울어진 것은 운동장만이 아니라 학교 자체다. 기울어진 학교를 바로 세우고, 학교의 공적 이해를 확장시키는 출발점은 공교육의 목표를 재정립하는 일이다. 에고들끼리 뭉쳐 더 큰 에고를 만들어가는 사교육이 아니라 셀프(self)를 만드는, 셀프들끼리 뭉치게 하는 공교육의 대조는 그 결과를 이미 예상할 수 있다. 이 과정에서 교육적 관계는 사회적이고 공적인 영역으로 각자의 권리보다는 책임과 의무가 우선한다. 이것을 '참교육'이라고 부를 수 있을 것이다. 이름한다면 민주주의의 새로운 버전으로서 '책임 민주주의'라고 부를 수 있을 것이다.

2014년 세월호 참사가 발생하고, 거대한 촛불 행동이 일어났다. 그로부터 10년 후 터진 서초동 초등학교 교사의 죽음은 교사 행동으로 분출됐다. 셀프들의 연대는 언젠가는 큰 사회적 변화를 가져온다는 사실을 기억하자. 뜨거웠던 2023년 여름을 기억하자. 교사의 죽음을 헛되이 하지 말자. 에고가 강조되는 인권조례가 아니라 셀프가 강조되는 책임 조례가 필요한 때이다.

경향신문 2023년 10월 25일 수요일 025면 오피니언

기고

기울어진 학교를 바로 세우려면

김현철
다음시대연구소 이사

올해 여름은 기록적인 폭염보다 더 뜨거웠던 전국 교사들의 함성으로 기억된다. 서울 서초동 초등학교 교사의 안타까운 죽음은 수십만명의 교사들이 참여한 교권회복 운동의 불씨가 돼 마침내 관련법을 통과시켰다. 하지만 우리는 알고 있다. 이것은 단지 시작일 뿐이란 것을. 왜 이렇게 됐을까?

요즘 모임에 나가면 가급적 정치나 종교 얘기는 꺼내지 않는 것이 상책이다. 주장만 있고 공유되거나 합의되지 않기 때문이다. 온라인은 더 이상 말할 필요도 없다. 근대의 탄생이 자아(ego)의 발견으로부터 시작되었다면 이건 나가도 너무 나갔다. 자아의 발견수준이 아니라 자아가 넘쳐서 터질 지경이다. 아무리 수십년간 군사독재의 폭압에서 민주화를 이뤘다고 하더라도 이제는 민주화만으로 더 이상 해결하기 어려운 지경에 이른 것이다. 이런 과잉자아의 문제는 비단 우리 사회에서만 나타난 문제는 아니다. 심지어 미국은 총기를 학교에서 난사하는 사고가 수시로 발생하고 있지 않은가.

자아폭발의 시대다. 자아가 돈과 권력을 향한 욕망 충족의 극대화로 치닫고 있다. 이 속에 합리와 이성이 설 자리가 없다. 이 문제를 합리적으로 설명한다는 자체가 무모한 상황이다.

우리의 근대문명은 인간의 욕망을 합리화했고, 이것을 극대화하면서 추동됐으니 그 끝자락은 "자아폭발의 시대"라고 규정할 수 있다. 인문의 실종, 사회 기강의 해이, 조직 윤리의 부패와 같은 문제들도 결국 자아폭발의 증상에 다름 아니다. 코로나19의 세계적 유행으로 인하여 잠시 잠잠했던 학교 폭력 문제나 악성 민원들도 모두 이러한 과잉자아들의 충돌과정이 아닐까.

교육과 학문은 공적이다. 내 것이 아니다. 내 마음대로, 원하는 대로, 하고 싶은 걸 하는 게 아니라는 것이다. 오히려 세상을 배우고, 세상 속에서 내가 할 일을 찾는 과정이다. 기능을 개선하는 계발(啓發)이 아니라 구조를 바꾸는 개발(開發)인 것이다. 자격증이나 기술 등으로 시장 가치를 높이는 처세술을 찾는 게 아니라 인품을 바꾸고, 인격을 업그레이드하는 것이 교육의 목적이다. '나의 세상'이 아니라 '세상의 나'를 발견하는 것이다.

사적 욕망을 버리는 것이 교육인데 지금은 오히려 사적 욕망을 충족시키는 도구가 되고 있다. 자기를 중심에 두는 자아로는 교육관계, 사회적 관계 설정은 불가능하다. 급격한 교육 시장화로 인해 학생과 교사, 학부모들이 상호권리 투쟁으로 치닫는 것은 어쩌면 예상된 결과이기도 하다.

서초동 초등학교 사건은 이러한 교육적인 목적이 전도된 상황에서 벌어진 안타까운 죽음이다. 학생과 교사, 학부모의 권리 간 상호 균형점을 맞춘다고 해결될 문제가 아닌 것이다. 학교 구성원의 권리가 부족해서 벌어진 일이 아니라 교육의 목적과 방향이 틀렸음을 알려주는 경종인 것이다.

기울어진 것은 운동장만이 아니라 학교 자체다. 기울어진 학교를 바로 세우고, 학교의 공적 이해를 확장시키는 출발점은 공교육의 목표를 재정립하는 일이다. 에고들끼리 뭉쳐 더 큰 에고를 만들어가는 사교육이 아니라 셀프(self)를 만드는, 셀프들끼리 뭉치게 하는 공교육의 대조는 그 결과를 이미 예상할 수 있다. 이 과정에서 교육적 관계는 사회적이고 공적인 영역으로 각자의 권리보다는 책임과 의무가 우선한다. 이것을 '참교육'이라고 부를 수 있을 것이다. 이름한다면 민주주의의 새로운 버전으로서 "책임 민주주의"라고 부를 수 있을 것이다.

2014년 세월호 참사가 발생하고, 거대한 촛불 행동이 일어났다. 그로부터 10년 후 터진 서초동 초등학교 교사의 죽음은 교사 행동으로 분출됐다. 셀프들의 연대는 언젠가는 큰 사회적 변화를 가져온다는 사실을 기억하자. 뜨거웠던 2023년 여름을 기억하자. 교사의 죽음을 헛되이 하지 말자. 에고가 강조되는 인권조례가 아니라 셀프가 강조되는 책임 조례가 필요한 때이다.

서울교육 10년, 정책보다 신뢰가 우선이다

(파이낸셜뉴스, 2025년 11월 12일)

11월 13일, 50만명의 수험생이 다시 수능을 치른다. 지난 10년을 달려온 학생들과 학부모들에게 서울교육은 어떤 의미였을까?

서울교육은 교실민주주의와 학생인권 등 많은 것을 바꿨지만, 입시 경쟁과 사교육 과열 앞에서는 무력했다. '수능은 권한 밖', '사교육은 시장의 영역'이라며 현실과 타협하는 사이, 사교육은 역대 최대 규모로 성장했다. 우리는 '혁신'을 말하며 교육 불평등의 시다리를 더 높게 쌓은 셈이다.

문제는 표면이 아니라 구조다.

교육문제를 교육의 범위로 한정하는 순간 교육개혁은 허공의 메아리가 된다. 아무리 숭고한 교육가치도 사회적 성공을 결정하는 대학과 학벌 앞에서, 승자독식의 사회적 가치 앞에서 무용지물이 되고 만다. 교육과 사회는 동전의 양면과 같다. 사회개혁 없는 교육개혁이란 공허하고, 교육개혁 없는 사회개혁은 미래가 없다. 교육개혁은 사회개혁의 초석인 것이다. 따라서 지금 서울교육은 기존 혁신교육을 뛰어넘어 학생과 학부모들의 삶을 바꾸는 혁신의 혁신이 요구되고 있다.

더 심각한 것은 시간이다. 전 세계가 AI로 미래를 설계하는 사이, 수능은 여전히 '정답찾기'식 평가다. 우리는 AI가 가장 잘할 일을 인간에게 훈련시키며, AI에게 가장 먼저 대체될 인력을 양산하는 역설 속에 있다.

그동안 내신 절대평가, IB 도입, 수능 자격고사화 등 수많은 대안이 논의됐다. 그런데 왜 현장을 바꾸지 못했을까? 첫째, 학부모의 불신이다. '내 아이만 손해 볼 수 있다'는 공포가 핵심이다. 학교가 내신을 부풀릴까, 새 제도가 또 다른 사교육을 부를까 두려워한다. 결국 '그래도 가장 공정한 건 수능'이라는 낡은 믿음으로 되돌아간다.

둘째, 대학의 저항이다. 상위권 대학에게 수능은 가장 강력한 '선발권력'이다. 대학이 이를 포기하지 않는 한, 모든 개혁은 교문 앞에서 좌초된다.

셋째, 정치의 단절이다. 5년 단임 정권은 10년 이상 걸릴 교육개혁을 완수할 수 없다. 정권이 바뀔 때마다 정책이 뒤집히며 학부모에게 '지금 당장 점수부터 따라'는 메시지를 보낸다.

이 세 축의 불신이 서로를 붙잡는 한, 백 개의 개혁안도 소용없다. 문제의 본질은 '정책의 부재'가 아니라 '신뢰의 부재'다.

따라서 지금 필요한 것은 또 다른 제도가 아니라, 깨지지 않는 신뢰의 체계다. 정권 교체와 무관하게 지속되는 '서울 교육개혁 10개년 사회협약'이 필요하다. 그 중심에 '서울교육 사회적 합의위원회'가 서야 한다.

학부모 · 교사 · 대학 · 산업계 · 사교육업계까지 함께 모여 '무엇을 가르치고, 어떻게 평가할 것인가'를 공동으로 결정해야 한다. 교육감 한 사람의 공약이 아닌, 서울시민 전체의 약속이 돼야 한다.

이 협약이 실효를 가지려면 '서울형 공교육 신뢰인증제'가 필요하다. 학교 평가의 공정성이 인증돼야 대학은 학교성적을 믿고, 학부모는 공교육을 믿는다. 수능 개편은 제도의 출발점이 아니라 신뢰의 결과여야 한다. 그리고 정치권은 이 합의가 10년간 흔들리지 않도록 조례와 법으로 보장해야 한다. 정권이 바뀌어도 개혁이 이어지고 학교가 신뢰를 유지하는 것, 그것이 진짜 혁신이다.

수능을 앞둔 우리 아이들에게 더 이상 변명 대신 책임으로 응답해야 한다. 서울교육은 이제 정책의 기술이 아니라 신뢰의 정치로 나아가야 한다. 이것이 혁신의 혁신이라는 미래의 문을 여는 첫걸음이다.

김현철 서울교육자치시민회의준비모임 대표

파이낸셜뉴스 2025년 11월 12일 수요일 025면 대학·교육산업

기고

서울교육 10년, 정책보다 신뢰가 우선이다

김현철
서울교육자치시민회의준비모임 대표

11월 13일, 50만명의 수험생이 다시 수능을 치른다. 지난 10년을 달려온 학생들과 학부모들에게 서울교육은 어떤 의미였을까?

서울교육은 교실민주주의와 학생인권 등 많은 것을 바꿨지만, 입시 경쟁과 사교육 과열 앞에서는 무력했다. '수능은 권한 밖', '사교육은 시장의 영역'이라며 현실과 타협하는 사이, 사교육은 역대 최대 규모로 성장했다. 우리는 '혁신'을 말하며 교육 불평등의 사다리를 더 높게 쌓은 셈이다.

문제는 표면이 아니라 구조다. 교육문제를 교육의 범위로 한정하는 순간 교육개혁은 허공의 메아리가 된다. 아무리 숭고한 교육가치도 사회적 성공을 결정하는 대학과 학벌 앞에서, 승자독식의 사회적 가치 앞에서 무용지물이 되고 만다. 교육과 사회는 동전의 양면과 같다. 사회개혁 없는 교육개혁이란 공허하고, 교육개혁 없는 사회개혁은 미래가 없다. 교육개혁은 사회개혁의 초석인 것이다. 따라서 지금 서울교육은 기존 혁신교육을 뛰어넘어 학생과 학부모들의 삶을 바꾸는 혁신의 혁신이 요구되고 있다.

더 심각한 것은 시간이다. 전 세계가 AI로 미래를 설계하는 사이, 수능은 여전히 '정답찾기'식 평가다. 우리는 AI가 가장 잘할 일을 인간에게 훈련시키며, AI에게 가장 먼저 대체될 인력을 양산하는 역설 속에 있다.

그동안 내신 절대평가, IB 도입, 수능 자격고사화 등 수많은 대안이 논의됐다. 그런데 왜 현장을 바꾸지 못했을까? 첫째, 학부모의 불신이다. '내 아이만 손해볼 수 있다'는 공포가 핵심이다. 학교가 내신을 부풀릴까, 새 제도가 또 다른 사교육을 부를까 두려워한다. 결국 '그래도 가장 공정한 건 수능'이라는 낡은 믿음으로 되돌아간다.

둘째, 대학의 저항이다. 상위권 대학에게 수능은 가장 강력한 '선발권력'이다. 대학이 이를 포기하지 않는 한, 모든 개혁은 교문 앞에서 좌초된다.

셋째, 정치의 단절이다. 5년 단임 정권은 10년 이상 걸릴 교육개혁을 완수할 수 없다. 정권이 바뀔 때마다 정책이 뒤집히며 학부모에게 '지금 당장 점수부터 따라'는 메시지를 보낸다.

이 세 축의 불신이 서로를 붙잡는 한, 백 개의 개혁안도 소용없다. 문제의 본질은 '정책의 부재'가 아니라 '신뢰의 부재'다.

따라서 지금 필요한 것은 또 다른 제도가 아니라, 깨지지 않는 신뢰의 체계다. 정권 교체와 무관하게 지속되는 '서울 교육개혁 10개년 사회협약'이 필요하다. 그 중심에 '서울교육 사회적 합의위원회'가 서야 한다.

학부모·교사·대학·산업계·사교육업계까지 함께 모여 '무엇을 가르치고, 어떻게 평가할 것인가'를 공동으로 결정해야 한다. 교육감 한 사람의 공약이 아닌, 서울시민 전체의 약속이 돼야 한다.

이 협약이 실효를 가지려면 '서울형 공교육 신뢰인증제'가 필요하다. 학교 평가의 공정성이 인증돼야 대학은 학교성적을 믿고, 학부모는 공교육을 믿는다. 수능 개편은 제도의 출발점이 아니라 신뢰의 결과여야 한다. 그리고 정치권은 이 합의가 10년간 흔들리지 않도록 조례와 법으로 보장해야 한다. 정권이 바뀌어도 개혁이 이어지고 학교가 신뢰를 유지하는 것, 그것이 진짜 혁신이다.

수능을 앞둔 우리 아이들에게 더 이상 변명 대신 책임으로 응답해야 한다. 서울교육은 이제 정책의 기술이 아니라 신뢰의 정치로 나아가야 한다. 이것이 혁신의 혁신이라는 미래의 문을 여는 첫걸음이다.

AI시대에 정답 찾기, 누구를 위한 수능인가

(중앙일보, 2025년 11월 26일)

최근 학교 현장을 볼 때마다 가슴 한구석이 서늘해지는 것을 느낀다. 최신 태블릿 PC가 보급된 교실에서 아이들의 손은 바쁘게 움직이지만, 정작 그들의 눈빛은 공허할 때가 많기 때문이다. 검색 한 번이면, 질문 한 마디면 인공지능(AI)이 1초 만에 정답을 내놓는 세상. 그 편리함 속에서 우리 아이들의 '생각하는 힘'은 안녕한가.

중국의 교육학자 쉬지춘(徐继存) 산둥사범대 교수는 이를 두고 뼈아픈 경고를 던졌다. 현대인들이 클라우드 같은 '바깥 기억(외재적 기억)'에 의존하느라, 정작 머릿속에 쌓아야 할 '안쪽 기억(내재적 기억)'을 잃어가고 있다는 것이다. 이 말은 단순히 암기력 저하를 걱정하는 차원이 아니라, 하나의 섬뜩한 재난 경보로 들렸다.

내 안(內)에 쌓인 지식이 없는데 어떻게 바깥(外)의 정보를 비판할 수 있겠는가. 옛말에 '온고지신(溫故知新)'이라 했다. 내 안에 익힌 것이 있어야 새로운 것과 부딪혀 '통찰'을 만들어낼 수 있다. 하지만 지금 우리 아이들은 텅 빈 머리로 AI라는 거대한 도서관 앞을 서성이고 있다. 재료 없이 요리를 하려는 요리사처럼, 아이들은 사유의 불능 상태에 빠져들고 있다.

지금 서울의 교육은 위기다. 우리는 그동안 기기를 능숙하게 다루는 '디지털 활용 능력'만을 강조해왔다. 하지만 AI가 인간을 앞서려는 지금, 도구 사용법만 가르치는 건 아이들을 '똑똑한 바보'로, 거대 기술 기업의 알고리즘에 종속된 '소비자'로 키우는 일일 뿐이다.

이제는 바뀌어야 한다. 기계에 휘둘리지 않고 내 중심을 잡는 힘, 바로 '생각의 주권(主權)'을 교육의 최우선 목표로 삼아야 한다. 이는 단순한 철학적 구호가 아니다. 우리 아이들이 AI의 노예가 아닌 주인으로 살아가게 하기 위한 생존 전략이다. 이에 절박한 심정으로 서울 교육 현장에 다음과 같은 변화를 제안한다.

첫째, 교실에서 'AI 맹신'을 깨뜨려야 한다. AI가 내놓은 답을 정답으로 받아쓰게 해서는 안 된다. 맹자가 제자들과 치열하게 문답(問答)했듯, "AI야, 네 정보는 어디서 왔니?", "이건 편견 아니니?"라고 '되묻는 수업'을 해야 한다. 아이들이 AI를 전지전능한 선생님이 아닌, 검증해야 할 대상으로 바라볼 때 비로소 비판적 사고의 싹이 튼다.

둘째, 결과가 아닌 '고민의 흔적'을 평가해야 한다. 매끈한 결과물은 AI가 대신해줄 수 있다. 하지만 그 답을 찾기 위해 밤새 고민하고, 자료를 뒤적이며 끄적였던 '공부 일기'는 오직 인간만의 것이다. 나는 우리 교육이 결과물 뒤에 숨겨진 아이들의 땀방울과 사고 과정을 들여다보는 따뜻하고도 예리한 눈을 갖길 원한다. 그래야 아이들이 AI 뒤에 숨지 않고 당당히 자기 목소리를 낼 수 있다.

셋째, 아이들에게 '디지털 쉼표'를 허락해야 한다. 잠시라도 스마트폰을 끄고, 종이책의 질감을 느끼며 멍하니 창밖을 볼 수 있는 '사색의 시간'을 학교가 보장해야 한다. 흙탕물이 가라앉아야 맑은 물이 보이듯, 끊임없는 디지털 자극을 멈춰야 비로소 내면의 지혜가 차오른다. 이것은 퇴보가 아니라, 더 높이 뛰기 위한 도움닫기다.

'뿌리 깊은 나무는 바람에 아니 흔들린다'고 했다. AI라는 거센 태풍이 불어올수록 우리 아이들에게 필요한 건 화려한 디지털 기기가 아니라, 어떤 변화에도 흔들리지 않는 단단한 '생각의 뿌리'다.

편리함에 기대어 생각하기를 멈춘 아이들은 결국 알고리즘이 시키는 대로 사는 부속품이 될 것이다. 우리 아이들을 그렇게 내버려 둘 수 없다. AI라는 거인의 어깨 위에 올라타 더 넓은 세상을 호령하는 당당한 '생각의 주인'. 우리의 교육이 기어코 길러내야 할 인재는 바로 그런 아이들이다.

김현철 서울교육자치시민회의 대표

The JoongAng 2025년 11월 26일 수요일 033면 사설/칼럼

AI시대에 정답 찾기, 누구를 위한 수능인가

시론

김현철 서울교육자치시민회의 준비모임 대표

수험생 55만여 명의 인생행로에 큰 영향을 주는 2026학년도 대학수학능력시험(수능)이 지난 13일 끝났다. 그런데 올해 수능은 유독 씁쓸하다. 시험을 앞둔 교실 밖에서 챗GPT를 이용한 부정시험, 인공지능(AI) 커닝 논란이 잇따라 터졌다. AI가 인간의 사고를 대신하고, 학생들이 그 AI를 부정행위에 이용하는 현실을 보면서 의문을 갖게 된다. 수능은 과연 누구를 위한 것인가.

지금의 우리 교육 현실은 단순히 부정행위나 윤리의 문제만 심각한 것이 아니다. 수능은 이미 한국사회의 불평등을 재생산하는 거대한 컨베이어 벨트가 된 지 오래다. 초등학교의 사교육 경쟁은 중학교 내신으로, 중등 단계의 서열은 다시 수능과 대학 서열로 이어진다. 서울 어느 지역에서 태어났느냐, 부모의 소득이 얼마냐가 점수로 환산되는 나라다. 이것이 지금의 대한민국 교육 구조다. 문제의 본질은 시험 그 자체가 아니라 그것이 사회적 지위를 결정하는 유일한 관문으로 기능하고 있다는 점이다.

AI가 인간보다 더 빠르고 정확하게 정답을 찾는 시대에 우리는 여전히 인간에게 정답 찾기를 훈련한다. AI가 이미 대체한 영역을 뒤늦게 답습하는 것이다. 학생들은 AI가 만든 답을 들키지 않는 방법을 배우고, 교사는 그것을 잡아내기 위한 탐지 기술을 동원한다. 무의미한 창과 방패의 경쟁이다. 이런 문항 풀이형 수능에 매몰된 사회는 결국 AI에게 가장 먼저 대체될 인력을 양산할 뿐이다.

수능의 공정성 논란과 챗GPT 부정시험 사태는 교육의 위기가 아니라 시스템의 파산을 보여준다. 낡은 시스템이 인재 양성이라는 본래의 목적을 잃은 채 불평등과 무의미한 경쟁만 반복하고 있기 때문이다. 이제 교육개혁은 선택이 아니라 생존의 문제다. 정답만 찾는 인재로는 AI 시대에 생존 경쟁을 버티기 어렵다. 그런 인재만 길러내는 국가는 결국 경쟁력을 상실한 채 도태될 것이다. 교육은 더 이상 어느 정부

챗GPT 이용 부정시험·커닝 논란
문항풀이형 수능에 아직도 매몰
신뢰 회복하는 교육개혁 절실해

부처만의 행정개혁이 아니라 사회개혁의 초석이 돼야 한다. 그렇다면 누가 이 불신의 고리를 끊을 것인가. 교육개혁의 본질은 제도나 시험 형식이 아니라 신뢰 회복이다. 부모는 학교를 믿지 못하고, 대학은 학생부를 신뢰하지 않으며, 학생은 제도를 믿지 않는다. 이런 총체적 불신이 "그래도 수능이 가장 공정하다"는 낡은 믿음을 떠받치고 있다. 그러나 그 공정은 불평등의 제도화일뿐이다. 공정의 이름으로 불평등을 정당화하고, 평등의 이름으로 경쟁을 강화하는 이 모순된 시스템을 바로잡는 것이 개혁의 핵심이다.

지금 필요한 것은 사회 전체의 대타협이다. 이를 위해 일선 교육감이 객관적 조정자가 될 수 있다고 본다.

물론 교육감이 대학 입시를 명령할 권한은 없다. 그러나 바로 그 권한 없음 때문에 교육감이 가장 객관적인 조정자가 될 수 있다. 정부와 대학은 개혁의 대상이자 이해당사자이지만, 교육감은 수천 개 학교와 수험생을 책임지는 공교육의 수장이기 때문이다. 따라서 핵심 이해당사자들인 주요 대학을 협상 테이블로 끌어내 공적 플랫폼 역할을 주도할 최적임자가 될 수 있다.

예컨대 서울시교육청의 경우 '서울형 공교육 신뢰 인증제' 같은 공정하고 투명한 평가 체계를 최초의 선도모델로 제시해 볼 수 있을 것이다. 이를 협상의 지렛대로 삼아 학부모·교사·대학·산업계가 함께 참여하는 '서울교육개혁 10년 사회협약'을 끌어내면 좋겠다. 서울에서 시작된 이런 신뢰 회복 모델이 전국 표준이 될 때 비로소 수능이 바뀌고 사회의 불평등 구조도 변할 수 있다.

정치권도 이 문제를 5년짜리 정책이 아닌 국가적 지속 과제로 법제화해야 한다. 정권이 바뀌어도 교육개혁은 멈추지 말아야 한다. 교육은 정치의 종속변수가 아니라 한국사회의 미래를 설계하는 상수이기 때문이다.

수능은 단순한 시험이 아니라 한국사회의 구조적 불평등이 얼마나 뿌리 깊고 견고한지 비춰주는 거울이다. 이제는 그 거울 속 낡은 얼굴을 바꿔야 한다. AI 부정시험 시대에 정답만을 달달 암기하는 시험은 더 이상 미래 인재 양성에 적합하지 않다. 교육개혁은 곧 사회개혁의 시작이며, 수능시험 개혁은 대한민국이 불평등의 굴레를 끊어내는 첫 단추다. 교육개혁을 더는 미룰 수 없다.

AI에 빼앗긴 '생각의 주권'을 되찾아야

(문화일보 온라인판, 2025년 12월 11일)

최근 학교 현장을 볼 때마다 가슴 한구석이 서늘해지는 것을 느낀다. 최신 태블릿 PC가 보급된 교실에서 아이들의 손은 바쁘게 움직이지만, 정작 그들의 눈빛은 공허할 때가 많기 때문이다. 검색 한 번이면, 질문 한 마디면 인공지능(AI)이 1초 만에 정답을 내놓는 세상. 그 편리함 속에서 우리 아이들의 '생각하는 힘'은 안녕한가.

중국의 교육학자 쉬지춘(徐继存) 산둥사범대 교수는 이를 두고 뼈아픈 경고를 던졌다. 현대인들이 클라우드 같은 '바깥 기억(외재적 기억)'에 의존하느라, 정작 머릿속에 쌓아야 할 '안쪽 기억(내재적 기억)'을 잃어가고 있다는 것이다. 이 말은 단순히 암기력 저하를 걱정하는 차원이 아니라, 하나의 섬뜩한 재난 경보로 들렸다.

내 안(內)에 쌓인 지식이 없는데 어떻게 바깥(外)의 정보를 비판할 수 있겠는가. 옛말에 '온고지신(溫故知新)'이라 했다. 내 안에 익힌 것이 있어야 새로운 것과 부딪혀 '통찰'을 만들어낼 수 있다. 하지만 지금 우리 아이들은 텅 빈 머리로 AI라는 거대한 도서관 앞을 서성이고 있다. 재료 없이 요리를 하려는 요리사처럼, 아이들은 사유의 불능 상태에 빠져들고 있다.

지금 서울의 교육은 위기다. 우리는 그동안 기기를 능숙하게 다루는 '디지털 활용 능력'만을 강조해왔다. 하지만 AI가 인간을 앞서려는 지금, 도구 사용법만 가르치는 건 아이들을 '똑똑한 바보'로, 거대 기술 기업의 알고리즘에 종속된 '소비자'로 키우는 일일 뿐이다.

이제는 바뀌어야 한다. 기계에 휘둘리지 않고 내 중심을 잡는 힘, 바로 '생각의 주권(主權)'을 교육의 최우선 목표로 삼아야 한다. 이는 단순한 철학적 구호가 아니다. 우리 아이들이 AI의 노예가 아닌 주인으로 살아가게 하기 위한 생존 전략이다. 이에 절박한 심정으로 서울 교육 현장에 다음과 같은 변화를 제안한다.

첫째, 교실에서 'AI 맹신'을 깨뜨려야 한다. AI가 내놓은 답을 정답으로 받아쓰게 해서는 안 된다. 맹자가 제자들과 치열하게 문답(問答)했듯, "AI야, 네 정보는 어디서 왔니?", "이건 편견 아니니?"라고 '되묻는 수업'을 해야 한다. 아이들이 AI를 전지전능한 선생님이 아닌, 검증해야 할 대상으로 바라볼 때 비로소 비판적 사고의 싹이 튼다.

둘째, 결과가 아닌 '고민의 흔적'을 평가해야 한다. 매끈한 결과물은 AI가 대신해줄 수 있다. 하지만 그 답을 찾기 위해 밤새 고민하고, 자료를 뒤적이며 끄적였던 '공부 일기'는 오직 인간만의 것이다. 나는 우리 교육이 결과물 뒤에 숨겨진 아이들의 땀방울과 사고 과정을 들여다보는 따뜻하고도 예리한 눈을 갖길 원한다. 그래야 아이들이 AI 뒤에 숨지 않고 당당히 자기 목소리를 낼 수 있다.

셋째, 아이들에게 '디지털 쉼표'를 허락해야 한다. 잠시라도 스마트폰을 끄고, 종이책의 질감을 느끼며 멍하니 창밖을 볼 수 있는 '사색의 시간'을 학교가 보장해야 한다. 흙탕물이 가라앉아야 맑은 물이 보이듯, 끊임없는 디지털 자극을 멈춰야 비로소 내면의 지혜가 차오른다. 이것은 퇴보가 아니라, 더 높이 뛰기 위한 도움닫기다.

'뿌리 깊은 나무는 바람에 아니 흔들린다'고 했다. AI라는 거센 태풍이 불어올수록 우리 아이들에게 필요한 건 화려한 디지털 기기가 아니라, 어떤 변화에도 흔들리지 않는 단단한 '생각의 뿌리'다.

편리함에 기대어 생각하기를 멈춘 아이들은 결국 알고리즘이 시키는 대로 사는 부속품이 될 것이다. 우리 아이들을 그렇게 내버려 둘 수 없다. AI라는 거인의 어깨 위에 올라타 더 넓은 세상을 호령하는 당당한 '생각의 주인'. 우리의 교육이 기어코 길러내야 할 인재는 바로 그런 아이들이다.

김현철 서울교육자치시민회의 대표

'기득권 진보'를 넘어, 이제는 '진보의 진보'로

(경향신문, 2026년 1월 1일)

지금의 정치와 교육 현장은 '승자독식'의 늪에 빠져 있다. "당선만 된다면 악마에게도 영혼을 팔겠다"는 냉소적 현실이 진보와 보수 모두를 지배하고 있다. 선거는 미래의 방향을 겨루는 장이 아니라 권력을 나누는 게임이 되었고, 정책은 실종됐다. 그 결과 유권자는 늘 '최악' 대신 '차악'을 택하는 불행한 선택을 강요받는다.

이 낡은 정치 구조를 재생산하는 것은 역설적으로 '기득권화된 진보' 자신이다. 교육계를 보면, 여전히 1970 · 1980년대 학번들이 중심이 된 진보 진영이 교육감 선거를 주도하고 있다.

문제는 이들이 1980년대의 민주화 경험과 투쟁의 언어로 2020년대의 인공지능(AI) · 플랫폼 세대를 이해하려 한다는 점이다. 그들의 헌신을 부정할 수는 없지만, 시대는 이미 다른 언어로 말하고 있다. 새로운 세대에게 '경험'은 존경의 대상이지만, '꼰대의 패권'으로 작동할 때 그것은 분명한 장애물이 된다.

이 현상은 단순한 세대 문제가 아니라, '시대 부적합'의 문제다. AI와 디지털 전환, 기후위기, 젠더 감수성, 플랫폼 경제 등 사회 구조 자체가 변했지만, 진보 진영의 리더십은 여전히 관성처럼 과거의 운동논리에 머물러 있다.

'중앙집권화된 교육청' '관료적 수직 구조' '형식적 참여'라는 낡은 시스템이 결합되면서, 혁신의 에너지는 제도 속에 갇히고 있다. 이런 구조를 지탱하는 것은 나이가 아니라 사고방식이다. '세대교체'란 단순히 젊은 사람이 등장하는 것이 아니라, 새로운 리더십의 철학이 등장하는 것을 의미한다.

'진보의 진보'가 필요하다. 과거의 진보가 민주화와 공정분배의 이념으로 사회를 바꿨다면, 이제의 진보는 그 과정에서 놓친 가치들을 다시 중심으로 세워야 한다.

첫째는 생태와 기후 정의다. '누가 더 많이 성장할 것인가'의 경쟁에서 벗어나 '어떻게 함께 생존할 것인가'를 묻는 탈성장의 패러다임으로 전환해야 한다.

둘째는 교차성과 다양성의 정치다. '노동자'라는 단일한 정체성을 넘어 여성 · 장애인 · 이주민 · 성소수자가 겪는 교차적 차별에 주목해야 한다.

셋째는 디지털 주권과 플랫폼 윤리다. AI와 데이터가 자본이 된 시대에 기술의 공공성과 인간의 존엄을 지키는 윤리가 진보의 핵심 과제가 되어야 한다.

마지막은 돌봄과 관계의 사회화다. 불안정한 시대를 살아가는 시민의 삶의 질을 높이는 것은 임금 인상이 아니라 사회 전체가 돌봄과 관계의 책임을 나누는 일이다. 여성과 가족의 희생 위에 세워진 돌봄체계를 공공의 영역으로 옮겨야 한다. 타인에 대한 책임감이 바로 사회성이고 다른 말로 평화이기도 하다.

이 네 가지 의제는 단순한 정책이 아니라 미래세대의 생존 조건이다. 그러나 지금의 진보는 여전히 '승리의 기억'에 갇혀 있다. 과거의 투쟁이 만들어낸 도덕적 권위는 이제 스스로를 갱신하지 않으면 권력의 방패가 된다. 과거의 혁신가가 오늘의 기득권자가 되는 순간, 진보는 멈춘다.

이제 '진보의 진보'는 선택이 아니라 생존의 과제다. 새로운 진보는 자신이 세운 제도를 성역화하지 않고, 새로운 세대와 가치를 품어야 한다. 정치적 세대교체는 '젊은 얼굴 바꾸기'가 아니라 '낡은 리더십의 교체'다.

교육감이 지시하고 학교가 따르는 낡은 관료제가 아니라, '학교주권'이 실현되고 '사회적 합의'가 작동하는 '플랫폼(Platform)'을 설계하는 리더십이다.

진보가 자신을 바꾸지 못하면, 결국 변화는 보수의 언어로 흡수된다. "새 술은 새 부대에 담아야 한다"는 단순한 진리를, 이제 우리 사회의 진보가 스스로에게 더 엄격하게 적용해야 한다. 진보가 다시 진보하려면, 먼저 자신을 혁신해야 한다. 그것이 '진보의 진보'다.

김현철 서울교육자치시민회의 대표

평균의 종말

한 아이를 위한 학교의 탄생

초판 1쇄 인쇄	2026년 1월 7일
초판 1쇄 발행	2026년 1월 10일
지은이	김현철
펴낸곳	도서출판 푸른정원
출판등록일	2006년 4월 14일
출판등록번호	제 2006-00080호
주소	서울시 마포구 동교로 18길 38 지우빌딩 4층
연락처	T. 02-3141-3114 F. 02-3141-3120
편집기획 / 진행	황웅진
디자인	공성화
영업	김정태

ISBN 979-11-85575-36-0

기획 도서출판 푸른정원